ウォルター・ウェストンと上條嘉門次

上條久枝

ウォルター・ウェストンと上條嘉門次

上條久枝著

求龍堂

カバー・表紙・トビラ：ウェストンが上條嘉門次に贈ったピッケル
写真提供：ＪＲ東日本「大人の休日倶楽部」より　撮影／片山貴博

目次

第七章

ウォルター・ウェストンと上條嘉門次

坊主の岩小屋にて（左より上條嘉門次、根本清蔵、ウォルター・ウェストン） 1913年：ウェストン夫人撮影

はじめに

二〇一四（平成二六）年に国民の祝日として山の日が制定され、記念式典が近代登山の幕開けの地ともいえる上高地で開催されました。それに関連して、ウォルター・ウェストンさんの山案内をした上條嘉門次の山小屋を継いでいる私共も多くのメディアの取材を受けました。取材者は若い世代の人たちで、ほとんどの人が日本の登山界に多大な貢献をされたウェストンさんの名は知っているものの、実際にどのようなことをされた人であるかということについては、あまりご存じではないことを感じました。

ウェストンさんの時代から一〇〇年余りの歳月が過ぎ、関係者以外の人たちからウェストンさんの姿がうすれていくのを残念に思い、ウェストンさんの著書と、沢山の方々が語られ記されたもの、研究者によって明らかにされたものなどをまとめ、一冊の本にすることを思い立ちました。

間違いや見落としもあるかとは思いますが、書いているうちに、はるかな遠い存在であったウェストンさんの人物像が鮮明になり、また曾祖父嘉門次に対する理解が深まっていきました。ウェストンさんと嘉門次爺さんとの間に深い信頼と友情があったことを、あらためて知ったことは嬉しいことでした。

これによってウェストンさんの業績と嘉門次の生きざまを知ってもらうことができたら幸いに思います。

ウォルター・ウェストンの山行関連地図

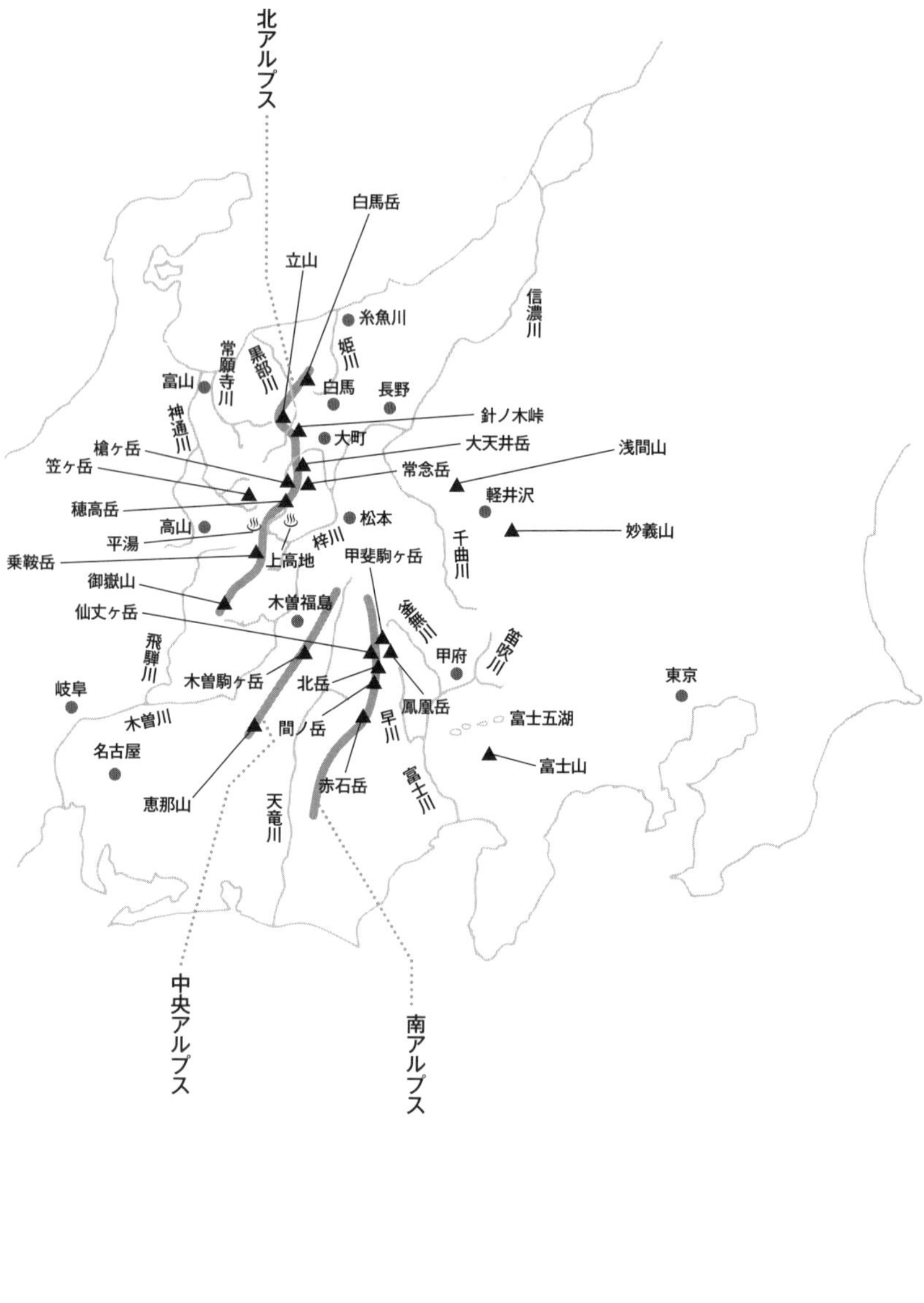

第一章

ウェストンさんの来日まで

ウェストンさんが日本にやって来るについては、日本の開国という日本史上の大変革がありました。その結果としてキリスト教の禁教が解け、西欧各国のキリスト教社会は日本布教のために宣教師を派遣しました。開国から三〇年後に来日したウェストンさんもその一人でしたが、それまでの経緯を追うことも、ウェストンさんを取り巻く世情を理解するのに必要かと思われます。

・日本の開国

江戸時代後期、米本位経済の行き詰まりを抱えながらも鎖国政策をとり、国際的に孤立していた日本に対し、ヨーロッパ諸国は産業改革を起こし、余剰製品や資本を輸出するため軍事力を背景に、発展途上国を植民地や従属国に転化する帝国主義の時代に入ろうとしていました。英国はインド、南アメリカ、中国などに経済的な支配を拡大する方針をとり、中国ではアヘン戦争の結果一八四二(天保一三)年、香港を獲得していました。

日本の開国には捕鯨が大いに関係していました。世界各地で古くから行われていた捕鯨は沿岸から小舟を出して行うものでしたが、一七〜八世紀になるとヨーロッパ各国の船団による乱獲が行われたため北極海での鯨の枯渇をまねきました。一九世紀に入ると、捕鯨は鯨の処理、加工ができる大型船が、遠洋へ出かけて鯨を追う米国式へと変わって行きました。当時の捕鯨は鯨油を取ることが主な目的で、鯨油はマーガリン、セッケンの原料、鋼の焼入油、製革用油などに利用され、代替えのきかない重要なものでした。この時代の乱獲がもとで鯨が急速に減り、二一世紀の現在は資源保護対象となって、国際捕鯨委員会「加盟国」によって商業捕鯨は全面的に禁止され、調査捕鯨を行っている日本は反捕鯨国による非難にさらされるという結果となっています。

一九世紀太平洋で捕鯨を盛んに行っていた米国の船は、日本で水や燃料、食糧の補給をしようとしました。しかし、鎖国の日本は水や薪を恵むことはしても代価を払う商取引には応じなかったので、米国は何とか日本を開国させたいと行動を起こすことになり、一八五三（嘉永六）年東インド艦隊司令官のマシュー・ペリーに命じ開国交渉を行わせました。四隻の軍艦を率いての江戸湾浦賀への来航という強硬手段は幕府を威嚇するのに十分で、翌年日米和親条約（神奈川条約）が結ばれました。一二カ条からなるこの条約には、下田と函館の開港、難破船乗務員の救助、燃料と食糧の供給、下田駐在領事の許可などが規定され、幕府としては窮余の一策で仕方なく結んだこの条約が開国の第一歩となります。

一八五六（安政三）年米国はタウンゼント・ハリスを駐日総領事として送り込み、下田の玉泉寺に総領事館を置きました。ハリスは日米和親条約（神奈川条約）の不備を改定した、長崎の開港、日米両国貨幣の同種同量交換、米国人の下田、函館の居住権、領事裁判権などを規定した下田条約を締結し、さらに一八五八（安政五）年には日米修好通商条約の締結に成功します。公使となったハリスは江戸に公使館を置き、一八六〇（安政七・万延一）年に幕府が条約本書批准交換のために送り出した遣米使節派遣に尽力し、一八六二（文久二）年に辞任して帰国しました。高潔な人柄で生涯女性を近付けなかったというハリスは、後にハリスの身の回りを世話したという「唐人お吉」の悲劇の物語が残されることになったことを知ったとしたら驚いたことでしょう。「唐人お吉」の風説は下田の領事館における誰かのそのような話が脚色されたもののようです。

幕府がハリスとの間に調印した一四カ条の日米修好通商条約（安政五カ国条約）は、自由貿易、神奈川、長崎、函館、新潟、兵庫の開港と江戸、大坂の開市、領事裁判権、片務的（一方的な）関税協定、居留地の設置などの内容の不平等条約で、程なくオランダ、ロシア、英国、フランスとも同様の条約を締結することとなりました。この安政五カ国条約は、天皇の勅許を得ずに調印されたことから安政の仮条約と言われています。日本の主権が幕府にあるのか天皇にあるのかは、国際政治の中に放り込まれるまで日本では考えられたことがなく、従って諸外国の見解もまちまちでした。

一八五九（安政六）年から貿易が開始されると、経済は混乱し物価騰貴が起こり、攘夷運動や幕府批判が激しくなると共に不平等条約の実害が明らかになりました。江戸幕府が倒れこの不平等条約を引き継いだ明治政府は、治外法権の撤廃と関税自主権獲得に総力をあげて取り組みましたが、一八九四（明治二七）年の日英通商航海条約で治外法権を撤廃し、一九一一（明治四四）年の不平等条約の条約改正により、名実ともに関税自主権を回復するまでには五三年もの年月を要しました。

日米修好通商条約によって長崎を除いて最初に開かれた港は横浜でした。初め諸外国は条約に載せられた神奈川周辺に領事館を開きますが、神奈川は東海道に近く、国内での摩擦を恐れた幕府は、数軒の漁師の家があるだけの海と沼地に挟まれた横浜に、碇泊地、埠頭、防波堤を築き運上所（税関）を設け、代替え地として提供します。各国の外交官たちは異議を唱えましたが、商人たちはまず商売と横浜に仮設の商館を建て我物顔に横浜を占領してしまいます。安政の仮条約では日本居留外国人に土地の無期限貸借を認めていたので、彼らは免税で地代も安く土地所有者よりも強い権限を持つ永代借地権を得ることができました。他に譲渡することに何の制限もなかったので、目先のきく者はできる限りの土地を手に入れ、それを売ることで資本を作り、商業活動を始めたりしました。その永代借地権は一九四二（昭和一七）年まで存在し、帰国者に放棄された土地も多く、横浜市の行政に長い間多くの困難をもたらしました。

事実上、神奈川に代わって居留地として開発された横浜では、山手の丘はヨーロッパと日本の建築様式が見事に調和したコロニーの様相を呈し、その居留地の周りに幕府は広い運河を掘り、歩行者だけを通す木橋をかけ（日本人が徒歩で入ることはできました）、車道と大きな橋などを奉行所の許可と監視のもとでなければ通行できないようにして、できるだけ日本人とヨーロッパ人を切り離そうとしました。

幕府は直轄領だけに港を開き貿易の利を占めるつもりでいました。最初に開かれた横浜の開港場は異常な好況をみましたが、幕府が日本の伝統的に小さい金と銀の比率を調整しなかったので、あっという間に日本の金が海外に流失し物価の高騰を招きました。国際的な金と銀の価格比率が一対一五であるのに対し、日本では一対五であったため、外国人は持ち込んだ銀を金に換え、それを香港や上海で銀に交換するということを繰り返すだけで誰もが大金持ちになれたのです。

そのことが知れると香港や上海の大商社に雇われていた人たちや、さまざまな国から一攫千金をねらう山師たちが集まり、中国市場で売り捌くことのできなかった缶詰、酒、葉巻、軍服、軍帽、廃品同様の銃、模造宝石、粗悪な時計、楽器、コルセットやゴム靴、木底の雨靴など、捨て値で買い付けた品を売り始めました。当初は庶民相手の商売でしたが、売買は現金で行われ、それに貨幣交換操作が加えられたので、大きな商売ができるようになり、彼らはまたたく間に富豪の生活ができるようになりました。乗馬や散歩、遠足、競馬大会などを楽しみ、そして野球、ラグビー、テニス、ボウリングなどのスポーツクラブも生まれました。一八六二(文久二)年に大名行列を騎乗のまま見物し、薩摩藩士により無礼打ちされた生麦事件を起こした英国人はこのような人たちでした。その後英国政府によりその責任をとらされた幕府は賠償金一〇万ポンドを支払うことになります。その後も外国人とのトラブルが持ち上がるごとに賠償金をとられ、幕府は財政の悪化と共に国内に政治的無力をさらし弱体化していきました。横浜の居留地は投機売買に熱狂し、日本の小商人たちはペテンといんちきのあくどい商才を発揮して骨董品まがいの物や商品に混ぜ物を加えてごまかすことで対抗する、といった商取引が貿易開始以来三〜四ヵ月も続くうちに、日本市場からは正常で正当な貿易についての概念が消え失せてしまいました。これは自治の機構を確立していた典型的な居留地である横浜の例ですが、明治政府が機能し始める前の開港場では大なり小なりこのような状態であったと思われます。

・ヘボン博士の来日

居留地には各国の領事館があり、外交官の家族や居留民、入港する軍艦や商船の乗組員達のために教会がありました。諸外国の非難に押し切られて日本がキリスト教禁止令を解いたのは一八七三（明治六）年のことですが、キリスト教会は開港当初から日本布教をめざしていました。

一八五六（安政三）年アメリカ長老会教会の宣教師としてジェームス・カーティス・ヘボン博士夫妻が来日しました。夫妻は若い頃からアジアで伝道活動をしていましたが、来日前にはニューヨーク一の大病院の院長で、市内に三つも邸宅を持つ富豪の生活をしていました。それを捨てて日本に渡るというのはキリスト教的な善にもとづくアメリカの理想主義によるとはいえ、多くの人々を驚かせる行為でした。博士は日本人への伝道の準備として、宣教師の日本語習得のための日本語辞書を作ることと、聖書の新しい翻訳が必要であると考え、一から日本語を勉強し日本語教師の協力のもと、一八六七(慶応三)年、和英二万七二二語、英和一万三〇語を収めた『和英語林集成』を香港で印刷し出版しました。その後言葉を加えながら二版、三版と版を重ね、三版で使用されたローマ字綴りがヘボン式ローマ字といわれるものです。

ヘボン博士は宗教学と医学を修めていたので、横浜居留地で一五～二〇人の日本人学生に医学を教え、また無料の診療所を開きました。名医の評判が高く患者が押しよせたので、博士は教育と施療と手術の間を見ては辞典の編纂を行うという、超人としか思われないような仕事ぶりでこの偉業をなしとげました。

米英など五カ国に開国した幕府は、従来のオランダ語では二重通訳が必要で関税の事務にもさしつかえ、英語習得の必要性を痛切に感じ、数人の秀才を選んでヘボン博士に英語を学ばせることにしました。初めにそれを願い出たのは、後に戊辰戦争の軍事総督となり幕府を倒すことになる長州人の大村益次郎でした。蘭学者たちはオランダ語の書物から近代ヨーロッパの医学、化学、軍事面の技術の知識を得ていましたが、それらの書物は英語からオランダ語に翻訳されたものです。世界の政治、経済、文化などの主流は英語圏であるという開国して知った現実が、オランダ語から英語への大転換を行わせたのです。

ヘボン博士はまず西洋人にとって文明の基準である数学を教えてみて、彼らが全員二次方程式を含む代数、平面三角法、球面三角法まですでに会得していることに驚き、授業を英語教授だけにかぎることにしました。すでにオランダ語の本を読みこなしていた彼らは長足の進歩をとげましたが、日本人に正確な発音を教えることだけは難しかったということです。

ヘボン夫妻は居留地で私塾ヘボン塾を始めますが、この塾が今日のフェリス女学院や明治学院の源流となっています。ヘボン塾からは後の政治家、高橋是清や実業家、益田孝など大勢の有能な人々が巣立って行きます。博士は聖書翻訳で日本での使命を終えたと認識し、健康問題もあり一八九二（明治二五）年帰国の途につきます。在日三三年、博士は七七歳、クララ夫人は七四歳になっていました。ヘボンはヘップバーンとも読むべき名ですが、施療を受けた横浜の庶民が「ヘボン先生」と呼びならわしていたので、博士も自らをヘボンと名乗り、それが日本での正式な名として定着しました。

・ジャーナリズムの上陸

日本の開国は世界にとってセンセーショナルな出来事で、各国の新聞社は特派員を派遣しました。彼らは日本のニュースを自社に報じるために来たのですが、日本のジャーナリズムにも大きな影響を与えました。

『イラストレイド・ロンドン・ニューズ』の特派員として一八六一（万延二・文久一）年に来日したチャールズ・ワーグマンは、到着後すぐに、水戸浪士による高輪の東禅寺に置かれていた英国公使館の襲撃事件に遭い、その翌年には生麦事件、翌々年には薩英戦争と、次々に起こる事件を細密な絵とともにロンドンに送りました。当時はまだ写真が普及しておらず特派員は絵を描く能力を求められており、ワーグマンはパリで絵を学んだ本格的な画家でした。彼は英国の漫画雑誌『パンチ』を愛読していたので、来日早々取材のかたわら同じような漫画雑誌『ジャパン・パンチ』を創刊し、開国から明治維新を経て文明開化、近代化へと急ぐ日本の姿や外国人居留地での出来事などを描き、新政府の政治家たちや政府の作る条例などを諷刺しました。彼の目に映った日本の姿は滑稽で諷刺の対象にこと欠きませんでした。政府は不平等条約を改正するには、外国に対し日本が文明国であることを証明する必要があるとして西洋化を急ぎました。急速に西洋文明の洗礼を受けた政府の要人たちには、自国の文明が古ぼけた見すぼらしいものに見えてしまい、多くの面で西洋文化を追いかけたので、本物の文化を知らない形だけの物真似になってしまい西洋人の憫笑を買うことが多かったのです。ワーグマンは日本人女性と結婚して『ジャパン・パンチ』を一八八七(明治二〇)年まで刊行し、門下生に油絵を教え一八九一(明治二四)年横浜で死去しました。

フランス人の画家ジョルジュ・ビゴーの来日は一八八二(明治一五)年でした。パリの名門美術学校エコール・デ・ボザールを中退した彼は、一六歳にして新聞や雑誌の仕事にたずさわり、多くの芸術家に会いジャポニズムの洗礼を受け、一八七八(明治一一)年パリ万博の日本館で見た日本美術に憧れ単身日本にやって来たのです。彼の目に映った日本は、急激な文明開化を息せききって受け入れようとする人々、前時代から続く生活の中にいる庶民たち、新国家樹立に奔走する政府の姿でした。そこに現れる矛盾や滑稽さを彼は写真を撮るようにスケッチしていきました。ワーグマンが居留地を中心に描いたのに対し、ビゴーは庶民の生活に密着して日本の風俗を細かく描きました。共に辛口の風刺画ではありますが、ビゴーの筆には庶民に対するあたたかなユーモアがあります。

ビゴーが来日五年後に創刊した時局諷刺雑誌『トバエ』に、開設されて間もない鹿鳴館の風刺画を載せたのは、皇族、貴族、大金持の生活が居留地に住んでいる外国人たちの興味の対象であったからです。「猿まね」「ダンスの練習」「身ごなしの稽古」などの風刺画は、彼の本を買ってくれる人たちが喜ぶテーマではありましたが、彼が描き残さなかったなら決して残らなかった時代の証言でもあります。しかしこのような世相や風俗の風刺画が、外国にまで流失していることを憤った当時の神奈川県知事は、『トバエ』の発売禁止願を内閣に提出します。治外法権のため受理はされなかったものの政府の要人たちも同じ思いであったことは確かでした。一九〇〇（明治三三）年の条約改正で居留地が撤廃され司法権が日本に渡されることになり、日本人に裁かれることを恐れたビゴーは日本を離れました。ワーグマンとビゴーの後を引き継ぐように、その後日本で漫画雑誌ブームが起こり『滑稽新聞』『東京パック』などの時局や世相を辛口に諷刺する雑誌が発刊され、絶大な人気を得ました。

一八七一（明治四）年に最初の日刊紙『横浜毎日新聞』が発刊されたのを皮切りに、次々といろいろな新聞が発刊されますが、社説をかかげ政治を真剣に論じた当時の大新聞の模範とされた日本語新聞『日新真事誌』を横浜で創刊したのは、スコットランド生まれのジョン・レディ・ブラックでした。

一八六一（万延二・文久一）年頃来日した彼は、『ジャパン・ヘラルド』の主筆や経営をし、一八七〇（明治三）年『ジャパン・ガゼット』を創刊し、一八七二（明治五）年『日新真事誌』を発刊したのですが、日本政府批判をしたため、政府は三年後の一八七五（明治八）年彼を太政官顧問に迎え入れ、この新聞から手を引かせました。彼が一八八〇（明治一三）年に著した『ヤング・ジャパン』は、幕末維新史の好資料です。なお異色の青い目の寄席芸人として人気を博した、講談、落語家の快楽亭ブラックは彼の子息で、一座を率いて松本から安房峠を越え高山に抜けた時の壮絶な旅の様子をきれいな江戸弁で講じたという話が残っています。

『ジャパン・タイムス』は一八六五（元治二・慶応一）年横浜で英国人が創刊した週刊新聞が出発点でした。その後一八九七（明治三〇）年当時休刊中であったその新聞を合併し、日本政府や財界からの補助金や寄附を受けて日本人による初の英字の対外広報紙『ジャパン・タイムス』として発足したものです。太平洋戦争中に『ニッポン・タイムズ』と改名しましたが、一九五六（昭和三一）年旧名に復し現在に至っています。

・御雇外国人

一八六七（慶応三）年に発足した明治新政府は、これまでとは全く違う国家を運営していくためにさまざまな課題がありました。富国強兵、殖産興業政策のもと、西洋の学問と技術の移入と政治、経済上の国内諸制度の整備のため、政府や民間企業は指導者として外国人を雇い入れました。一流の人材を選び高給をもって遇したので、その分野ではすぐれた人達が多く集まり、多い時には政府雇用者だけで五〇〇人を越しました。主として政治、軍事、医学、芸術面は独国人、鉄道、機械、銀行などの産業面は英国、米国、独国人が多く、その賃金は厖大であったため、政府は役目を終えたと思う人材の契約更新をしなかったので、彼らの集まりでは次の更新があるのかどうかということばかりが話題になったということです。

御雇外国人は明治の終わりまでに役目を終え、ほとんどの人が帰国しました。日本が短期間にすべてを吸収することができたのは、ゼロからの出発ではなかったからです。多くの人々が江戸時代からオランダ語の書物からヨーロッパの情報を得ており、医学の他にニュートンの力学、生物学、化学、天文学、地理学など自然科学全般の研究が行われ、幕末になると書物だけをたよりに反射炉やエンジンを作り出した藩もあり、蒸気機関、機械の原理、電信技術などは全く未知のものではありませんでした。

開国したばかりの日本にやって来た御雇外国人の多くは、日本各地を精力的に歩き廻ってあらゆることを知ろうとしました。当時の学問は、生物学、植物学、民俗学、地理学、考古学などが分野別に細分化されていく途上にあり、あらゆることが興味と学問の対象となりました。一八七二(明治五)年、主として日本に居住していた英国人、米国人たちにより設立された「日本アジア協会」は、日本とアジアの国々に関する広い分野の知識、調査、研究を紀要にまとめ、共有する目的で作られたもので、それによって会員たちの交流がさかんになりました。同じような「ドイツ・アジア協会」は独国人の会でした。二つの会で特に関心を持たれたのは日本における人類学、言語学、動物・植物学で、日本語の科学的研究を樹立した東京帝国大学のバジル・ホール・チェンバレン教授が、琉球語やアイヌ語を研究したのも、言語を通して日本の人類学的位置を探るためだったようです。植物学については一八〇〇年代中頃フィリップ・バルタザール・フランツ・フォン・シーボルトが著した『日本植物誌』の影響が大きく、開国当初からプラントハントが盛んに行われていました。

伊能忠敬が経緯一度の大きさを求めて日本各地を測量して歩いていた頃、ヨーロッパでは地球について知るという機運が高まっていました。各国は大がかりな遠征隊を出すなどをして、地球の大きさと重量はつきとめられていましたが、地球の年齢を知るのは難しく、そのために地質学という学問が生まれました。地質学にのめり込んだ人々に英国人が多かったのは、気質に合っていたからと言われています。一八五九(安政六)年にチャールズ・ダーウィンが『種の起源』で出した三億六六万二四〇〇年という数値は、当時の常識からはあまりに大きすぎると問題になりそうになって、あわてて引っ込めたという程で、放射性元素による測定で地球の年齢が約四六億年とされるまではいろいろな分野から参加できる可能性があった時代でした。日本に来た外国人たちも地質学上の発見をめざして山野を歩きましたが、特別な成果を上げるには至りませんでした。

・アーネスト・サトウと『日本旅行案内』

アーネスト・サトウは一八六二（文久二）年、英国日本領事館の通訳生として日本に来ました。彼は語学の才能に加え手習いまでして日本語を習得し、幕府を始め倒幕側の各藩とも幅広く接触し、日本の政治体制は天皇を元首とする諸侯連合であり将軍はその首席にすぎないという見解に達し、英国の政策をその線で決定付ける方針を示します。幕末の混乱と新政府の成立という日本の大変動を目撃し、通算で二〇年近くにわたる日本勤務の間、サトウは精力的に日本国内を歩きました。健脚であり旅と登山が好きだったようですが、後半になるとその旅には外国人向けの日本の旅行案内を作るという目的が加わりました。

西洋社会では産業改革の結果として王侯貴族にも匹敵するような大富豪が出現し、そういった人たちは世界各国を旅行していました。開国したばかりの国である日本に、西洋社会は限りない興味と憧憬を抱きました。幕府が安政五カ国条約批准のために米、仏、露に送った使節団は大名行列そのもので、マンハッタンの大通りを威風堂々と行進する使節の姿をエドガー・アラン・ポーが讃嘆を込めて詩にしたように、多くの人に強い印象を残しました。続いてパリ万国博覧会に出品した浮世絵、陶器、漆製品などの美術品の質の高さと西洋美術にはなかった表現方法は、ジャポニスムと言われる日本趣味ブームを巻きおこし、絵画や工芸に大きな影響を与えたのです。

トーマス・クックが旅行業に転じるきっかけを作った一八四一（天保一二）年当時の英国では、農地を追われた多くの農民が、各種工業の労働力として都市に集中していました。劣悪な労働条件、スラム化した生活環境の中で労働者の多くが強い安酒におぼれ、犯罪に走ったりアルコール中毒で命を落とすなどの社会問題が生じ、禁酒運動が盛んでした。バプティスト派の伝道師であったトーマス・クックが、地方で開かれる禁酒大会に大勢の人を参加させようと、鉄道会社と交渉し割安料金で参加者を募ると、料金の一シリングは労働者の一日分の賃金に相当するにもかかわらず五〇〇人以上の参加者があり、屋根なしの三等車であったけれどもみんな十分に満足しました。鉄道が敷設されてからまだ一〇年ほどで、列車旅行は庶民のあこがれだったのです。

この経験からクックは、貧しい人々に酒よりももっと楽しいことを提供することが救いになると考え、旅行業を思い立ったのでした。旅行を企画し広告で参加者を募る方法は成功し、その後トラベラーズ・チェック、ホテルのクーポン券、ヨーロッパの時刻表、ガイドブックの発刊、ガイド付きツアーなど、旅行社のシステムの基盤となるものを次々と打ち出し、客は労働者階級から中産階級へ、旅行先は国内から海外へと移っていき、富裕層相手の世界一周旅行も手がけるようになっていきました。

一八六九年にスエズ運河が開通すると世界周航旅行が容易になり、一八七二（明治五）年英国の旅行代理店トーマス・クック・アンド・サン社は初めての世界一周ツアーを企画し、トーマス・クック自らが率いて開国五年後の日本にやって来ました。そのツアーは二二二日かけて世界を回るもので、日本では横浜、東京などを見て好印象を受けたので、クック社はその後もツアーを行い、江の島、箱根、京の寺めぐりや相撲観戦までパックに入れ日本旅行ブームの先鞭をつけました。

個人的に日本を訪れる人も多くなり、英国の旅行作家のイザベラ・バードはその先駆けの一人でした。一八七八（明治一一）年単身横浜に上陸した彼女は、一八歳の通訳兼従者一人を雇い入れただけの軽い旅支度で、日光から先の外国人が行ったことのない奥地に入り、新潟に出るとそこから野を越え山を越え道の不備に悩まされながら青森まで行き、さらに北海道に渡ります。その旅を著した『日本奥地紀行』により、日本での女性の一人旅が困難はあっても危険はなく可能なことが立証されました。

その後も日本を訪れる西洋人は増え続けたので、サトウはガイドブックの出版を思い立ったのです。共同執筆者は、東京帝国大学の言語学者バジル・ホール・チェンバレン教授と、サトウと数々の旅を共にしたアルバート・G・S・ホーズでした。チェンバレン教授は日本における国語学を樹立した人で、多岐にわたる日本文化の研究者であり、日本についての百科事典ともいうべき『日本事物誌』を著しています。ホーズは英国東洋艦隊の乗務員として幕末に来日し、維新後は海軍省に雇われ、海軍の業務マニュアルを作成し、日本海軍の士官と水兵を世界最高水準に育て上げた功績から、真の日本海軍の父と言われています。

この三人が編集し、一八八一（明治一四）年に出版された『中央部・北部日本旅行案内』は、日本の道路や行程、宿の情報の他に旅行中の注意からコース選び、宿での心得、生活習慣などや宗教、文化までを網羅した外国人旅行者のバイブル的存在になりました。一八九一（明治二四）年の三版から『日本旅行案内』と名を変え、鉄道の設置、道路の整備、ホテルの開設など、目まぐるしく変わって行く日本の実情に合わせガイドブックを次々と改訂していき、一九一三（大正二）年の第九版まで出版され続けました。サトウとホーズは第二版を出した後、任務のため日本を離れたので時代遅れになっていく本の編集者としていつまでも名を残すのは公正ではないと身を引いたので、第三版からはチェンバレン教授とウィリアム・ベンジャミン・メイソンが編集者となりました。メイソンは電信と教育の分野で日本の近代化に貢献した人で、読みやすく整理された文章表現にたけていました。その後編集には『日本書紀』を英訳し『日本文学史』を著したウィリアム・G・アストン、鉱山技師で地震学者のジョン・ミルン、造幣局の冶金技師ウィリアム・ガウランドも加わっています。ガウランドは一八七八（明治一一）年外国人として初めて槍ヶ岳に登頂し、以前に登った立山から延々と続いている飛騨山脈を日本アルプスと呼んでもよいのではないかと提唱し、日本アルプスの名付け親となりました。

『日本旅行案内』は、旅行ガイドブックの刊行で有名なジョン・マレー社の『マレーのガイドブック』シリーズの一冊「日本版」として刊行され高く評価されました。サトウが編集の手本にしたガイドブックを作ったトーマス・クック社が、時代の要望によって誕生したものだったように、サトウのガイドブック発刊は時宜にかなったものだったのです。

・嘉門次の生い立ち

上條嘉門次は幕藩体制下の一八四七（弘化四）年、稲核《いねこき》村（現・松本市安曇稲核）の有馬又七の次男として生まれました。稲核とは穀物の種の意で稲作を連想させますが、この村に限らず梓川渓谷の入り口から乗鞍高原までの大野田《おおのた》、島々《しましま》、稲核、大野川という四つの村は米は全く穫れませんでした。松本藩では経済の基盤である米は穫れないけれども豊かな森林資源を持つ、この四つの村を入《いり》四《よん》ヵ村《かそん》と呼び、米や賃金を与えて木材の伐り出しを行わせる御用杣《そま》の村としていました。化石燃料が使われるようになるまで木材は燃料のすべてを担い、建築や工芸の材料のほとんどを占めるものであったため、森林資源の価値は今とは比べものにならない位に高かったのです。藩は各村の杣として働くことのできる人員を把握し、一一〜一二歳になると炊《かしき》という炊事係にして仕事を見習わせ、一年ほどで半人前の杣、一五歳以上を一人前の杣としてそれに見合う米や給金の支給をしました。

春になると、藩の役人と杣の元締の間で伐採木の数量と伐採地、給付金が決められ杣に割り振られました。杣はそれに従って定められた地区の木羣という宿泊小屋に寝泊まりして、木を伐ったり搬出に向けた作業をしながら半年を暮らしました。三〇〇人近い杣が長年にわたって伐採を続けたので、幕末の頃には伐採地が槍沢から二ノ俣辺りまで入り込み、明神地区がその拠点で、霞沢岳《かすみざわだけ》の麓から二ノ俣までの間の一四ヵ所に杣小屋が建てられていました。

杣小屋での暮らしはきわめて質素なもので、個人的にはカモシカ、サル、犬の毛皮を夜具として持っている程度でした。重労働をするので一人で一日に平均米一升食べたということですが、味噌汁は朝夕だけ、昼食とその前後にとる小昼は塩だけという食事でした。お茶とタバコの支給もありましたが、それだけでは足りないはずで炊の少年たちが山菜や茸を採り、岩魚やウサギなどを獲っては補っていたもののようです。

伐採は土用入りまでに済ませると決まっていたのは、梓川を流して搬出する時の木材の沈殿を防ぐために乾燥させる必要があったからです。初冬の頃から木流しの作業が始まり、杣たちも別に賃金をもらって参加しましたが、途中に難所が多く、松本郊外の堀米土場まで着くのに四〇日以上もかかり、沈澱木も多かったといいます。堀米土場に人足として集められた近隣の百姓は、延べ二五〇〇人にも及んだといわれ、厖大な量の木材は薪として藩士に支給されたり材木として売られたりしました。しかし梓川が太平洋に流れ出る川ではないため、材木を江戸に回して藩の財政を潤すことまではできず、従って杣の賃金は安く、年間を通して家族が生活をするには不十分でした。村の人々は渓谷沿いの土地を最大限に利用してそばなどを育て、山菜や木の実を採り冬は炭を焼いたり狩猟をして暮らしを立てていました。嘉門次も冬には父や兄に付いて猟に行き、一四歳の時に槍ヶ岳の下で初めてカモシカを仕とめた時は大変嬉しかったと後に語っています。嘉門次が獲ったクマやカモシカの皮は鉄砲傷で損われることがなかったというので、猟にもすぐれた才能を持っていたようです。

杣は期間中ずっと山にこもって働いたわけではなく、五月と九月の山の神祭り、隔月の庚申講、節句、夏の小祭、秋の氏神様の祭りなどの折には山を下り、集まって酒を飲んだりしました。そんな時の余興として冬は三味線の稽古に励み、地唄の一つも唄えるようになるといった者が多かったといいます。秋祭りの芝居の稽古をして夏の一ヵ月仕事をしなかった者もいたという話が残っているように、伐採が済めばある程度の融通がきき、代々御用杣の制度に支えられてきた杣には驕りの一面があったともいわれています。

嘉門次も一一～一二歳で炊として山に入り、やがて一人前の杣となり一八歳の時に藩林の見廻り人夫に採用されます。山目付や斧頭という藩の見廻り役人は下級藩士ではありましたが、村にとってはその権威は絶対でしたから、その助手になったということはそれなりの評価を受けたと思われます。嘉門次は真面目で軽薄なところがないのを買われてか、二一歳の時に島々村の上條孫次郎の一人娘さよの婿養子として迎えられ、上條嘉門次になりました。婿養子は離縁にする場合には全財産の半分を渡すという不文律があり、縁続きの者を迎えることがほとんどであったというので、よほど見込まれてのことだったようです。上條家は島々村の草分けの家の一つであったようで、かなりの土地を持ち村の中心部に間口六間の家を構え、かつて高札場の管理を任され印を預かっていたということから御判屋という屋号を持っていました。舅の孫次郎は豆腐屋をしていたということですが、豆腐のような日持ちもせず持ち運びの難しいものを、毎日作って売れるほど村の人口があったわけではないので、養蚕のかたわら冠婚葬祭などの折々に頼まれて作っていた程度ではなかったかと思われます。

嘉門次が婿入りをした一八六八(明治一)年という年は日本の大転換期であり、さらに一八六九(明治二)年と一八七〇(明治三)年は大凶作で穀類が高騰した年でした。松本藩は貧窮で狂乱する村民を押さえるため救済米を出し、桑の苗や薯の種を送るなどできるだけの手当てをしましたが、一八七一(明治四)年の廃藩置県令により為政者としての役割を終えました。廃藩により官林となった森林は一八七四(明治七)年伐採禁止となり、徳川時代の初期から連綿と続いてきた御用杣の制度はここに消滅し、最低限ではあっても生活の保障を得てきた入四ヶ村の杣たちは生計の道を失います。他に生活の手段を持たない人々は山に入って木を伐り続け、盗伐が横行したので一八八四(明治一七)年、農務省山林局はその救済対策として慣行特売という伐採を再開しました。これは比較的優良な森林が残っていた島々谷の伐採で島々だけに適用されたものでしたが、これを手始めに官林伐採が広げられていきました。

一八七四(明治七)年、入四ヶ村は合併して安曇村と呼称し、戸籍作成、学制頒布、大陰暦の廃止、徴兵令、地租改正、郵便制度など、政府が次々と打ち出す政策に対処していかなくてはなりませんでした。政府には財源がなく、政務費のほとんどを村が賄わなければならなかったため、村民は応分の負担を強いられました。嘉門次の舅の孫次郎は、幕末に藩から毎々に徴収された上納金や、学校開設などの村費の負担金を無理をして出していたのではないかと思われる節があり、一八七四

（明治七）年島々に開設された郵便取扱所に任命されることはありませんでした。郵便取扱所は地方の資産家に任命されその家を局としたので、村の中心部に大きな家を構えていた上條家がふさわしかったはずですが、その時にはそれだけの力がなかったということになります。もとの上條家の横にある現在の郵便局は後に移転してきたものです。

嘉門次は一八七一（明治四）年に長男の嘉代吉を得て、盛んになった養蚕のため持ち山に桑を植えたりしていたようですが、一八七六（明治九）年頃から始まった農務省山林局の官有林と民有林の境界調査の助手として、再び山に入る機会を得ました。同じような村で生まれ育ったとはいえ入婿の立場は気苦労が多く、畑や養蚕の仕事は自分の性分に合わないことをあらためて感じた嘉門次は、これを機に上高地で猟と岩魚釣りをして暮らすことを考え始めました。米一升が一一銭位であった当時、カモシカの皮一枚は二円以上で売れ、クマの毛皮と熊肝は七〇円にもなり、干し上げた岩魚は一日分で一円以上の値が付くとすれば十分に採算が合い、何よりも自分の得手とすることで生きていきたいという強い思いがありました。養蚕の仕事は女たちと季節雇いの者でできるし、男手のいる時には帰ってそれをすればよく、徳本峠《とくごう》を越えて行き来するのは杣仕事をしていた者には何でもないことで、家に迷惑をかけることはないと思ったのです。家長の権限が絶対的であった当時、舅の許しがなくてはできないことでしたが、舅はこれを諒承したようです。跡継ぎもあることではあり、家計の立て直しになると考えてのことでしょう。上高地に入ってからも嘉門次はたびたび家に帰り、大事に扱われていたことは、残された写真の着ている物にも手が入り質素ではあってもむさくるしい身なりをしていないことから察することができます。

一八八〇（明治一三）年嘉門次が初めて持った明神池のほとりの小屋は、間口二・五間、奥行二間の小さなもので、五尺四方の不相応に大きな囲炉裏がありました。上高地は島々谷から杣が出入りしたばかりでなく、古くから大滝山や蝶ヶ岳を越えて安曇野方面からも行き来があり、一八一八（文政一）年、後に医師、幕末の志士となる高島章貞が上高地に遊び『穂高嶽記』を書き、一八二〇（文政三）年には岩岡村の有志によって上高地から中尾を越える飛騨新道の開発が始められたりしました。新道開発は自然災害によって打ち切られ、嘉門次が入った時の上高地は、無人の杣小屋や測量の仮小屋はあっても住んでいる者は他に誰もいませんでした。その五年後に牧場が開設され梓川の対岸に牛番小屋が建ち、次の年には長らく放棄されていた焼岳の麓の温泉場に上高地温泉が再開業し、春になると人がやって来ましたが冬にはまた嘉門次だけの世界になりました。

三五歳で小屋を持ち、四五歳でウォルター・ウェストンさんを前穂高に案内するまでの嘉門次の小屋での暮らしぶりは明らかではありませんが、その後山案内をするようになってから記されているように、夜明けと共に起き、囲炉裏でご飯を炊きながら縄をなっていたというようなきちんとした生活であったようです。日本山岳会設立以前、小島烏水と岡野金次郎が槍ヶ岳に登ったちょうど一年後の一九〇三（明治三六）年、松本周辺の教師と思われる丸山注連三郎、高嶋伝二郎、野本又次など四人の人たちが、多くの西洋人や婦人までもが高山に登っていることに刺激を受け、槍ヶ岳に登り登山日記『槍ヶ嶽乃美観』（明治三九年　高美書店発行）を著しました。その本によるとこの登山は全くの手さぐりで、島々まで来て初めて清水屋で食糧や案内人を周旋してもらえることが分かり、嘉門次の小屋に泊まることをすすめられたとあります。彼らは往きと帰りと二泊し、その間に嘉門次が語ったさまざまなことがこの本には書かれています。

その時五七歳であった嘉門次は、自身のことを次のように語りました。

「自分は冬はけものを追いかけ夏は岩魚を釣って三〇年以上もこの山奥に住んでいるが、頭が痛いとか腹が痛むとか風邪をひいたということは一度もない。米さえ持って来て置けば菜っ葉はこの通り作れるし、魚はあるし鳥も獲れるし獣の肉も食べられるし、蕗やわさびや山椒は沢山あるから不自由を感じたことは何一つない。ただ雪解けの頃になると洪水になって水がこの小屋の床の上まで来ることがあり、二九年だったか三〇年だったかこの小屋の床に一～二尺ばかりも水がついて、火を焚くことも外に出ることもできず、棚を吊って二日二夜というものそのうえで味噌をなめ生米を噛んで暮らしたが、それが何より苦しかったことだった。世間では自分のことを仙人のように言うがそんなことはない。毎日きれいな山を見ていい空気を吸い、めんどくさい浮き世を離れ何の苦もなく暮らしているので、あまり年を取ったという気もしない」

岩魚については、「今日は一日釣って一円位で、多い時には二円五〇銭ならして一円五〇銭というところか。囲炉裏の上の干棚で二日も三日も干したものは一〇〇匁（三七五グラム）五〇銭、一日位干したのは三〇銭、生は一五銭で売る。上高地の岩魚は二〜三〇年ばかり前に比べると大変に減り、昔は魚七分水三分とまで言われたが、まさかそこまではなかったとしても今より非常に多かったことは確かで、加賀領まで行けばまだ沢山いる。ここにいる倅の嘉代吉はつい最近まで加賀領まで釣りに行っていた」。

息子の嘉代吉は日清戦争から帰って父親と一緒に岩魚を釣っていたようです。加賀の話が出たことから教師一行の案内人が『日本アジア協会要綱』にある有峰伝説と同じような話を始めました。「旧加賀領の山奥にはまるで別世界をなしている村落があり、平家の落人とかいうことで、戸数は増えない代わり一戸に二〜三〇人もの家族が住んでいることも少なくなく、非常事態があれば頭が報知板を敲き村中の者を集めて臨機の処置をとる。昔島々の者が岩魚をとりに行って報知板をたたかれ、取り囲まれて打たれたり木に縛り付けられたりしてひどい目にあったことがある」。

島々から槍ヶ岳を越えて富山県の有峰《ありみね》まで行くことは現在では考えられない程の距離ですが、当時の猟師たちにとっては村内感覚であったといいます。嘉門次は有峰でもよく知られ、上高地まで一日で帰るのだと言っていたと伝えられていました。

冬の仕事の猟については「カモシカはこれまで二六〇頭以上も獲ったが、クマはわずかに三〜四〇頭ばかりで、カモシカの皮はごく上等の物でも二〜三円である。猟の時は犬を四匹連れて行き、馴れた犬は自分で噛み付いて倒してしまい皮を損なうので、なるべく犬は追い出させるだけにして銃で撃つ。カモシカの肉は燻製にして保存食にもする。ある時、槍ヶ岳の山裾で日が暮れ一夜を明かす岩穴でもないかと歩いていると、よさそうな岩穴を見付けた。内はなかなか大きく、一間ばかり入ったところで毛皮を敷きまずタバコを一服と思ったところ、何やら黒いものがもくりもくりと動き出し、しまったと思う間もなく大きなクマが立ち上り爪を背中につき立て頭に噛み付いた。どうにか工面してこの窮地を脱しクマを獲ってやろうと、噛み付かれ抱きつかれたまますずるずると岩穴の外にまで出ると、ちょうどあった腕位の一本の松の木に片手をかけ、隙を見てクマの腹の急所を力いっぱいに蹴ると、不意を打たれたクマは爪も歯も放し絶壁の下に墜落しそのまま逃げて行った。それから手拭いや兵児帯を裂いて傷に繃帯をし、他の岩穴で一夜を明かし、逃げたクマを探しまわった。そして日向で寝ているところを見付け出し射止めた。その時の快感は格別であった」と嘉門次は頭にあるその時の大きな傷あとを見せてその話を締めくくりました。

この話は一行が白樺の皮を巻いた明かりで夕食を済ませ、囲炉裏の火を見ながら聞いたものです。それから彼らは足を炉辺にたらして肘や鞄や草鞋を枕に眠りに付き、夜半にふと目覚めると上に綿入れがかけられていたということです。翌朝、一行は一人五銭の宿泊料を払って小屋を後にしました。この宿泊料は食糧を持ち込んで案内人が調理しての素泊まり料金というか薪代といったところでしょう。

晩年にはめったに島々の家に帰りませんでしたが、年に一度か二度帰った時には、岩魚や岩魚の卵を炒ったもの、蛙の肉を干したものなどを缶いっぱいに入れて持って来て、蛙の胃は赤痢に効き、身は味噌で煮ると体にいいからと言って近所や親戚に配らせました。仲間とクマを獲った時には、一〇畳位の板敷の間の五尺四方の囲炉裏にかけた大鍋で大根や骨まで入れて肉を煮て、島々ばかりでなく遠くからも酒を下げて大勢人が集まりお祭り騒ぎをしました。クマの肉には大して値が付かず、切身を村の人が買ったりもしましたが、干してキャラメル状に三〇個ばかり糸に通した嘉門次が山で作った猟の行動食は、固いけれども噛んでいるうちに甘味が出ておいしかったということです。クマを獲るとその後の饗応が大変なので、皆でするクマ狩りからはだんだん遠のいていったということですが、島々の家には皮を干す大きな板が何枚もあって、二階によく皮が干してあったといいます。

島々での嘉門次は、囲炉裏端に敷いたカモシカの皮に座ってよく酒を飲んでいました。四つになる孫娘に少し飲ませてみたりして、そんな折に、明神の小屋は冬になって雪が降ると屋根まで埋まってしまって兎のフンが屋根の上にいっぱいある、というような話を聞かせたといいます。嘉門次にとってこういう暮らしは十分満足できるもので、このまま生涯を終えたとしても何の不足もなかったことでしょう。

第二章

ウェストンさんの来日

ウォルター・ウェストンさんは一八六一(文久一)年、英国の工業都市ダービーに織物工場を経営する父の六男として生まれました。一五歳でダービースクールに入学し、卒業後ケンブリッジ大学クレア・カレッジに学び、さらにリドリーホール神学校に入り聖職者への道を歩み始めました。英国では聖職に就くことは特殊なことではなく進路選択の一つで仏門に入るのとは意味合いが違い、当時の大学卒業者の多くが聖職者になっていました。

ウェストンさんが生まれた頃の英国は登山の黄金時代といわれ、アルプスの最高峰モンブランの登頂を皮切りに、一八六五(慶応一)年に難攻不落といわれたマッターホルンが征されると初登攀競争となり、ヨーロッパ・アルプスの一四〇座が初登攀され、そのうちの七〇座が英国人によってなしとげられました。その後より困難なルートからの登頂、厳冬期の登攀が競われ、岩、氷壁、垂直やオーバーハングを攀じる登山技術とさまざまな用具の開発が進んでいきました。これを牽引したのは主として英国人で、英国では上流階級や富裕階層の間で登山が流行し、多くの人がヨーロッパ・アルプスへと向かいました。

ウェストンさんも学生時代からヨーロッパ・アルプスを訪れ、卒業後バークシャー州レディングの聖ヨハネ教会の副牧師をしていた一八八六(明治一九)年の夏、兄ロバートとマッターホルンとブライトホルンに登頂しました。その翌年は友人とヴェッターホルン、トリフトヨッホなどの登頂を果たし、さらにユングフラウとアイガーに挑戦するも果たせず来年を期していました。そんな時に英国聖公会伝道協会から宣教師として日本に派遣するという通達を受けたのです。ウェストンさんははじめは断ったものの結局それを受け、一八八八（明治二一）年二月一〇日に故国を出発し、四月一日神戸に着きました。

ウェストンさんは聖公会伝道協会の拠点の大阪で日本語などを学び熊本に赴任しました。しかし短期間で任地の熊本を離れ、翌年一月には宣教師を辞任します。理由は目の治療のためと言われていますが、その後の行動から登山をするためだったのではなかったかと推測されています。

宣教師をやめた後は兵庫国際病院の管理委員、神戸の居留地の英米の居留者たちが設立した教会であるユニオン・チャーチのチャプレンなどをつとめました。チャプレンは臨時に出向く聖職者のことで、ユニオン・チャーチと聖公会伝道協会が隔週交代で礼拝などを行っていました。大阪の聖三一神学校で教えることもしましたが、時間の余裕があったとみえて、八月には日光へ行き白根山と男体山に登り、初めての富士登山もしました。その時に箱根宮ノ下の宿でバジル・ホール・チェンバレン教授に出会ったことが、その後のウェストンさんの行動を決定付けることになりました。

一八九〇（明治二三）年九州の山行

ウェストンさんは神戸に住んでいたので「日本アジア協会」やジョン・マレー社の『日本旅行案内』の存在を知らなかったようです。チェンバレン教授に出会い日本にも雪を戴いて連なる山々があることを知って、すぐにも出かけたいという思いが湧いたと思われますが、先に九州へ向かいます。『日本旅行案内』には九州の山に関する記述がなかったので、短期間とはいえ熊本に赴任していたウェストンさんは、九州にも高い山々があり西洋人がまだ誰も登っていないことを知って、先ずそちらから登り始めることにしたのではと思われます。

ウェストンさんは汽船で長崎の教会へ行き、そこを滞在の拠点にして雲仙岳に登ります。長崎の教会は熊本に赴任した時も経由したので旧知の間柄だったのです。雲仙岳は複合火山で最高峰の普賢岳は標高一三五九メートル、紅葉とツツジの名所で麓の温泉は古くから知られていました。現在の最高峰は一九九一（平成三）年の噴火で東側に形成され、平成新山と命名された一四八六メートルの溶岩円頂丘となっています。

次は長崎から汽船で鹿児島に向かい桜島に登ります。桜島は一七七九（安永八）年に大噴火していましたが、その時は鎮静期にありました。一九一四（大正三）年の大噴火による溶岩の大量流失で現在は大隅半島と陸続きになっていますが、ウェストンさんが登った時は鹿児島湾に浮かぶ火山の島でしたから、桜島登山後船で加治木に渡り、日豊本線の汽車に乗り霧島神宮駅で下りて霧島山へ出発しました。

霧島山は宮崎県と鹿児島県の境にある火山群で、二〇個以上の火口と美しく大きな火口湖が主なもので三つあり、モミ、ミズナラ、ツガ、ブナ、カエデなどの自然林が美しく、ミヤマキリシマなどの高山植物も見られる山です。ウェストンさんは天の逆鉾などがあり、神話で知られる秀麗な姿をした高千穂の峰を目ざします。駅から霧島神宮を経て高千穂河原までは三〇分余りの距離で、そこから一五七四メートルの頂上まで往復三時間で登ることができます。坂本龍馬が日本人初の新婚旅行をした時に妻のお竜と登ったという程で、難しい山ではなくウェストンさんは一日で往復して高千穂河原に泊まったようです。

次の日は中岳～新燃岳《しんもえ》～獅子戸岳～韓国岳《からくに》と縦走して、その日のうちに人吉に出ました。この縦走は一度登ってしまえば高低差が少なく、最高峰の韓国岳の標高は一七〇〇メートルです。私はウェストンさんは韓国岳から栗野岳温泉の方へ下りて肥薩線で人吉に行ったのではないかと思いましたが、栗野駅の開業は一九〇三(明治三六)年というので一八九〇(明治二三)年のウェストンさんの旅の頃には肥薩線はまだ開通しておらず、えびの高原の方向に下り、加久藤《かくとう》越えという長い山道を歩いて人吉に入ったようです。

肥薩線は鹿児島本線の八代駅から内陸部を通り鹿児島湾までを結ぶ鉄道で、球磨川に沿う人吉までは早くに開通しましたが、その先はループ線、スイッチバックなどの技法を駆使する難工事で、全線が開通したのは一九〇九（明治四二）年です。地図を広げると九州山地と呼ばれる中央部の山間にはいくつもの盆地があり、近代国家の仲間入りをした日本が、産業を興し国民皆兵制度を実施するために大急ぎで鉄道網をはりめぐらせる必要があったことがよく分かります。熊本から大分までの豊肥本線には、川に沿う崖の裾をうがつ、何としても鉄道を通すという使命感と情熱がなければとても設置は無理であったろうと思われる個所がいくつもあります。

人吉の温泉で疲れを癒したウェストンさんは、八代まで汽車があったけれどもあえて舟で球磨川を下りました。球磨川の川下りは今では観光客のために途中まで行われているにすぎませんが、以前は人や物資輸送手段として重要な位置にあり、アーネスト・サトウも一八七七（明治一〇）年鹿児島から人吉まで山越えをして来て八代まで舟で下っています。ウェストンさんが五〜六時間かかって河口近くまで下ると、右岸は立派な石垣で補強され桜と松の木が植えてあり、流れに竿を垂れ釣りをしている人がぎっしりと座っていたといいます。午後遅く着いたウェストンさんはすぐに汽車で一時間ばかりの熊本へ発ったので、八代には朝鮮から最初に伝えられ原型の特徴が保たれているやきものがある、とサトウが記述したと思われるやきもの（高田焼）を見る暇はなかったようです。

熊本の聖十字熊本教会には、前年に赴任した時、宿舎が見付かるまで六週間ほどやっかいになったグランドラム師がいました。ウェストンさんの熊本在住は二カ月余りと短かったので、熊本城や水前寺公園は見ても山に登ることはなかったようで、熊本からグランドラム師と共に阿蘇山に向かいました。

阿蘇神社に近い坂梨まで自動車で行き、栃ノ木新湯に泊まり初めて日本の入浴を体験します。多分混浴であったことでしょう。阿蘇山は難しい山ではなく、ウェストンさんは、最高峰の一五九二メートルの高岳から火口の全容と外輪山に囲まれたカルデラのすばらしい景色を望むことができました。九州内陸の最高峰の祖母山《そぼさん》も見え、それが次の目標となるのです。

祖母山は一七五六メートルの原生林と渓谷が美しい山で、姥ヶ岳《うばがだけ》という名があり、大分、宮崎、熊本にまたがる集落の信仰の対象となっています。高千穂町の庄屋であった矢津田家には、一八九〇（明治二三）年一一月六日にウェストンさんとグランドラム師が来訪し、往きと帰りに泊まったという記録が残っています。ウェストンさんたちは高千穂町の五ヶ所高原から祖母山に登り、矢津田家で五家荘の話を聞いたように思われます。平家の落人が長い間外界との交流をせず暮らしてきたという五つの村の話は、ウェストンさんたちの好奇心を刺激するに十分で、二人は高千穂町から五家荘に行き、初めての外国人として村を歩き回りました。

グランドラム師は五ヶ所から熊本に戻ったようで、ウェストンさんは由布院を通って別府に着くと、日豊本線の汽車で中津に行き耶馬渓《やばけい》に入りました。中津から耶馬渓の入口までは車、馬車、人力車の便があって交通の手段はととのっているので、もっと多くの西洋人がこの素晴らしい景色を楽しまないでいるのは残念なことだとウェストンさんは書き残しています。それから汽車で下関へ出て、汽船で宮島、広島、呉と寄港しながら神戸に帰りました。

一八九一（明治二四）年の山行

いよいよ日本アルプスにデビューすることになったウェストンさんは、軽井沢から浅間山に登り、松本から槍ヶ岳をめざしました。松本に戻って木曽福島から御嶽山に登ると上松に下山し、木曽駒ヶ岳を越えて伊那に出て天竜川を下って神戸に帰ります。

・槍ヶ岳

七月下旬、ウェストンさんは山陽鉄道の顧問技師のH・W・ベルチャーさんと日本アルプスへ出発します。汽車で神戸から東京へ、東京から高崎線に乗り換えて終点の横川に着きました。横川は碓氷《うすい》峠の麓で、そこから軽井沢まで鉄道馬車がありましたが、鉄の軌道を走る馬車は何回も脱線し、軽井沢の旅館に着いた時はとっぷりと日が暮れていました。軽井沢はもともと中山道の宿場の一つですが、標高一〇〇〇メートルの高原は一八八六（明治一九）年英国人宣教師が避暑地として着目して以来、西洋人たちの集まるところとなってウェストンさんが訪ねた時にはもう洋食を出す快適な宿ができていました。

ウェストンさんたちは、翌日は足ならしのために浅間山に登りましたが、宿の主人が紹介してくれた案内人は全く役に立たず、下山の時は道を間違え自分たちで道を探してようやく宿に帰り着きます。そして明日からの長旅にそなえて早々と布団にもぐり込みますが、そこにはさらなる受難が待ち受けていたのです。

洋食は出ても部屋は襖で仕切られた日本旅館なので、隣の部屋で始まった芸者を上げての宴会の騒音はなすすべもなく、ウェストンさんが宿の主人に抗議しても無駄でした。夜中の一二時を過ぎてようやく静かになりますが、今度は午前一時に旅館の戸をたたく音がして客が到着したのです。それは通訳を連れて大名旅行中の二人のアメリカ人の一行で、浅間山で地元の案内人がいたのに道に迷い、小諸に下山し汽車で軽井沢に向かうも、その汽車が故障して深夜の到着になったということでした。

翌日は、外国産の食品を売る店で食糧品を買い入れ、軽井沢から直江津まで通じていた信越本線を上田で降り、人力車で松本に向かいます。ウェストンさんが途中の保福寺峠で初めて対面した日本アルプスは、残雪をまとって連なる三〇〇〇メートル級の山々の大パノラマで、マッターホルンのような槍ヶ岳、ペニン・アルプスの女王ワイスホルンを小ぶりにしたような常念岳、どっしりと控える二つの頂の乗鞍岳と、まさに日本アルプスの名にたがわぬ山々でした。途中道が悪かったり峠を越えるのが大変だったりで、松本に着いた時には夜の一〇時を過ぎていましたが、信濃屋旅館の笹井元治という主人が手厚くもてなしてくれました。

翌日はパンを探し歩き回りましたが、満足のいくパンがなかったので、パン屋に製法を教え何とか満足のいくパンを手に入れます。食糧品店では牛肉、ビール、牛乳の他に氷も手に入り、バターらしき品まで置いてありました。松本は人口二万の活気あふれる町で、北のはずれの広々とした水田と桑畑の間に、壁のしっくいがひどく剥げ落ちた城がそびえ立っていました。

『日本旅行案内』には槍ヶ岳の登山口は島々と書いてあるので、人力車で島々に向かいます。信濃屋の主人が橋場という村まで付いて来て宿の清水屋に案内しました。清水屋の主人は登山の案内人として二人の猟師を見付けてくれます。さらに猟師がもう一人荷かつぎを連れてきました。橋場と島々の住人のほとんどは養蚕と炭焼きを生業として、川で魚を捕りクマやカモシカを追う猟師もいるということでした。島々には製糸工場があって、一二歳から二〇歳位までの二〇人ばかりの娘たちが明るい表情で働いていました。翌日宿を出発する時、ウェストンさんはこんな田舎の人々でさえ礼儀にかなった挨拶を心得ていることに感動し、真の教養は特定の階級の専有物ではないのだとしみじみ思わされるのでした。

島々谷の渓谷の道を一一キロばかり行ったところに農商務省の出しの沢の小屋があり、ウェストンさんたちはそこで泊まることになりました。番人が「何の設備もないあばら屋でお許し下さい」と言いながら一枚ずつ布団を貸してくれます。火はありがたかったけれども生木を燃やす囲炉裏の煙になやまされながら、鶏のカレー煮、米、パン、軽井沢で買い入れたココアとマーマレードの夕食を済ませ、板敷の上に横になりますが、いびきの合唱の上に蚤の餌食にされてなかなか寝付かれなかったようです。

翌日は激しい雨で出発が遅れ、木こり小屋で雨宿りをしたりしたので徳本峠に着いた時には午後五時になっていました。峠に立ったウェストンさんの目の前にあったのは、雪の縞模様を付けた息をのむような美しい花崗岩峰で、日本の普通の景色とは全く違っていました。時間が時間なのでゆっくり景観をめでる間もなく峠を一時間半ほど下ると牧場に出て、その先に農商務省の小屋があり、そこが今夜の宿りでした。この時梓川の渓谷でたった一人見かけた年とった猟師というのが嘉門次でしたが、その時のウェストンさんにとって嘉門次はまだただの点景にすぎませんでした。案内人の猟師がその嘉門次から一二匹の大きな岩魚を分けてもらい、それも加えて夕食を済ませると、ウェストンさんは小屋の床にテントを広げ蓑をマットレスの代わりに敷いて眠りについたのです。

翌朝はすばらしい晴天に恵まれ、午前六時一五分に出発します。ウェストンさんは猟師に背負われて梓川を右岸に渡り、密生した下草を押し分けたり、滑りやすい川床を歩いたりして横尾の分岐点に着きます。そこで年長の方の猟師が、「右側の谷は前に槍ヶ岳に行ったパーティーは二度ともこの道を行ったのでよく知っている。左側はより短く面白いけれども道は自分で作るしかない」と言います。新ルートを開拓することにウェストンさんの食指が動かないはずはなく、迷わず左側の谷のルートをとりました。横尾谷を上がる非常に面白いルートを八〇〇メートルばかり行ったところに横尾の岩小屋があって、日暮れまでには楽に戻って来られるというので荷物を置いていくことになりました。しっかりと腹ごしらえをして、弁当と上衣とベルチャーさんのカメラを持って、横尾谷の急流を石から石へと飛び移り、斧やナイフで藪を切り開いていくと、高度二〇七九メートルの地点で雪が現れ、横尾本谷から離れることができて道も楽になりました。それからウェストンさんたちは横尾尾根を越えて天狗原、氷河公園を通って坊主の岩小屋というところで槍沢のルートに出合ったのですが、途中で雨が降り出し、坊主の岩小屋に着いた時はすでに午後四時になっていました。

猟師たちは、もうすぐ日が暮れ岩が濡れているから登るのは無理で、今夜はここに泊まって明日の朝登るようにというもっともな提案をしますが、成功を急ぐウェストンさんたちは聞く耳を持たず、ベルチャーさんと二人だけで悪戦苦闘して槍ヶ岳の鞍部に達しました。そこから頂上への登攀は難しく、手こずっているところに年長の猟師がやって来て、今日みたいな日に登るのは気ちがい沙汰だと引き返すよう説得します。二人はなおもしばらく試みますが、やっと思い直して坊主の岩小屋に引き返すと、全速力で槍沢を下りました。赤沢の岩小屋に着いたのは午後七時で、その岩小屋は猟師の言っていた素晴らしい岩小屋のイメージにはほど遠い岩庇にすぎず、傾斜した床は濡れ、天井からは雨の雫が落ちていました。猟師にとっては風雪から身を守ってくれる素晴らしい岩小屋だったのですが、日本アルプスにデビューしたばかりのウェストンさんにとって、これはカルチャーショックでした。

あかあかと火が燃え上がり、濡れた服を一枚一枚乾かすうちにウェストンさんの心も落ち着いてきて、ソーセージの小缶、パン、チョコレート、猟師たちが用意したごはんで胃を満足させると、非常用のブランデーの小瓶やチョコレートを猟師たちにも回してあげるゆとりも出て、岩小屋の中は陽気な高笑いも起こってなごやかな空気になったのです。しかし何といっても岩小屋は狭く、足を伸ばせば火の中に突っ込んだり隣人の顔をけとばす恐れがありました。ウェストンさんとベルチャーさんは窮屈な姿勢に三時間ほどで目が覚めてしまい、それからはお互いを気遣っていろいろな格好に身を縮めながら朝を迎えました。

次の朝は土砂降りの雨です。猟師たちにごはんを分けてもらい、雨がやむのを待って横尾に着いたのは一〇時四五分でした。猟師の二人は横尾の岩小屋に置いた荷物を取りに行き、一人は即席の竿と針で岩魚を釣り始めました。天気はすっかりよくなり、ウェストンさんと友人は河原に寝そべりながら、次々と岩魚が釣り上げられるのを感心して眺めていました。

徳本峠への入口の手前でまたもや激しい雨におそわれました。峠を越えて沢の濁流のあちこちに渡されている丸木橋を渡り、暗くなる頃出しの沢の小屋に着きました。その日の夕食には釣った岩魚と、鷹が落としたテンを猟師がひろい、小屋番が皮を剥いで串にさして焼いた肉が加わりました。

槍ヶ岳登山は一四年前に登頂したウィリアム・ガウランドが、宮川の小屋（その時嘉門次はまだ上高地に入っておらず杣小屋の跡と思われる）から一日で楽に往復できると『日本旅行案内』に書いているので、ウェストンさんはそのつもりでしたが猟師の教えた横尾谷のルートをとったために時間を空費し、雨にも降られ登頂できなかったのです。猟師たちが猟をする冬は雪があるので、槍ヶ岳の近くまで直行することができ、彼らはこのルートの方が短いと思い込んでいたようです。しかし夏場はそうはいかず、苦戦を強いられ登頂することができなかったウェストンさんは、橋場に戻って約束通り一日一ドルの日当を払う時、少しもったいない気がしたようです。

このドルはスペインがメキシコで鋳造した銀貨で、一六世紀以降、中国や東南アジアでは貿易用通貨として広く用いられたメキシコドルでした。当時の一ドルは一円一二銭で一円は現在の二万円に相当するといわれています。田舎の一泊二食付の宿代が二五銭であったというので、法外な金額を受け取った案内人の猟師たちは喜びました。日当一ドルは西洋人がよく登った富士山の相場です。後々まで島々の案内人の賃金が白馬など他の地域に比べて格段に高かったのは、早くから西洋人が訪れていた経緯によるものでしょう。

・木曽駒ヶ岳

松本に戻ったウェストンさんは、やせ馬が曳く妙な造りの馬車に乗って木曽駒ヶ岳に向かいます。御者は青い綿ズボンと上衣にヨーロッパ風の古帽子という出立ちで、ブリキのラッパを吹き鳴らし人を除けさせる役目の少年が付いていていました。桔梗ヶ原を過ぎる時、常念岳の肩ごしにのぞく槍ヶ岳の穂先を見ながら、ウェストンさんは何としても来年はあの巨峰の頂に立とうと思うのでした。

奈良井村で乗り心地の悪い馬車を捨て、ここまで付いて来た信濃屋の主人とも別れ、荷馬を雇い鳥居峠を越えて藪原村に下り、日の暮れないうちに福島の宿に入ることができました。福島は御嶽詣での宿場町で、宿の軒先にひるがえる講の旗は後から来る仲間への目印です。宿から見える川沿いの家々は張り出した庇の上に石の重しが乗せてあり、ウェストンさんにスイスの山小屋を思い出させました。

ウェストンさんは御嶽に登頂して上松に下りました。上松からは木曽駒ヶ岳を越えて伊那街道の方へ出る予定だったので、必要最小限なものだけを残し、他は「急行運送会社」で神戸まで送ってもらうよう宿の主人に託しました。「急行運送会社」は全国の主要な街道に事務所を持っている運送業者ですが、急行とは名ばかりで送ったその荷物は二週間もたって、泥だらけの目も当てられない姿になって神戸に届いたのです。

翌日、宿の主人が探してくれた選り抜きの人夫三人を連れ、ウェストンさんとベルチャーさんは木曽山脈の最高峰の木曽駒ヶ岳に向かって勇んで出発します。高度二四〇〇メートルの駒ヶ岳の遠見場からは、飛騨山脈南部の峰々と、木曾川と寝覚めの床までもがはっきりと見えました。登るにつれ雇った人夫の中の二人は、とめどもない無駄話のせいで息が荒く足取りも危なかしくなっていくので、もう一人の人夫が、頂上直下のスイスの山小屋に似た建物の番人の親子を、二人に代えたいと言い出し、その通りになります。ウェストンさんは最初からこの二人に、喉の渇き止めにとヨーロッパの山でするように小石でも含ませておけばよかったといまいましがっています。

二九五六メートルの木曽駒ヶ岳山頂には白木造りの神社がありました。一五三二（天文二）年に木曽の徳原長太夫春安が建て、後に本社を山麓に移したのが現在の駒ヶ岳神社と伝えられ、以後木曽側からの駒ヶ岳信仰登山が盛んになったといわれています。一七三六（享保二一・元文一）年と一七五六（宝暦六）年に高遠藩が一〇〇名を超える人数を調査登山させたというので、伊那方面への道も付いていたことでしょう。頂上からの大パノラマは、西方には御嶽の肩越しにかすかに見える加賀の白山、日本海に向かって伸びる日本アルプスの連山、北東に一筋の煙を上げる浅間山、東には甲州山脈、南には赤石岳の優美な山容、中でも最も荘厳に見えたのは鳳凰山の双峰の間に浮かび上る富士山の姿でした。

下って行った伊那部村は、甲州街道と木曽街道とに通じる交通の要地です。午後七時に宿に着き、きれいに磨かれた玄関の上がり口で靴を脱いでいると、「どうぞお風呂にお入り下さい」と声がかかりました。普通は到着順のところを外国人ということで特別扱いを受けたのです。ウェストンさんには入浴して浴衣に着替えた後、座布団にくつろいで食べた味噌汁、魚、ごはんの日本食が特別においしく思われました。しかし翌日は、天竜川の船着場の時又《ときまた》まで人力車を頼みますが外国人というので法外な値をふっかけられ交渉に手間どり、外国人だからといってよいことばかりあるわけではないという現実に直面するのです。そして、四八キロの道のりを人力車にゆられ、時又に着いたのは夕方でした。

時又のきれいな宿の情報も、一四四キロ離れた海岸までの料金が貸切りで二〇ドルであることも、料金が高いのは舟の痛みが激しく三～四年しかもたず舟底を毎年取り替え、下りは一日でも上りは一〇日もかけて舟を曳いて来なければならない事情があるからということも、みんな『日本旅行案内』に書いてあるのです。

ウェストンさんとベルチャーさんは一〇ドルずつ出してエキサイティングな川下りに出発します。舟は峡谷の瀬や急流を矢のように通り抜け、激流に真逆さまに突入し、荒れ狂う波は時に舟にまで襲いかかりました。船頭の冷静さと度胸はすばらしく、突き出している岩にあわや衝突という一瞬、船頭の腕で危険は回避されるのです。やがて流れがゆるやかになり、午前七時四五分に出発した舟は、午後八時に終点の桟橋に着けられました。そして浜松の宿で三三度もある寝苦しい夜を過ごし、汽車に一二時間揺られてウェストンさんは神戸に帰り着きました。

それから間もない一〇月二八日、美濃でマグニチュード八・〇という大地震が発生しました。ウェストンさんは一一月から救援活動を始め、カナダ人の聖公会宣教師と共に病院を見舞い、救援食糧を届け、翌年の一月には、孤児養育をしているアメリカ聖公会系の婦人伝道師に、募金活動の成果であろう七五円を送りました。

一八九二（明治二五）年の山行

この年ウェストンさんは、他の人と少し違った登山をしてみたい気持ちになったようです。五月には積雪期の富士山に登り、夏には岐阜から高山を経て平湯から乗鞍岳に登り、信州側に下りて念願の槍ヶ岳登頂を果たします。さらに松本から一八九一年の山行の折、木曽駒ヶ岳から見えた赤石岳をめざし、登頂後、甲府の先の鰍沢《かじかざわ》から富士川を舟で下って神戸に帰ります。

・五月の富士山

近代登山が始まる以前、多くの場合登山は宗教的な行事であり、夏期一定の期間だけ禁を解くのが山開きでした。船で横浜に着いた外国人たちが一番先に目にする、秀麗な富士山の姿は強い印象を与え、開国以来多くの西洋人たちによって登られています。しかし積雪期に登った人はいなかったので、ウェストンさんは開山前の五月に登ることにしました。同行者は同じケンブリッジ大学出身の友人です。

三人の登山案内人は最初からこの計画を馬鹿気ていると思っており、一日一ドルで行けるところまで行くという条件で応じました。万年雪の下に着いた時、これ以上登るのは嫌だと、案内人たちは六合目の小屋の屋根に腰を据え煙草を吸い始めます。彼らを残してウェストンさんと友人は雪渓をぐんぐん登って行って、とうとう富士山頂の噴火口の縁に着いたのです。小屋の屋根の上からその一部始終を見ていた三人はすっかり感心しておとなしくなり、この登山は大成功のうちに終わりました。

・平湯から乗鞍岳へ

ウェストンさんは夏の休暇は飛騨方面から山に入り松本に下る計画を立てます。そうすれば飛騨山系の中部から南部にかけての概念がつかめ、一八九一年に登れなかった槍ヶ岳にも登頂でき、さらに飛騨の国は西洋文明の影響を全く受けていない地方として知られていましたから、古い昔の日本の姿を見ることもできると考えてのことでした。

同行者はミラー医師で、ウェストンさんは濃尾地震の時、彼のいた仮設病院を訪ねて知り合っていました。途中の岐阜駅ではパスポートを調べた警官が、親切にもウェストンさんたちが乗ろうとしていた人力車の車夫に料金を掛け合ってくれました。外国人は法外な値を吹っかけられることが多いからで、とても助かりました。しかし道が悪く少ししか進むことができず、その日は関で泊ることになります。宿で温かいもてなしを受けたので、ミラー医師が宿の主人の友人を診察してあげると、お礼に茶の湯の席に招待され、宿の主人からウェストンさんたちには美しい扇子が贈られ、特にミラー医師には見事な短剣も感謝の印として贈られました。

翌日、手配してもらったそれぞれ二人の車夫が付いた人力車で高山をめざします。ひどい山道から平坦な道へ、さらに丘陵地帯を過ぎて飛騨川に沿う渓谷に分け入り、一五〇メートルもの絶壁を辿る道を日暮れまでに五〇キロばかり進んで、川岸にぱらぱらと農家が散在している保井戸《ほいど》に泊ることになりました。

保井戸から先は、急流にのぞむ絶壁に刻まれた風景の美しさで知られている街道で、飛騨川と支流が合流する岸壁の裏には、杉木立に囲まれた小さな観音堂がひっそりと建っていました。久々野《くぐの》でひどく揺れてまるで乗馬かと思うような人力車を返し、荷物を人夫に先に運んでもらって宮峠への道をゆっくり上がって行ったウェストンさんたちに、右手にくっきりと浮かんでいる雪のひだを付けた御嶽、行く手には乗鞍岳の双峰のどっしりとした姿が見えてきました。北側には見事な杉木立に囲まれた飛騨一之宮の荘厳な社殿があり、神社の簡素な建物は風雨にさらされ、社殿と杉の巨木がよく調和していました。そしてその麓をゆるやかに流れる宮川の先に高山の小さな盆地があるのです。

高山へ先行した人夫から知らせを受けた宿の人が、町の入口まで提灯を持って迎えに来てくれていました。その頃の高山にはまだ西洋文化が及んでいません。西洋文明がもたらす日本文化への影響と破壊は、今のところ条約港とその周辺に限られているけれども、そのようなところでは残念なことに人々は自国の生活様式や風習や自分たちが保ってきた礼儀までをもさげすむまでになってしまっていることを目にしてきたウェストンさんは、高山がまだその害を受けず、日本の古い町の品格を保っていることが嬉しく思われるのでした。

翌日高山から、峡谷の思いもよらぬ美しい景色の中を四時間歩いて着いた旗鉾《はたほこ》は、嶮しい山の麓にわずかばかりの人家が散らばる村です。人夫はここまでで返すことになっていたので、村長に代わりの人夫を探すことを頼みますが、この時間に見付けることは無理だと断られました。しかしミラーさんが医者だと知った村長は、村中の病人を看てくれるように頼み、村長の家の縁側が病院となるのでした。

ウェストンさんが足に深い傷を負った木こりの患者に同情のまなざしを向けると、木こりは微笑みを返してきました。それは美濃大地震の被害調査でミラー医師のいる仮設病院に行った時、骨折と怪我をしている老婆が、制止もきかずベッドに起き上がってお辞儀をしようとしたことや、東京で人力車の車夫が、自分のあかぎれに炭火を押し付けジュッと肉を焦がすのを見たウェストンさんが叫び声を上げたのを笑ったことなどを思い出させ、この階層の日本人は痛みに対して鈍感なのだろうと思ってしまうのでした。苦痛に甘んじ他人に心配をかけまいとする日本人の精神文化は、西洋人にはどうしても理解できないものの一つでしたから、来日して日の浅いウェストンさんがそう思ったのも無理からぬことではあったようです。

昼頃には治療も片付き、代わりの人夫もそろって平湯に出発することができました。平湯の小さな宿には専用の温泉がありました。すぐ近くにも公衆浴場があり、そこは浴槽に屋根をかけただけの建物で男女混浴でしたが、誰も恥ずかしがる様子はありませんでした。当時日本の風呂屋はもともと混浴で何の問題もなかったのですが、大きな町や開港場で混浴禁止令が出たのは外国人の目を意識してのことで、内実は浴槽に縄を渡しただけというのも多く、地方では混浴は当たり前のことでした。

ウェストンさんが平湯に来たのは、西側から乗鞍岳に登るためです。乗鞍岳は二三の峰々からなる複式成層火山で南北に火口丘が連なり、火口湖も多く、その最高峰の剣ヶ峰は三〇二六メートルです。平安期の記述にある愛宝山《あぼうやま》に当たり、位山《くらいやま》として和歌にも詠まれ、摩利支天岳、大日岳などの峰の名から分かるように、修験道の行場になっていた山です。開山は八〇七（大同二）年、田村将軍（坂上田村麻呂）によるという説があり、一八二九（文政一二）年江戸梅本院永昌らが山頂の祠を修復したという記録が残っています。

西洋人による登頂は一八七七（明治一〇）年、ウィリアム・ガウランドとディロンによるものでした。ガウランドは冶金技師という仕事から鉱山調査を各地で行っており、乗鞍岳もその一つでしたが、その時乗鞍から見えた槍ヶ岳に惹かれて槍ヶ岳に登ったと思われます。一八八〇（明治一三）年にはドイツ人のワグネルが登頂していますが、いずれも信州側からの登山で飛騨側から登った西洋人はいませんでした。

ウェストンさんに飛騨側からの登山情報を提供してくれたのは、宿に泊まり合わせた政府の役人です。彼は写生帳や観測具を背負って連日山を歩きまわって、農商務省に提出する報告書を作っており、乗鞍岳北西の出尾根にある鉱山小屋で泊まることができると教えてくれたのです。


出尾根の鉱山から麓の精錬所まで、籠や粗末なそりで鉱石を運び下ろす道があり、ウェストンさんたちはその道をたどります。鉱山は二二〇〇メートル地点にあり、低い二棟の宿舎がありました。監督は泥だらけで濡れねずみの二人を快く迎え、自分たちが使っている小部屋に通し、着替えまで提供してくれました。その上に荷担ぎの人夫が遅れたため空腹な二人にタコやさつま芋の天ぷらをふるまい、鉱山の年間生産量は平均して銅六二トン、銀一トン弱であること、冬用の藁靴やアイゼン様の道具のことなどの話をしてすっかりくつろがせてくれるのです。しかしウェストンさんたちが寝ようとした時、旅の講釈師と三味線弾きがやって来て、夜半までの大騒ぎに巻き込まれることになってしまいました。この鉱山が開かれたことで一五〇人の男女の雇用が生まれ、平湯の村はその生活必需品供給基地となって活気が生まれ、冬も人が住むようになり、芸人が険しい山道を登って鉱山にまで来るようになっていたのです。

翌日は曇り空で、人夫たちはこれ以上行くのは嫌だと言い出しました。そこへ年配の猟師が現れ、後学のために道を知りたいのでウェストンさんたちと一緒に行きたいと申し出ます。その猟師は足が達者で、案内人が音を上げるのをなだめるような陽気な性格で、結局彼のおかげで登頂を果たすことになるのです。

一行が鉱山から尾根にたどり着くと、そこに真新しいクマの足跡がありました。そして雪渓を渡り次の尾根に達し、暗緑色の水をたたえた美しい大丹生池《おおにういけ》を見て、二七〇〇メートルの岩峰に囲まれた池の近くの洞穴で朝食をとります。そこからすばらしい登攀をして稜線に達すると、左手遠くに大野川から登拝に来る人たちのための休憩所である室堂《むろどう》が見えました。

乗鞍岳は霊山として古くから信仰が続き、一八二〇（文政三）年に地元の明覚法師が『乗鞍山縁起』を著すと、信州側では行者以外の人々も登拝登山を行うようになり、信者は梓川流域の村々に多くいました。飛騨側でも位山と呼ばれ、やはり信仰の対象でしたが、信州側の方が登拝登山は盛んだったようです。

乗鞍岳はその名の通り二つの峰が馬の鞍のような形をしており、北峰の方が少し高い三〇二六メートルで、山頂には風雨にさらされた小さな社があります。ウェストンさんたちは霧が湧いてガウランドが見たという槍ヶ岳の姿を見ることはできませんでした。帰路で土砂降りの雨に遭ったので鉱山には立ち寄っただけで、午後七時近くに平湯に帰り着きます。この登山は平湯大滝から平湯尾根、金山尾根をたどり乗鞍二三峰のうちの、硫黄岳、大黒岳、富士見岳、朝日岳を経て剣ヶ峰に登頂したものでした。

平湯の宿では外国人に好奇心をかられた土地の人々がひっきりなしに部屋をのぞき込むので、とても休養するどころではありませんでした。彼らは相手に迷惑をかけているとは全く気付いていません。それはここに限らず大きな町でも同じで、西洋人が店の前にちょっと立ち止まりでもすれば、たちまち黒山の人だかりができてじっと観察されるのです。

外国人の医者が来ているというので、その夜はまだ夕食が済まないうちから近隣の村からやって来ている湯治客が宿につめかけ、ウェストンさんは、生まれてこの方医者を見たことがない自称病人たちの病状をミラー医師に取り次いだり、医師が出す薬の飲み方を病人に伝えたりして、それは夜おそくまで続きました。お金が払えない患者たちは、ためらいがちになりながらも、医者の指示や苦い薬を心からの感謝をもって受け取るのでした。

ウェストンさんは平湯から見える笠ヶ岳に登りたくなり、登り口の蒲田に行き区長に登山情報と援助を要請しますが、言下に拒絶されます。いくら頼んでも次々と言い訳を並べるその態度から、絶対に応じる意志がないことは明らかでした。その上蒲田には温泉が出ていましたが宿はないと言われ、がっかりし、困り切って座り込んでいると、そこを通りかかった甚兵衛という人が泊めてくれることになったのです。ミラー医師は甚兵衛さんの家でたまたま彼の内臓疾患を見付けて手当てをし、そして松本に戻った時に薬を手に入れて送ってやったのです。

笠ヶ岳は信仰の対象の山です。古くからの霊山であり、農民たちは人が山に登ると凶作になると信じていましたから、まして外国人の登山が拒まれたのは当然だったといえます。日本だけがそうだったのではなく、もともと山には神が住むとか魔物が住むとする民族が多く、一般的に信仰、戦争、狩猟や採集、鉱物資源を得るなどの目的以外で山に入ることを忌む傾向がありました。

笠ヶ岳登山をあきらめたウェストンさんとミラー医師は、平湯から安房峠を越えて白骨温泉に下り大野川へと通じる桧峠を上りました。途中休んだその峠の粗末な茶店では、腰の曲った老婆が出してくれたものは白湯と干し豆だけでした。食糧の入った荷物を持つ人夫は遅れておりウェストンさんたちはお腹がすいていましたが、茶店の天井の梁に何本かぶら下がっている蛇の燻製を食べるほどまでにはいたっていませんでした。午後二時頃大野川に着いて、村長夫婦にお茶と獲れたての岩魚と、白と紅と緑の色付けをした米粉の菓子のもてなしを受けやっと人心地がつきます。この村長は白骨温泉の経営者であり、農商務省の地方官吏でもあって、玄関にメッキのはげたボタンの付いた濃緑色の制服がぶら下がっていました。村長は体調をくずしていたようなので、ミラー医師が診察し薬を処方してあげると彼は感激して、ようやく追い付いた荷担ぎ人夫をより強い三人の人夫と交代させてくれたのです。

それから高い絶壁をたどるあいまいな道を回り込んだり、下から組み上げた木で何とか支えられているところをいくつも通って稲核の村に着きます。稲核は少し谷が開けたところで、村落には耕地と農地が散在していました。午後六時半頃には早くも日が暮れ始め、稲核から提灯の明かりをたよりに橋場の宿の清水屋に着き、風呂に入りたっぷり食事をとったのでした。それから槍ヶ岳登山計画の検討が始まりました。打ち合わせに参加した去年雇った猟師は、今回は二人の兄弟も加えて是非とも成功させたいと意気込みました。

・槍ヶ岳登頂

翌日の朝、意気揚々と橋場を出発したウェストンさんは、島々谷を五キロ弱行ったところで新しい光景に出合います。谷の左岸に鉄鉱泉が見付かり温泉場ができていたのです。そこには粗末な身なりながら礼儀作法の立派な老湯番がいて、ウェストンさんとミラー医師をお茶にさそい入浴をすすめるのですが、すすめられた風呂場の筵の上には、島々や橋場から湯治に来た男女が思い思いの格好で寝転がっていました。お茶だけは断れずに飲みましたが、入浴はせずに一行は先を急ぎます。

昨年泊まった出しの沢の小屋は閉まっていましたが、その先の山道は驚くほどよくなっていて、道がはかどり、ウェストンさんたちは上りきった徳本峠で木陰に身を横たえ昼寝をむさぼることができました。目の前にある穂高の岩峰を見ているうちに、槍ヶ岳への執着を穂高岳に切り替えようとさえ思う気持ちが湧いてくるのを押さえて、峠を下り梓川を渡って五キロばかり行ったところでキャンプをします。

ウェストンさんとミラー医師はハンモックを吊り露を防ぐ油紙を張り、猟師たちは小枝を集めて寝床を作り、勢いよく燃え上がった火を囲んで、釣った岩魚や缶詰の鶏のカレー煮で楽しい夕食をとりました。やがて星が輝きはじめ、鍋冠山《なべかんむりやま》の頂から冴え冴えとした月が上って来て、あたりはさながら詩の世界で厳かな静寂にみちていました。

翌日谷間に朝の光が射し込むと共にキャンプ地を後にし、今度は槍沢を右に左に飛び移って進みます。まるでスケートの初心者のように、つるつるの岩から冷たい流れに派手な音を立てて落ちてしまったウェストンさんは、滑る岩の上では登山靴より草鞋の方がはるかによいことを思い知り、以後は登山靴に草鞋を付けるようになりました。三時間も藪と急流を相手に悪戦苦闘をした後、赤沢の岩小屋に着きました。ウェストンさんは見覚えのある景色に去年のことが楽しく思い出されて、岩小屋の岩庇の下でしばらく休息をします。そしてそこから一時間ほど登ると、槍ヶ岳は基部から頂上までその全容を現し、ウェストンさんには登山の成功が確信されるのでした。雪渓をすぎガレ場を登り鞍部に着くと、昨年は雨で滑りこの上なく危険だった岩に、割れ目や岩棚の手がかりがあり、ウェストンさんはついに槍ヶ岳の頂上に立つことができたのです。

四方に広がる雄大な眺望を存分に堪能したウェストンさんたちは、午後六時過ぎに赤沢の岩小屋に戻りました。一二時間ほとんど歩きづめでみんな疲れていましたが、登頂成功で気持ちは明るくビバークは非常に楽しいものになりました。今度は食糧もたっぷりあって、ショールと枕もとに広げた傘で夜風を防ぎ、足元には快い焚火もあり、木の枝と羊歯を敷いた寝床にリュックとカメラを枕代わりにして、眠りにつくのにもう何の不足もありませんでした。

・赤石岳

赤石岳は一八八〇（明治一三）年にアーネスト・サトウが海の口から案内人を雇って直登を試みますが、頂上直下で地溝にはばまれ登頂できませんでした。その前年にサトウの友人のアトキンソンが友人と本沢温泉から入り登頂を試みましたが、やはり二六〇〇メートルで地溝を越えられずに引き返し、まだ外国人に登頂されていませんでした。ウェストンさんは昨年木曽駒ヶ岳から見えたその赤石岳に登ることにしていました。ミラー医師は軽井沢の方に約束があると松本で別れて行ってしまったので、一人で登るつもりでいたところ、信濃屋の主人笹井元治が同行を申し出て来たのです。ウェストンさんはこのような日本人が出て来たことを喜び馬車で出発します。

塩尻で馬車を雇い直して塩尻峠を越え、美しい渓谷を渓流に沿って行きました。渓流はやがて天竜川に合流し、あやうく天竜川に投げ落とされそうな目に遭ったりして午後七時過ぎに高遠に着きました。ウェストンさんたちは交番に助けを求め池上屋という宿に案内してもらいます。宿の主人は「今まで外国人を泊めたことがなく、満足してもらえるかどうか分かりませんができるだけのことはします」と言い、部屋も寝具も、夕食も朝食も全部満足のいくものでしたが、宿泊料はたったの一人六ペンス（二五銭）でした。

次の日は三峰川《みぶ》に沿って歩き、市野瀬で昼食となります。この村には人夫を雇い直してくれる宿がなかったので村長に助けを求め、二時間半ほど待たされる間村長の家で休ませてもらいました。その家は養蚕のために畳が取り払われ、汚れと悪臭がはなはだしく蝿がたくさんいましたが、ウェストンさんが通された奥座敷は大そうきれいで立派な部屋でした。

人夫を代え、市野瀬からは鹿塩《かしお》川に沿って照り付ける日盛りの道を歩いていくと、途中にたわわな実を付けた野苺があるのを見付ます。それを食べるのに長居をしたり、樅や楓やさわらが蔭を落としている道の谷のお椀や菓子鉢を作って暮らしているという村を回ったりして、午後六時頃市場という村の簡素な宿に入り、一行は先ず一風呂浴びました。当時の日本の田舎では風呂桶は通りに面して置かれ、入浴しながら通りがかった知人と話をするという習慣があり、ウェストンさんが入った風呂もそうでした。宿の対岸に塩分を含んだ水が湧き出していたというので、市場は現在の鹿塩宿のようです。

人夫たちが運ぶ食糧の入った荷物がいくら待っても宿に着かないので、いったん断った食事をまた頼むことになったのですが、すでに料理は使用人たちの口に入ってしまいご飯が少し残っているだけでした。空腹と蚤にさいなまれてそんな一夜をすごしたウェストンさんのもとに、馬子の人夫が姿を現したのは日も高くなってからでした。馬が途中でへたばったというのが人夫の言い訳でしたが、本当のところは途中で他の大荷物を積み、ウェストンさんの少なからぬ料金に稼ぎを上乗せしたためだったようです。

次に泊った大河原の村は明らかに進歩的で、つい最近建てられた学校は白壁にガラス窓の洋風建築でした。宿ではウェストンさんたちを泊めるために一家総出で机や食卓を学校から借りて来るなどして大騒動です。また市場から付いて来た警官は、一年前陸軍省の調査官を案内して赤石岳に登ったという猟師を連れて来てくれました。

翌日ウェストンたちは赤石岳へと出発し、一〇キロほど登った小渋の湯の粗末な山小屋に泊まります。管理人の七三歳になる老人は、汚くて便利が悪いことを何度も詫びながら、こっそり一番良い部屋の客を追い出してウェストンさんに提供してくれたり、共同風呂をウェストンさんが一人で使えるようにやりくりしてくれたのです。彼がその代償として望んだのは、外国人が食事をするところを見せてもらいたいということでした。そしてウェストンさんがカレー煮の鶏、ごはん、ジャム、口直しのココアまでの夕食をとるのをとっくりと見物し、老人のその驚いた顔は、ウェストンさんにいつまでも忘れられないものとなります。彼はいつも粗末な階段のてっぺんに座って、まるで動物園の動物を見る見物人のようにあたりを見回しています。しかしウェストンさんは、彼は僻村の貧しい教育のない田舎者にすぎないかもしれないけれど、この老人は本当の意味での紳士であり、このような人物には日本のどこでも出会ったことがないと思うのです。

赤石岳は赤石山脈の主峰で、一八八〇（明治一三）年と一八八一（明治一四）年の二回にわたる内務省地理局の測量入山の際に、遡行した沢が赤褐色の岩板状であったことから赤石ノ沢と名付けられたので、山頂を赤石岳と呼ぶようになります。東海道から望まれる赤石山脈は、「甲斐の白峰」と『平家物語』や『東鑑』に記され、その山林は仁徳天皇の時に大樹を切って難波津に運び船を造らせたと『日本書紀』にあります。赤石山脈の山林は、山裾を大井川が流れ搬出が容易であったため徳川期を通じて伐採され、その時の搬出路が道となり、その地名が後々まで残ることになりました。

ウェストンさんは赤石岳に信州側から入りました。小渋川を遡り急流を渡り、急斜面の岩登りを楽しんで赤石岳に続く尾根に出て、一〇時間かかって三一二〇・五メートルの山頂に着くのですが、その日はあいにく雲が広がり眺望は得られませんでした。頂上には昨年登った調査官が積み上げたケルンがあり、一八七九（明治一二）年と一八八一（明治一四）年の測量登山で三角点も設置されていましたが、外国人としてはウェストンさんが初登頂です。

下山途中で日が暮れ、ウェストンさんたちが手探り状態で着いた岩小屋は、案内人の猟師たちが言った立派な洞窟のイメージとはかけはなれた、四メートル余りの岩柱が寄り合わさったすき間のことだったのです。幅九〇センチ奥行き二・五メートルの洞窟の頭上は空いており、油紙を張る間もなく激しい雷雨が襲ってきました。車軸を流すような激しい雨を稲妻が切り裂き、バイロンの詩のような光景を浮かび上がらせます。やがて風雨がおさまると星が輝き始め、猟師たちは米を炊いて夕食の準備を始めます。燃え上がったキャンプファイヤーのまわりでの食事の時、ウェストンさんが渡した鰯の缶詰の残りは彼らに大そう喜ばれました。ウェストンさんは肩がけをすっぽりかぶってぐっすりと眠りましたが、ここに布団を運び上げていた猟師たちは蚤のためによく眠れなかったようです。

翌日の空はどこまでも晴れ渡り、駒ヶ岳や槍ヶ岳などの山々がくっきりと浮かび上がっていました。午後一時頃小渋の湯に帰り着くと、警官がウェストンさんの安否をたずねに来たということでした。ウェストンさんが持つ旅行免状は面倒なものではありましたが、それを呈示されたところでは警察などに外国人を無事に通過させる義務が生じ、気を配ってもらえるという面もあったのです。出発する時、ウェストンさんが小屋番の老人に、親切にしてもらったお礼をどの位払えばいいかと聞くと、老人は当惑し「外国人をお泊めしたのは初めてでどの位いただいたらいいかさっぱり分かりません」と答え、最後に「五銭では高すぎるでしょうか」と、どもりながら法外な請求を恥じるかのように言うので、ウェストンさんはチップを上乗せして恐縮する老人に渡し大河原に向かったのです。

御雇外国人がさまざまな分野の専門家であったこともあって、当時は外国人は何でも知っていると思われていたらしく、大河原で日曜日の休養をしているウェストンさんに、宿の主人がカモシカの胃の中から出て来たという七面鳥の卵位のすべすべした淡黄色の石の鑑定を頼んできたのです。しかし薬効があるというその石はたんなるカモシカの胃石でした。出発の日、宿の主人の母親が馬鈴薯を六つも差し出しどうしても受け取ってくれと言うので、ウェストンさんがそれをリュックに詰めると老婆はとっても喜んでくれました。

高遠でもう一晩泊まって、次の日は御堂垣外《みどうがいと》村に泊まり、金沢峠を越えて甲州街道に出ると、そこはこれまでの谷間沿いの道とは隔絶した賑やかな世界でした。絶えず人馬が行き交う街道の途中で、木机に髪を乱した人間の首が乗っているのを見てウェストンさんは仰天しましたが、それはその家の主人があたりの景色を見つつ、通りがかりの友人知人と話ができる場所で入浴を楽しんでいるところだったのです。

台ヶ原の宿は見かけは質素でしたが、中は驚くほどきちんと片付いてきれいにしてあり、気持ち良く一夜を過ごすことができました。しかし翌朝勘定をする時になって、それまでの宿の三倍の料金を請求されたウェストンさんは憮然とします。日本人の客よりもずっと手のかかる外国人の客が高い料金を払うのは当然かもしれないとは思うものの、同じ物を食べ同じ部屋に泊まった信濃屋の主人の四倍以上の額を請求されたのです。その理由は、「そういう習わしになっているから」というだけのものでした。

甲府に着くと長養亭というレストランに行き、ウェストンさんはオムレツ、チキンカツレツ、パンにバター、ケーキという久しぶりにおいしい昼食をとることができて、その料金はラムネ代を入れてわずか四〇銭足らずでした。

翌日、甲府から一九キロ先の鰍沢村から富士川下りの舟があるので、ウェストンさんは鰍沢へ行き三〇銭を払って舟に乗り、六時間一五分で太平洋の岸に着きます。そして東海道線の岩淵から汽車で神戸に帰りました。

富士川は古くから甲府盆地と東海地方を結ぶ連絡路に利用され、江戸時代から舟運送が盛んであった上に、水量が豊かで舟の傷みが少なかったので舟賃が天竜川とは桁ちがいに安かったもののようです。

一八九三(明治二六)年の山行

ウェストンさんは五月に友人二人と積雪期の恵那山に登り、続いて登った富士山で春の嵐に遭い、遭難騒ぎになったりしました。

夏には信越線の汽車で善光寺まで行き、大町に抜け針ノ木峠越えで立山に登ると富山に下り、神通川に沿う道から飛騨に入り、再び笠ヶ岳をめざそうとしましたがうまくいきませんでした。平湯から前年と同じ道をたどり、橋場の宿の清水屋で穂高岳のうってつけの案内人として上條嘉門次を紹介され前穂高に登頂することができました。

・春の恵那山と富士山

ウェストンさんは一〇日間の春の休暇を、ケンブリッジ大学出身の友人二人と恵那山を越えて天竜川を舟で下り、再び雪の富士山を登ることにします。

一行は料理人を連れて出発しましたが、岐阜駅で厄介なことが起こりました。ウェストンさんたちの旅券の呈示を求めた警官が、三人の旅行許可証に美濃は入っていないと言うのです。一九〇〇(明治三三)年に居留地法が廃止されるまで、外国人の国内旅行は、領事、公使を通じて府県知事に申請し、外務省が発行する旅行免状が必要でした。旅行目的は病気療養のみが認められていました。しかし実際は暗黙の了解で外国人たちは観光旅行や登山をしていました。ウェストンさんたちの旅行許可は「富士見一三州内」となっており、美濃は入っていなかったのです。そこで三人がとったのは「恵那山に登ったことはあるか、登るための近道を知っているか、岐阜と太田を結ぶ中山道はいい道か」などなど矢つぎ早に質問を浴びせかけ、警官の気を萎えさせる作戦で、それは大成功します。警官は外国人であればその値段でとても乗れない安い料金で人力車を雇ってくれた上に、旅行許可証に入っていない太田に行くよう車夫に指示してくれたのです。

中山道に近い家々は二年前の美濃地震後に建て替えられた新しいものでしたが、広い美濃平野が痛手から立ち直るにはまだまだ時間がかかりそうに見えました。水田地帯から木曽川に沿う道に入り、犬山城の天守閣を見てから三時間ほど行き、太田の小綺麗な宿に着きます。宿では外国人がやって来たというので大混乱をきたし、ウェストンさんたちの行李とリュックがあちこちに散乱するという状態です。

ここから恵那山登山の出発点として落合をめざします。ウェストンさんたちは、翌日の時間を節約するために前の晩に馬車を頼んでいました。馬車の外見はたいてい霊柩車と救急車のあいの子のようなものですが、特にこの馬車は、やせ細った馬がぼろ皮や紐で結わえられた梶棒に結び付けられており、馭者は禿頭のよそよそしい老人でした。道は轍の多いでこぼこ道で、ウェストンさんはフットボールの試合で痛めた膝をかばって馬車を降り歩いていました。すると、左右に傾きながら走っていた馬車がすさまじい音を立てて道に張り出した屋根の庇に激突したのです。一度も馬の手綱を取ったことがなかったと思われる未熟な馭者は、馬を後退させる代わりにやっきとなって馬を叩いたので、馬車が真二つに分かれてしまったのでした。馭者は荒々しく手綱を引いて前進したので、残された後部はゆっくりと倒れ、友人たちの姿は見えなくなりました。しかし二人は無事でした。間もなく馬車は前部と後部をつなぐ鉄のくさびの代わりにボロ布で結ばれ、ちぎれた尻繋は馭者の木綿の帯で修復されました。こうして一行は釜戸でこの馬車から人力車に乗り換え、夕闇せまる頃ようやく中津川に着いたのです。

恵那山にはここからも登れるというので、落合まで行かず中津川に泊まることにしました。宿の主人は一行を温かく迎えましたが、山は六月の山開きまで登らない方がいいと説得します。しかしいくら言ってもウェストンさんたちを思い止まらせることができなかったので、荷担ぎの人夫を二人探してくれたのです。

翌日の出発はすがすがしい快晴に恵まれ、一時間後に恵那神社に着きました。人夫たちは登山の安全を祈願し、そこから傾斜をよじ登り落葉樹林から針葉樹林帯にかかりました。そこは白いつつじの花が見事に咲いており、青空をバックに雪の御嶽山頂が輝き、辺りの静けさの中にはるか下方の瀬音と鳩の声が聞こえてくるのでした。地滑りの跡を越える他に何ら障害はなく、高度一六五〇メートル登ったところで雪が現れました。尾根から頂上までは傾斜はゆるやかでしたが、雪が軟らかく膝まで沈み込んだり、もっと深くもぐり込んだりして、最後の四五〇メートルを登るのに二時間もかかりました。

恵那山はほぼ同じ高さの三つの頂から成り、一番北の頂が最も高い二一九一メートルで、そこと二番目の山頂に社があり、最高峰にある測量小屋には骸骨のような細い尖塔が立っていました。頂上から見渡せる純白の衣をまとった峰々は見事で、特に赤石岳の山容は優美で、その南肩には純白な富士山の姿をのぞかせているのでした。

恵那山山頂から西側へほんの二、三歩下りたところには春の陽光が満ちあふれ、日なたぼっこをしたり柴を燃やしてココアを作ったりしているうちに、たちまち三時間が過ぎてしまいました。そしてウェストンさんの痛めた膝のために下山が手間取ったので、日没後だいぶたってから麓にたどり着いたのです。そこの農家で食事をとらせてもらい、卵酒をご馳走になって中津川に戻ったのは午後一〇時半でした。

ウェストンさんたちは料理人を連れていたので食事の心配はなく、宿や人夫との掛け合いなども楽でした。宿の勘定はかなり安かったものの、卵一四〇個の代金が請求されていました。卵が三人の三日間の主食でした。パンケーキやオムレツの形で出てきたのは初めのうちだけで、後になると卵焼き、ゆで卵、半熟卵、時には牛乳の代わりに出され、それを片端からたいらげてきた結果なのです。

次は中山道から伊那街道に出る神坂峠を越える道を行きます。そこは日本でも有数の美しさでした。農家の庭には桜、梨、桃、椿などが標高が高いため里よりも二〜三週間遅れていっせいに咲き、深い谷には濃いピンクから雪のように真白な色までの見事なつつじの花が咲いていました。妙なことにここの人たちはウェストンさんの一行にほとんど注意を払いません。一人が「この辺では見かけない顔で日本人としては大きな連中だね」と料理人に言うのです。ある老婆は、外国人という人間がこの世に存在しているとは思わず、ウェストンさんが自分は日本人ではないと言っても信用しませんでした。

午後八時に着いた駒場宿では、雇えると聞いていた人力車がつかまらなかったので替わりに荷車を雇い、膝が悪化したウェストンさんは荷物の真ん中に座りました。そして八キロ余り先の中村まで行き車屋を探します。もう真夜中に近く、当然車屋は寝ていました。ウェストンさんの友人は英国ではかなり権威のある人たちで弁舌になれています。そこで二人が代わる代わる積んである砂利の山に上って、人力車が必要な理由をまくし立てたのです。雄弁で理に叶った英語でなされた演説は、中村の人々には何のことか分かりません。しかし、面倒を回避するには車屋を起こし三人を言うところに送るしかないと思ったのか、結局そのようになったのです。人力車で着いた時又で宿の人をたたき起こし、少し休んで早い朝食をとった一行は、その後、時又から太平洋までの天竜川の川下りを存分に堪能しました。

それから夜行列車で鈴川へ行き、富士山の全容を一望できる宿で日曜日を過ごし、五月一五日の朝、富士登山に出発します。登山口の大宮まで鉄道馬車があり、表口の村山には大きな巡礼宿がありました。ウェストンさんの膝をかばって借りた駄馬を馬返しで返し、荷物は荷担ぎ人夫と友人に持ってもらい、女人堂の小屋の跡から一時間ほど登った小屋で泊まることになりました。

松林の中にある間口三間、奥行二間半ばかりの荒れ果てた小屋は、床板はあらかた剥がされて燃やされ、煙突がないので煙は壁の割れ目から出て行くだけというありさまで、屋根だけがしっかりしていました。近くの泉が涸れていたので水は少ししか得られず、煙にさいなまれながら食事をして、長い丸太を共同の枕にして横になりました。一晩中火を焚き続ける人夫たちの際限のないおしゃべりの内容は、こんな季節の登山は罰当たりな行為であり、災厄で報いられるに違いないという陰気な悪意に満ちたものです。次の日は嵐に襲われ、人夫たちの言った通りの悪天候でしたが、夕方には風もやみ、次の朝は申し分のない天気になります。しかし人夫たちが、靴を乾かすのに火の付いた薪に押し付けておくという馬鹿なことをしたので、靴が焦げてその日は紐、登山帽、草鞋、ハンカチなどが次々と必要になる仕儀となりました。

人夫たちはウェストンさんたち一行が本気で山頂まで登るつもりとは思っておらず、二四〇〇メートル地点で広大な雪の斜面を見て、自分たちの草鞋ではもちそうにない、これ以上登れないと泣かんばかりに言います。予備の草鞋は一足ずつしか持っていないというので、体力の弱い方の人夫を一人、予備の草鞋を置かせて小屋に帰しました。一行の中では料理人が一番元気で、初めての経験にうきうきと岩や雪の上を歩きまわっていました。午後一時過ぎに噴火口に達し、三〇分後に頂上に着きます。山頂からの眺めはあたかも立体地図のようで、ウェストンさんは濃淡さまざまな景色と、箱根の連山から伊豆半島までの俯瞰を見ているうちに、そちら側に下りてみたいという気が起こったのです。そこで人夫と料理人に、翌日御殿場口に荷物を持って来るように言って来た道を下らせ、ウェストンさんたちは御殿場口に下りました。固い雪上のグリセードが終わり、軟らかい火山灰土の上を歩き始めたところで、またウェストンさんの膝が痛み出します。靭帯が切れ、一歩踏み出すごとに激しく痛み頑健な友人二人に両側から支えられてどうにか麓に着いたのです。

麓の最初にあった農家で食事をとらせてもらい、そこで馬が雇えると聞いてウェストンさんはほっとします。小さな男の子が縄で引いてきた背に布団をしばり付けた馬は、跨がったとたんに跳ね回り、持主が前足を折ると後足で跳び上がって暴れはじめたのです。ようやく馬がしずまり、友人が投げ落とされたウェストンさんを軽々と馬の背に放り上げてくれ、午後一〇時に御殿場の宿に着くことができました。

宿の主人に旅券を渡し、広々とした浴槽に気持ちよく浸かっていると、警官が呼んでいると女中が言いに来ました。ウェストンさんの旅券の期限が切れていたのです。旅行中に期限が切れた場合は郵便で公使に通知するという手続きをすでに済ませており、宮ノ下に行けば証書が届いているはずだ、と言うウェストンさんの言葉を警官は全く信用しません。一時間に渡る議論の末、警官は翌朝の始発で神戸に戻るよう命じて帰って行きました。

翌朝五時に現われた警官は、実に不思議な方法でこの難局を脱してくれたのです。「御殿場から宮ノ下に行くことは許可できない。すぐに神戸に帰ることを命じるので、村の西寄りから出て行き、線路を渡ればつづら折りの小径があるのでその向こう側で友人と会えるだろう」というその提案は、実際は宮ノ下へ行くための道を示すものだったので、ウェストンさんはその通りにして、土砂降りの雨に降られながら豪華そのものの宮ノ下の宿に着きました。

二日後二人の友人と国府津駅で別れ、神戸行の汽車に乗ったウェストンさんは、乗り合わせた知人に新聞を見せてもらいます。その新聞には「英国人とみられる数人の外国人旅行者が大宮から登山したが、その後激しい嵐が襲い数日たったが彼らは戻って来ない。間違いなく悲惨な死を遂げたと思われる」という記事があったのです。後日この時の友人の一人は、東京である商店主が「あれは山の女神の罰である。正式に開山する前に登頂するなどという軽はずみなことをした外国人が受ける当然の報いだ」と言うのを聞いて、実は自分はその罰当たりなことをした一人だと打ち明けると、商店主は自分の失言を大いに笑ってごまかしたということです。

・針ノ木峠まで

この夏、ウェストンさんは針ノ木峠を越えて立山に登り、富山から信州に入り笠ヶ岳と穂高に登る計画を立てます。針ノ木峠越えは以前に何人かの西洋人が為しとげていました。アーネスト・サトウとA・S・ホーズは一八七八(明治一一)年に信州側から越えましたが、雨のために立山には登頂していません。この峠越えの道は、糸魚川から塩を安く入れるために計画されたものの、難工事と資金不足などのため中止され、その上自然災害にさらされて「ほとんど通行不能ながら熟練した登山者なら何とか行けるかもしれない」と『日本旅行案内』第三版には書かれていました。針ノ木峠越えの道は、ほんの短期間でしたが通行された実績があります。黒部川の岸と針ノ木峠の頂上に宿泊用の小屋が建てられ、通行が可能であった時以後の針ノ木峠越えの新たな情報を、『日本旅行案内』にもたらすことができるかもしれないと思ったこともウェストンさんを針ノ木峠に向かわせた要因の一つでした。

上野から信越線の汽車で信州に向かったウェストンさんは、一八九三（明治二六）年横川〜軽井沢間に新しく開通したばかりの碓氷峠を越える汽車の構造を見るために、わざわざ横川で泊まります。横川〜軽井沢間の鉄道はアプト式（軌道の中央に歯を刻んだレールを設置し、動力車に取り付けた歯車をかみ合わせて急勾配を上り下りする仕組み）になっています。碓氷峠を越える路線には二六ものトンネルがあって、まるで巨大なフルートの中を通り抜けるかのようでした。急勾配の始めの二〜三キロは蒸気機関車が後ろから押し上げ、その後はほとんど最後までアプト式鉄道となって上り、横川から軽井沢まで一時間一〇分かかりました。このウェストンさんが完成したばかりの時に乗ったアプト式鉄道は一九六三（昭和三八）年まで使用され、横川〜軽井沢間の鉄道は一九九七（平成九）年に新幹線が開通するまで用いられていました。

軽井沢から三時間で長野の善光寺の町に着いて、宿の若者に案内されて善光寺に行きます。老堂守に手を取られて胎内めぐりをし、参拝人にすすめられてお茶をのんでいると、キリスト教と仏教について議論をしかけられ、早々に腰を上げます。すると今度は胎内めぐりを案内してくれた老堂守が、キリスト教徒がお寺に向かってお辞儀をするのは何とも思わないのか、とたずねてくるのです。一六世紀にやって来た宣教師たちと違って、一九世紀に来日したキリスト教はお互いの宗教を認め合っており、日本人が崇拝する寺にお辞儀をするのは礼儀の問題です、とウェストンさんは答えたかったのですが、宿の若者が横から怒ったように何事か言ったので、老人は訳が分からないといった顔で引き下がってしまいました。宿の若者のこのふるまいは、老人にきちんと説明したいと思ったウェストンさんには腹立たしいものであったようです。

町に近い小高い丘に気象台が建っていました。アネロイド気圧計という最新式の観測器具を持っていたウェストンさんは、そこへ行って全国各地にある気象台の標準的な観測器具と自分のとを比べさせてもらいましたが、当然ウェストンさんが持っているものの方が上等でした。

翌日大町に向かうために犀川に沿って行く道はひどく悪く、道筋にある村々の貧しさもまた格別でした。矢の尻峠にさしかかる頃、日が暮れてきました。荷担ぎ人夫を待つため民家で一休みさせてもらっていると、一緒に休んでいた親切な旅人が、上の方の知り合いから提灯を借りてきて信州新町まで同行してくれました。その夜は宿の三好屋で配慮のゆきとどいた扱いを受けました。翌日も犀川に沿って歩いて行きました。道中には美しい景色が次々と現れました。山裾を回わったところに見えてきた、樹木の生い茂る山々の深い渓谷を流れる川の岸に、くすんだ民家がひっそりとたたずむ日名村の風景が、ウェストンさんにはとりわけ印象に残ったようです。この景色が犀川の見納めで、今度は金熊川に沿う蝉しぐれの中を、照り付ける太陽をさえぎる木陰ひとつない峠道を登って行きます。はるか下に不動様の像と完全に干上がった滝が見え、もうすぐ峠の頂というあたりで若い農夫が倒れているのに出会いました。ウェストンさんは途方にくれて土気色の夫の顔をのぞき込んでいる農夫の妻に助けを申し出たのです。そしてバロウ・アンド・ウェルカム社の錠剤を与えると、薬を飲んだ農夫は間もなく回復し峠に辿りつくことができました。道はやがて木立の中に入り、尾根から渓谷へと下りていきます。やがて大きく開けた谷から雪の襞を付けた山々が見えてきて、午後四時頃大町に着いたのです。

大町は昔ながらのたたずまいを見せている小さな町で、家々は屋根に重しの石を乗せたこの地方独特の造りで、小屋根状の煙出しは一様に南を向きその側面には障子紙が張られていました。新町で紹介された大町の山長旅館の主人は、ウェストンさんを泊めるのに気が進まない様子でしたが、ウェストンさんはうるさいことは言わないからと説き伏せ、ようやく二階に案内されます。そこは完成したばかりの二七畳敷きの宴会場で、広縁から土地の人々が大屏風となぞらえる山々が見渡されました。ウェストンさんの部屋は、大宴会場の一隅にまるで大名のために作られたかのような豪華な一室です。主人はそこに食事用のテーブルを運び入れ、その上これで蚤が防げるだろうということで椅子を並べた上に一間四方、深さ三〇センチの箱を乗せたベッドを作ってくれたのです。

翌日の日曜日、道向かいの家から讃美歌らしいものが聞こえてきたので訪ねてみると、そこはこの地のキリスト教徒の本部となっている家でした。キリスト教は外国人の宣教師によらなくても日本の田舎の方まで浸透していることがしばしばあるということを、ウェストンさんは知ってはいましたがここで初めて体験します。昨日峠道で助けた若い農夫が、まだ熱はあるが昨日より良くなったと報告に来たので、キニーネを与えると、夕方にすっかり良くなったと報告にきて、感謝のしるしに美しい掛物を差し出すのです。ウェストンさんは、日本人は感謝することを知らないと西洋人の間で言われているその日本人から感謝されたというあかしにはなるだろうと、心ならずもそれを受け取ったのでした。

ウェストンさんがベッドに入ろうとしたところに宿の主人が現われ、泊まり客たちはまだ一度も西洋人に会ったことがなく、お目にかかれれば光栄だと言っていると言うのです。承知すると七～八人の泊り客が部屋に入ってきました。お決まりの丁重な挨拶がすむと、椅子に浅く腰かけ両手を膝に置いてじっくりと部屋の中を眺め回すのです。客たちがベッドを見てひどく驚いたので、ウェストンさんはこれは手術台ではなく急ごしらえの寝台にすぎないとあわてて説明しました。お茶が済むと皆の舌がほぐれたのか、お国はどんなところか、銀でなければ水晶を探しに来たのかなどと次から次へと質問が飛び出すのです。ウェストンさんがただ楽しみのために山に登っているのだと答えると、全く訳が分からないという顔をするのでした。ひとしきりして、ようやく客たちが引き上げ、再びベッドに入ろうとしているとまたしても襖がそろそろと開いて平安がやぶられます。しかしそれは客の一人が親切にもダルマチャン粉という蚤取り薬を届けてくれたためでした。

・針ノ木峠越え

翌日宿の主人が野口まで使いを出して見つけてくれた猟師二人と共に、針ノ木峠へ出発します。野口でもう一人の猟師を加えて高瀬川に沿って行き、左岸に大出《おいで》という小村をのぞんだのが人家を見た最後になりました。大出からは籠川をつめて行き、前方にやがて見えてきた大岩壁を見た猟師たちは、あれを登るのは無理ではないかと言い始めます。そこでウェストンさんは猟師たちを説得し、荷を軽くするためにちょうどそこで釣りをしていた猟師を一人雇うことで折り合いがつきます。その雇いいれた猟師は、元相撲取りとかで、なかなか陽気な男でみんなの不安な気持を払拭し元気付けてくれるのです。

午後三時にかつて丸石橋と呼ばれていたところに着きました。橋は今は跡かたもなく、橋が架かっていた谷からいきなり爺ヶ岳《じいがたけ》がそびえ立っていました。そこから少し行くと、両側の六〇〇メートルはありそうな絶壁の間に広い峡谷が現れます。それを越えて日が暮れるまでに峠にたどり着くのは無理のように思われました。そこに突然激しい夕立がきます。それで猟師たちが牛小屋と呼んでいるこの場所で野営することになり、榛の木を切って差し掛け小屋を作ります。猟師の二人はここから引き返したがっていましたが、あとの二人がまだ諦めるには早いと彼らを説得し、結局皆で頑張って行こうということになったのです。

次の朝、ウェストンさんは雪渓を登り、草鞋をはいた猟師たちは急な岩場を登って、二時間ほどで針ノ木峠に立ちます。そこには信州と越中の国境の小さな標柱があり、下生えの中に古い道の痕跡がかすかに残っていました。そして峠を下りはじめていくらもしないうちに針ノ木川に出ます。急流には大きな石がごろごろしていて、ウェストンさんは一瞬も気が抜けず、何度かロープも使い、息をととのえるその間だけ、一四〇〇メートル以上の絶壁と、招いているかのように見える遠くの立山の威容を鑑賞することができるのでした。

岸に野生の苺があるあたりから道は次第にゆるやかになりました。そして何とか黒部川に達すると、対岸に一軒の家が見えました。川を徒渉したり岩をよじ登ったりの悪戦苦闘の末、午後三時過ぎその傾きかけた小屋の前に立ちました。それは以前に道が付けられた時に建てられた宿で、針ノ木峠の小屋と同じに無人の廃屋となったものです。荒れ果ててはいますが、壁や梁がしっかりした造りをしており、それがわびしさをいっそう際立たせています。小屋には広い台所とほどよい広さの部屋が二つありました。雷も鳴り始めたので、ここに一泊して明日の難関にそなえることにしました。最後に雇った元相撲取りという猟師が岩魚を釣って来ました。その中には四五〇グラムもある大物もいて夕食は豪華になりました。夕食の後ウェストンさんは一番頑丈そうに見える二本の柱にハンモックを吊って眠りについたのです。

翌日、朝露にしとどに濡れたクマザサと丈高いイタドリを分けて刈安峠を越え、ザラ峠に着くとウェストンさんは濡れた服を脱ぎ、暖かい陽光の下で乾かしながら来し方を眺めました。そこにあるのは荒涼とした風景で、岩壁に残る無数の爪跡、至るところにある雪崩や地滑りによる岩の散乱、崩れ落ちた岩石が積み重なった谷と、どれを見てもかつてそこに道が拓かれたことが信じ難く思われました。西の方に目を移すと、静かに横たわる富山平野がはるかに見え、平野を曲がりくねりながら横切っている神通川の先に、青くきらめく日本海がありました。

ザラ峠の下りで岩壁登攀を楽しんだりして、立山下あるいは立山温泉と呼ばれる標高一二四五メートルの温泉場に着きます。そこは急流の脇にみすぼらしい小屋がいくつも建ち並んでいるところで、管理人の事務所と台所、特別な客のために個室がいくつかありました。番人はウェストンさんを親切に迎え、個室に案内してくれます。一般客はその建物の右側に五〜六列並んでいる小屋に入り、一間半四方の小部屋に一日二銭払って自炊するのです。ウェストンさんの滞在中には二〇〇人もの湯治客がいたといい、ほとんどが常願寺《じょうがんじ》川の上流の村々からやって来た農民で、かなり離れたところにある大きな差し掛け小屋の浴槽は男女混浴でした。五〇人も入れる浴槽ですが混乱が起こったことはただの一度もないということです。このように開放的な日本の温泉で礼儀が少しも乱れないのをウェストンさんはもはや不思議に思わないのです。ウェストンさんは以前に友人から、温泉で会った家族連れの日本人から丁重な挨拶を受け、家族の一人一人を紹介されて当惑したという話を聞いていました。双方とも一糸まとわない姿であるにもかかわらず、すべては礼儀正しく上品に行われ、異議を申し立てる点は全くなかったということでした。

・立山登山

雇った人夫の提灯に足もとを照らされながら、早朝に立山下の温泉場を出発し、松尾峠を越えて弥陀ヶ原に出ました。芦峅《あしくら》からの道と合流するところでは、夜通し歩いて疲れ切り息もたえだえの巡拝登山者に会いました。室堂の行者小屋で朝食をとり、そこから雪渓と岩場を経て立山の三つの嶺の一つ雄山の頂上に着きます。そこには朱塗りの美しい神社がありました。

立山は七〇一（大宝一）年に開山されたと言われていますが、実際は平安時代の末頃、佐伯有若《ありわか》による開山のようです。開山は役《えん》の小角《おづぬ》を祖とする修験者たちが、古来から日本にあった山を神として崇め自然災害から守ってもらうという思想に仏教を混淆し、山頂に祠を建てるなどして山に霊力を持たせ、修行の場であるとともに信仰の対象としたもので、佐伯有若は立山御師《おし》の祖となり御師の座は脈々と佐伯家に受け継がれています。

ウェストンさんが槍ヶ岳からの眺めにも匹敵する雄山からの眺望に目をうばわれていると、修験登山の一行を連れた神主が登って来て、社殿の鷲羽の紋の付いた金襴の垂幕をうやうやしく押し開き、扉を開けてたくさんの宝物や遺物を取り出してその由来を語りはじめたのです。その中にはもう一人の開山者と言われる有坂左衛門が使ったという矢尻や槍の穂先、日本武尊《やまとたけるのみこと》が用いたといわれる鏡、貨幣などがありました。語り終えると、神主は鷲羽の紋の付いた銚子と盃を出して神酒を注いで回り、孤独な登山者であるウェストンさんにも勧めてくれたのです。ウェストンさんは雄山から下ってみくりが池とみどりが池を通って地獄谷に行き、立山温泉に戻りました。

翌朝、ウェストンさんは人夫を連れて常願寺川に沿って富山に向かいます。つづら折りのクズの谷を下って行く途中には、いたるところに雪崩や地滑りの跡があり、その絶壁には鬼が城谷という名が付けられていました。そして台風の爪跡の巨大な岩石が、滝のように流れている常願寺川支流に転がっていました。流れに架けられた橋は、簡単な板橋より堅固なもので万年橋と呼ばれていましたが、それはただ両端を岩に差し込んだ材木に縛り付けただけの、面白いようになったり揺れたりする幅の狭い一枚板の橋のことでした。そんな橋を渡ったり、壊れてぐらぐら揺れる梯子を下りたり、絶壁に付けられた支えもない丸木橋は遠まわりしたりして、原という小さな村に着きます。この村は変わった家の造りで有名なところです。合掌造りの茅葺き屋根に重しの石を乗せた軒が付いており、三メートル以上も雪が降るこの地方独特の造りということでした。

途中夕立に遭ったりしたので、越中平野を見下ろす絶壁の麓にある上滝の村に着いたのは午後五時でした。ウェストンさんはここまで来れば人力車が雇えると聞いていましたが、人力車が壊れているからと断られてしまいます。そこで仕方なく荷車を雇い、くくり付けた荷物の上に座って一一キロ先の富山に向かいます。道は悪くガタガタの馬車に三〇分も揺られるうちにすっかり嫌気がさしたウェストンさんは、上滝へ戻る人力車を呼び止めて荷物を積み替え、稲田の中の道を歩いて繁華な富山の町に入ります。

富山は気温が三四度もある上に湿度が高く厳しい気候でしたが、一週間も山の中にいた後だったのでこざっぱりした旅館で過ごすのは嬉しいかぎりでした。日曜日を静かに過ごしながら、宿の赤ら顔の小太りの女中に、すり切れてほころびた靴下を直してくれるかと頼みます。彼女は快く引き受けてくれたものの、一向に持って来ないので、出発の時に催促すると忘れていたと大笑いしながら、帆布のような粗い大きな布で繕った靴下を得意そうに持って来ました。

・富山から飛騨へ

ウェストンさんが辿ることにした神通川に沿って飛騨に抜ける道は、有史以前から交易が行われてきた古道です。神通川から分かれる宮川に沿って高山に出ると、さらに飛騨川をさかのぼり月夜沢峠を越えて木曽に至る道や、神通川から高原川の方に入り安房峠を越えて松本に出るという交易路があったことは、開田高原や乗鞍高原の遺跡から出た縄文土器の共通性から明らかになっています。アーネスト・サトウは一八七八(明治一一)年に針ノ木峠を越えた後、芦峅からこの道を辿って高山に行き、さらに野麦峠近くの川浦あたりで泊まって木曽へ抜けました。ウェストンさんは『日本旅行案内』から、立山から笠ヶ岳に行く最短の道としてこの道を知ったようです。

二人の車夫が引く人力車で太陽がじりじりと照り付ける富山平野を横切って行き、道が悪いところで車を下りて歩くと、外国人のウェストンさんを見に集まった見物人が、こんな田舎に何をしに来たのだろうかというようなことを話しているのが聞こえます。一六キロほど行ったところの神通川にかかっていた橋は、橋桁を白く塗って驚くほどに近代的でしたが、惜しいことに古風で趣のある周囲の景色と全く調和していないようにウェストンさんには見えました。この先は渓谷となり、水は関門を突き破るように狭い谷からあふれ出しています。道は時として渓流を離れ、切り通しからまた急流に戻るという、新鮮で魅力的な風景が続きました。

猪谷あたりでは煙草や馬鈴薯の広い畑があり、その先に高原川と宮川の合流点がありました。ここまでが飛騨街道で、ここから宮川に沿う越中西街道、高原川に沿う越中東街道に分かれます。ウェストンさんは東街道をとります。道はひどく悪くて人力車を下りて歩かなくてはならないところもあり、そうかと思うと自転車も通れるほどよい道になったりしていました。橋が流失したところでは、ウェストンさんも車夫と一緒に荷物を担いで渡ります。そしてもう一人の車夫が人力車を逆さまに担ぎ、急流を慎重によろよろしながら渡るのを面白く眺めるのでした。船津の少し手前で美しい橋を渡り金山に着きます。そこには活気に満ちた溶鉱炉があり、かなり上の方に日本有数の銅の産出量を誇り、銀もいくらか出るという神岡鉱山があるということでした。現在この神岡鉱山の跡に作られているのがニュートリノの質量検出で有名になったスーパーカミオカンデです。

ウェストンさんは富山から一二時間かかって夕闇が迫るころ船津に着き、宿に入って風呂とおいしい日本料理で手厚くもてなされます。二人の車夫は丁寧な挨拶をしてここから帰って行きました。

翌朝、宿で手配してもらった屈強な人夫に荷物を担がせ、軽い荷を背負って蒲田に向かいます。道で会う人たちはウェストンさんを見て驚いていましたが、挨拶をするとやさしい笑顔とお辞儀で応えます。学校へ行く子供たちは、立ち止まって自分からお辞儀をするという正しい礼儀作法が身に付いているとウェストンさんは思いました。

明るい牧草地に木の香も新しいスイスの牧人小舎を思わせる小舎が建ち並んでいるところを通り、杉林の中や断崖から落ちてくる滝の涼しい水しぶきを浴びたりしながら、昼頃、田頃家《たおれ》という地に着きました。ウェストンさんはすっかり空腹で、食糧を持った人夫が遅れていたので途中の村々で何度も食事を頼んでみるのですが、海草や蛸の酢漬け位しかなく、お茶を飲むこともできませんでした。そこで田頃家の村長の家に頼み込んで休ませてもらい、何か食べさせてほしいと頼みますが、初めは冷たくあしらわれました。そのうちに台所のまん中に寝ているのが村長で、今は病床にあることが分かって、ウェストンさんが邪魔をしたことを詫びると、老婦人の気持ちがやわらいで干魚を煮たものとご飯を出してくれたのです。

高原川と蒲田川が出合う今見の村は、小さな家々が新築の郵便局を囲んでいました。そこからウェストンさんは蒲田川の峡谷に入り、蒲田で昨年泊めてくれた甚兵衛さんの宿に行きます。去年ミラー医師が診た甚兵衛さんは亡くなっていましたが、宿の人は昨年同行したミラー医師の安否をたずねたりして、ウェストンさんを心から歓迎してくれました。ウェストンさんは区長に来てもらい、笠ヶ岳登山について相談を持ちかけると、区長はこの二〇日以上の日照りで作物が枯れかかっており、高い山に登れる猟師はみな雨乞いに出かけ案内する人がいないと言います。この雨乞いの風習のことをウェストンさんは二週間前に耳にしています。大町で雨乞いのため農民たちが地元の一番高い山に、儀式を行うための一団を送り出したという話だったのです。これでは笠ヶ岳登山はあきらめるしかなく、次の日に蒲田川峡谷を出て高原川峡谷をたどり平湯に着きました。

平湯の鉱山は繁栄しているようでした。溶鉱炉の側には家がたくさん建てられ、事務所や鉱山労働者相手の食糧品店となっていました。ウェストンさんは昨年この平湯の宿に乗鞍から下りてきた時にはいていたズボンを置き忘れていたのです。その後何度も手紙を出して、泥を拭き取り乾かして送ってくれるように頼んでいましたが、一向に送ってくれません。宿でそのズボンのことを言うと「ずっとしまっておきました」と、ウェストンさんがズボンを取り返しにわざわざやって来たように言われた上に、出されたズボンは泥だらけのままでした。

区長と宿の主人の手配で、ウェストンさんの荷を担ぐ人夫が二人、午前三時半に来ることになったので、その夜はウェストンさんは早目に床につきました。うとうとしかけた頃襖が開き、宿の主人が入って来て、人夫が区長の決めた一マイル（一・六キロ）二銭ではなく三銭でなければ行かない、橋場まで六〇銭と決めたものを九〇銭にしてくれと言い出したというのです。仕方なく承知したものの今度は一向に眠くならず、寝袋にまで入り込んで来た蚤に殺虫粉をふりかけてやっと落ち着いたところで隣の部屋で酒盛りが始まりました。ウェストンさんはこの子供じみた馬鹿騒ぎには何をしても抵抗できないことを知っていたので、五時間も床の中で輾転としてようやく眠りにつき、午前三時四五分に目が覚めました。三時三〇分に必ず起こしてくれるように宿の主人と約束したはずだったのですが、宿中いびきに満ちているのです。

それでもウェストンさん一行は五時には出発することができて、安房峠を越え、皮をむいた松丸太二本の橋を軽業師のように渡って白骨温泉に下りました。白骨から大野川へと越える桧峠の茶店の老婆は、去年より品数を充実させておりお茶を飲むこともできました。峠からの石ころだらけの道を下りながら、ウェストンさんは昨年ミラー医師が看てあげて大変感謝された、村長の家で休ませてもらうことを楽しみにしていました。ところが村長は留守で、村長の妻は若い二人の人夫だけを相手にしてウェストンさんには話をしてくれません。村長夫人はウェストンさんをないがしろにするつもりはないのですが、言葉もあまり通じない外国人にどう対応していいか分からず、言葉も気心も知れた若い人夫の方にばかり話しかけたのでしょう。今までどこへ行っても一番大事にされるのが当然の扱いを受け続けてきたウェストンさんには面白くないことでした。その気分は人夫たちとはなれて近くの宿屋に行き、丁重な扱いを受け歓待されるまで晴れなかったということです。

大野川の宿から橋場へ向かう途中、年上の方の人夫がこれ以上歩けないと言い出したので、ウェストンさんは若い方の人夫と荷物を分けて持ち、前川の峡谷の美しさを楽しみ、豪雨と地滑りでめちゃくちゃになっている梓川の峡谷を細心の注意で通り抜け、夕方橋場の清水屋に着きました。

ウェストンさんはこの後穂高岳に登る予定であったため、信濃屋に届けられている手紙と食糧を受け取るために松本に行きました。昨年赤石岳に同行した信濃屋の主人は、ウェストンさんとミラー医師が松本に満足したことに加えて、近いうちに東海道線につながる鉄道、飯田線が開通することから、外国人が大勢来るだろうと見込んでホテルの建設計画を立ててそれに夢中になっているのでした。そのホテルは五階建ての本格的な城造りで、一階は西洋風家具調度を揃えた外国人専用で、各室にそこを訪れた人のポートレートと略歴が飾られるというものです。しかし彼の話題は蝶のように次から次へと移り、突然二五円貸して下さいと言ったりしてウェストンさんをあきれさせるのです。今の借金を返すために二五円借金する状態でどうやって来年五階建てのホテルが建てられるのか、という質問に対する答えは、ある友人から二〜三千円借りられ、その人が金を持っていなければ他に金を持っている人から借りてもらうというもので、彼のホテルの建設計画は空中楼閣であろうと思われました。その上彼は、ウェストンさんの穂高岳登山に同行すると言うので、そのつもりでいると、出かける日の朝になって友人が死んだので葬式に行かなければならないと薄笑いを浮かべて言い出すのです。外国人を戸惑わせる日本人のこの不思議な笑いには、しばしば悲痛な思いが隠されていることをウェストンさんは知ってはいましたが、その時はやはりその笑いは不快なにやにや笑いにしか見えなかったのです。

・嘉門次との出会い

橋場に戻ったウェストンさんは、穂高登山のうってつけの案内人として上條嘉門次を紹介されます。彼は大雨で梓川が荒れ狂い、穂高の岩場は険しく滑りやすいので雨がやまなければ危険だと言いました。嘉門次はつい二週間前に、陸軍省の測量技師を当時は穂高岳の最高峰だと思われていた前穂高岳に案内したばかりで、その技師は頂上近くで足を滑らせ一八メートルも転落し、奇跡的に命拾いをしたという話をしました。穂高岳初登頂の栄誉を今一歩で逃してしまったことを知ったウェストンさんは、橋場でも川が増水して魚がたくさん獲れていたので、嘉門次は案内するより釣りの方が金になるのでそう言うのだろうと、八つ当たり気味に思うのです。

しかし雨がやむのを待っているウェストンさんのところへ嘉門次がやって来て、いろいろな昔話をして無聊をなぐさめてくれるのです。「むかし、むかし」と語り始める物語の中に雑炊橋の話がありました。橋場村と島々村の男女が恋に落ちましたが、川をへだてているのでなかなか会うことができません。お節という娘の方に名案が浮かび、何とかそれを恋人に伝え、それから二人は大根や米などの贅沢品を一切断って雑炊だけを食べてお金を貯め、一本ずつ松の木を買い、両方の岸にそれを取り付け川の中央で先が重なる橋を架けることができたので、若者はこの橋を渡って花嫁を迎えに行ったというロマンチックな物語です。その後立派な橋が作られますが、それを記念して雑炊橋という名称は変えずに残されているということでした。

八月二四日になってようやく出発することができましたが、川はこの時も四メートル近く増水していました。橋場では増水による魚獲が大きかったので川の神に感謝する祭りが行われ、大勢の若者が旅館に集まり大騒ぎをしてウェストンさんを苦しめた上に、出発の時の勘定書にはその時の若者たちの酒代までが上乗せされていて、ウェストンさんを唖然とさせます。外国人からは高い料金を取ることはあっても自分たちの酒代を払わせるような例は他になく、何かにつけては誰かの金で酒を飲んでいた御用杣の頃の名残りであったのかも知れません。ウェストンさんはその金を払ったとも払わなかったとも書いていませんが、多分そんな理の通らない金は払わなかったことでしょう。


徳本峠に向かう途中で、風呂平《ふろたいら》の湯で養生をしている測量技師に会いました。彼は日本中を超人的なスピードで測量した陸軍省測量技師の館潔彦《たてきよひこ》で、嘉門次が話した穂高岳から滑落した時の傷を癒していたのです。ウェストンさんは彼に穂高岳の標高をたずねますが、経緯儀とコンパスで測量しただけなので標高は分からないとのことでした。水銀気圧計とかアネロイド気圧計などはウェストンさんも地理学協会から借りてきたほどで、日本ではまだ測量の装備に入っていませんでした。

館潔彦の仕事は日本全国の地図作成のための三角点の選定です。三角形の一辺の長さと二つの内角が分かれば他の二辺の長さが出せるという幾何学の原理をよりどころにした三角測量という測量法は、どこに三角点を置くかを決める作業があり、一等三角点は他の二点と正三角形になることが望ましく、ほとんどが難所高所に置かれることになりました。この場合標高は問題ではなかったので、陸軍省の測量員は気圧計を持っていなかったのです。一等三角点の中には、一辺約八キロの二等三角点、約四キロの三等三角点、約一・五キロの四等三角点が入り、網の目のように精密な地形図が作り上げられていき、計算上は五万分の一地形図に一個の一等三角点が存在し、現在の地形図約一〇〇〇面には九七二個の一等三角点があります。そのうちの二六三個が館潔彦の選点によるもので、彼は約一〇年間で東北、九州、四国、中部、北海道、千島列島北端までを回り、超人的な仕事量を残しました。一人の選点数としては群を抜いており、明治という息せき切って文明国の仲間入りをしなければならない時代だからこそできたこととはいえ、資質によるものが大きかったといえるようです。

館潔彦は水彩画をよくしました。放射状の線が引かれている反故紙に描かれたいくつかの絵の中に、「八月一日尊者上條嘉門次を随ヘ雨中明神岳を下ル」と説明書のある一枚があります。両手で岩を掴み後ろ向きに下る嘉門次に対し、館潔彦は岩を背に、こうもり傘で下方を探っているいかにも危うい姿で、果たしてその直後に嘉門次の話のように落下したのです。そして辛うじて一命をとりとめ、一カ月ほど療養した後また選点作業に戻りました。

・穂高岳

夕方早く農商務省の牧人小屋に着き、嘉門次は一ダースばかりの岩魚を釣ってきて夕食をにぎわし、自分の小屋に行く許しを得ると、囲炉裏の火を起こし挨拶をして出て行きました。翌朝はどんよりと曇って肌寒い日和でした。約束した時間に嘉門次は戻って来ず、イライラしているウェストンさんに、二時間も遅れてやって来た嘉門次は天気が悪いので今日はやめた方がよいと言うのです。槍ヶ岳などは子供の遊びのようなもので、穂高はその比ではなく、死ぬようなことはないにしても今からでは山の上で夜になってしまう、という嘉門次の言葉は言い訳にしか聞こえません。さんざん焦らされてきたウェストンさんはそれを押し切って午前七時四五分に出発しました。

槍ヶ岳へ向かうのと同じ道をしばらく行ってから左に折れ、小さな沢を登り始めました。重い山刀で薮を払って道を拓く嘉門次の断固とした歩きぶりは、穂高の頂上で一夜を過ごすつもりなど毛頭ないことが明らかです。氷のように冷たい水を渡ったり、苔で滑りやすい岩を次々と飛んだり、倒木をよじ登ったりして、今度はからみ合った蔓草を分けて薮をこぐ森林地帯に入りました。一時間ばかりでそれを抜け出すと、熊笹が群生する急斜面となりやがて岩場に出ます。

露でびしょ濡れになった一行は、崖の下の少し広いところで朝食をとりました。その時、周囲からイギリスの果樹園のような懐かしい香りがしてくるではありませんか。そこで、そのにおいを頼りにたどって行くと、少し上の方に黒苺の群落があったのです。そこでお腹がいっぱいになるまでそれをほおばり、さらにもう少し上に行くと今度は上等な木苺を見付けます。それも存分にご馳走になって元気を取り戻し先へと進みます。

切り立った絶壁を右に迂回して険しい岩尾根に出ると、東側に小さな池がありました。この池はひょうたん池で、嘉門次が案内したのは上宮川谷〜ひょうたん池〜下又白谷《しもまたしろだに》に、明神岳東壁から北尾根を登るルートです。下又白の谷底には急峻な岩溝がいくつも見られ、切り立った断崖から滝が万雷のとどろきをあげて落下していました。左手に穂高岳の主峰に連なる岸壁とこちらの岸壁を結ぶ道があり、そこに至るには、今いる尾根のほとんど垂直に近い岸壁を、トラバースするように下降しなければなりません。脆い岩はわずかに生えている蔓草を手がかりにするしかなく、その途中で嘉門次がふり返って「大丈夫ですか。十分注意してください」と言いました。久しぶりに全身が震え立つような登山の面白さを味わっていたウェストンさんが、もちろん大丈夫だと答えると、嘉門次は安心して先へ進み、ゆっくりと確実に谷底に着くと、崩れやすい岩場を大急ぎで過ぎ、一〇時三〇分に狭谷に突き出した絶壁の下に出ました。

空腹を感じたのでここで二度目の食事をして、余分な荷を置いて岩を登りはじめました。一時間ほどで到達した標高二五五〇メートル地点で、日本では経験したことのない四〇度の急勾配の最初の雪渓に出ました。雪渓を越えると再び険しい岩場になります。ここから頂上までがこの登山の一番面白いところでした。岩はどこよりも固く険しく、全精力を登攀に集中したウェストンさんは極めて痛快だったようです。午後一時三〇分に頂上に着きます。ウェストンさんの水銀気圧計によると標高は三〇四五メートルで、実際の三〇九〇メートルにほぼ近い値です。頂上には館潔彦が打ち込んだ杭がありました。ズボンに脚絆を巻き草鞋ばきの館潔彦は、ウェストンさんにさえ本格的な登攀であった岩を登り、ここに到達していたのです。嘉門次が指差した彼が滑落した場所は、助かったことが信じられないような断崖でした。鉱泉で療養していたところをみると打ち身だけで済んだようですが、そこから彼を助け下ろした嘉門次の苦労もひととおりではなかったと思われます。

吹き付ける風が冷たく、穂高の頂上に一五分いただけで下山にかかりました。荷物を置いてきたところまで急降下する間に、ブヨの大群の集中攻撃に遭い、険しい岩を下る途中で眼の中に入ってはっとすることもありました。嘉門次によるとブヨがいるあたりにはカモシカが棲んでいるということです。荷物を置いたところからは直線的な道をとり、やがて浮き石だらけの道から平坦な森に入りました。下るにつれてみんな気分が軽くなり、嘉門次も朝のふさぎ込んだ様子とは打って変わって上機嫌でした。嘉門次は初めて本格的な登山家に出会って登山そのものの面白さを知ったのでしょう。再びウェストンさんと山に登ることになるのはそれから一八年も後になりますが、嘉門次はこの登山の次の年にカモシカを追って岳沢をつめた時に見つけた、奥穂高岳に直登する南稜ルートをウェストンさんと登りたいとずっと待っていたのです。

ウェストンさん一行に森を外れるまでは口笛を吹くな、とフランスの諺にある通りのことが起こったのです。もう出口に近い森で、前を歩いていた嘉門次がウェストンさんに何かを言おうとして立ち止まった時、突然姿勢が崩れ仁王立ちになって、ただでさえ端整とはいえない顔がものすごい形相に変わり、奇妙な踊りを始めたのです。気でも違ったのではないかと駆け寄ったウェストンさんも、すぐに同じ踊りをするはめになります。嘉門次が黄蜂の巣を踏んでしまい、怒り狂った蜂はウェストンさんにも襲いかかったのです。ぴったりと体に合った嘉門次の厚麻の着物は蜂の猛攻を防ぐことができましたが、薄い大きくほころびた半ズボンに、首や腕を露出していたウェストンさんはあっという間に一二カ所も刺され、何とかその場を切り抜けたものの体のあちこちに言いようのない痛みが残りました。それから間もなく、人気のない静かな池のほとりに建つ嘉門次の小屋に着き、梓川の浅瀬を渡って牧人小屋に戻ったのは午後六時過ぎでした。夕食の後、囲炉裏を囲みながら、嘉門次は今日の探検についていろいろ語り、特に蜂については熱心に話し、それには熊の胆が効くけれども今はクマを簡単に捕えられる季節ではないのだと言うのです。

その夜遅く、ウェストンさんが囲炉裏で濡れた服を乾かすのに忙しくしていると、牧人小屋に泊まり合わせた一行の中の一人が、蜂に刺されたところを見せるようにと言うので、何気なく振返ると、その男は何かを唱えながらウェストンさんの傷口のあたりで指を回したり屈折させたりしています。それから外に出て行き、月光に浮かんでいる穂高岳に向かってうやうやしく柏手を打ち祈祷をして、再び柏手を打って静かに戻って来ると、「まじないをしたので明日の朝にはすっかり治っているでしょう」と低い声で言いました。外国人が神の座である神聖な場所を侵したので、あの蜂は不敬を罰する神の使者として遣わされたもので、能力を有するその男が御祓いをしてくれたのだというのです。しかしまじないの効き目はなく、ウェストンさんは刺傷の激痛にその夜は一睡もできず、薪の炎を見ながら過ぎ去った数々の野営の思い出を追いながら夜を明かしたのです。その思い出は槍ヶ岳の岩小屋で迎えた夜であったり、富士山の裾野の淋しい山小屋で春の嵐に襲われ、見も知らぬ三人の男と閉じ込められた時のことなどでした。そして蜂に刺されはしましたが、今回の陽気で頼もしい猟師の道ずれが、孤独な一人旅をどんなに豊かなものにしてくれたかということに思い至るのでした。

次の日は頑張って午後の早い時間に橋場に着いて、ウェストンさんは小柄で頑丈な嘉門次に一日一ドルの日当を払い、松本行きの馬車に荷物を託し歩いて松本に戻ります。そして二週間も伸び放題のひげを剃るために床屋に行くと、石鹸も水もなしにいきなりかみそりを当てられたので、その痛さに途中で逃げ出し、残りは宿の縁側で剃りおとすことになりました。もうひとつしたいと思っていた流しの按摩を呼ぶことの方はうまくいき、しっかりとつぼを外さずに揉んでくれ、その気持ちよさにウェストンさんはうとうとと眠り込んでしまうのでした。

次の日の日曜日は浅間温泉で休養し、火曜日の早朝、保福寺峠に新しくできた道を行く馬車に乗ります。信濃屋の主人は、浅間山に登りたいから一緒に行くと言っていたのに、出発する時になってまたしても行かないと言い出すのです。どうやら今度の理由は、彼を通じて出した洗濯屋の料金に、通常の七倍という勘定がつけられていたのをウェストンさんが抗議したことにあるようでした。

一八九四（明治二七）年の山行

この年ウェストンさんは、日本アルプスの北の果てを日本海から入って山行を始めようと、前年開通した信越本線で終点の直江津に行き、そこから蒸気船で糸魚川に着き、日本アルプス連峰の起点の親不知・子不知の岩壁を見て、姫川を遡り蓮華温泉経由で白馬岳に登ります。

その後大町から松本に出て、笠ヶ岳に登るため蒲田に行きましたが、またしても協力を得られずがっかりしていると、出会った猟師が案内を引き受け笠ヶ岳登頂の念願がかないます。再び松本に戻ると常念岳をめざし、岩原の村長の家に泊めてもらいました。案内人の三人の猟師と村長の息子と楽しい登山をして常念岳に登頂します。

最後は御嶽山に登り、山岳宗教のさまざまな現象を目撃します。木曽福島から甲州街道に抜け、富士川下りで神戸に帰り日本での最後の山行を終えました。この登山行には宣教師のH・J・ハミルトンと日本人の浦口文治が同行しています。

・白馬岳

ウェストンさんは日本で過ごす最後の夏を、一カ月かけて日本アルプスが始まる日本海側から入って白馬岳、笠ヶ岳、常念岳、御嶽山と横断することにします。同行者は岐阜で宣教師をしているカナダ人のH・J・ハミルトンと、京都の聖組合教会にいた浦口文治でした。ハミルトンは写真と料理を引き受け、同志社大学を卒業して間もない浦口は、通訳や交渉に当たると共に日本の慣習や宗教行事などについてアドバイスする役目だったと思われます。

同志社大学の創立者新島襄は、漢訳聖書を読んで感動し、脱藩して米国に渡り理学、神学を修めました。岩倉具視海外使節団が米国に行った時、乞われて米国と欧州の教育事情を視察することになり、文部理事官と共にヨーロッパに渡りました。そこで目にしたのが、リュックを背に山野を跋渉するオックスフォードやケンブリッジ等の学生達の姿です。心身をきたえ浩然の気を養い、プライドを持つたくましい若者を育てるにはこの方法がよいと感じた新島は、自分が創立した大学で、英国の学生たちが行っていた「ヨーロッパの野外運動場」活動を「京都の野外運動場」活動として取り入れました。全学生は土曜になると草鞋を履いて比叡山から愛宕山、あるいは坂本に下りてムカデ山へと、朝から夕方までの山河跋渉を実践しました。浦口はこれによって登山の基本を身に付けており、同じ頃同志社大学にいた河口慧海《えかい》も、ヒマラヤを越えてチベットに入国できるだけの登山の基礎をここで養ったと思われます。

一行は神戸から東京に出て一泊し、信越線で一二時間かかって直江津に着きます。ウェストンさんは長野で途中下車して気象台に行き、計器を自分のと比べることに三時間を費やしたので、実質は九時間ということになります。

直江津では古川屋に泊まり、次の日漁師の小舟で沖に碇泊している蒸気船に乗り移り、はるかに大蓮華岳を見ながら糸魚川に着きました。大蓮華岳は白馬岳の越後側の呼び名で、信州側では融雪期に山腹に現れる雪形が代掻《しろか》き馬に似ていることから代馬《しろうま》岳と呼ばれていました。地図作製の折に白馬岳と記入されたので、以来その字が当てられ、現在はハクバと通称されるようになってしまいました。

糸魚川でも蒸気船から漁師の舟に乗り換えて上陸しましたが、その漁師たちの身なりは伝統的なアイルランド人がスカートの下は空気を身にまとっているようなもので、腰にふんどしを巻いたり、頭に手拭いを巻いたり、または身に何も着けていませんでした。糸魚川の村は波打際に沿って人家が建ち並び、各家は冬期の降雪時の通路として家の前に長い歩廊を取り付けています。この地味な村の、それに劣らぬ質素な宿に荷物を預けると、ウェストンさんたちは姫川の広い河原を横切ってアルプス連峰の起点をなしている花崗岩の絶壁、親不知・子不知を見に行きました。その夜二人の警察官が旅券を調べに来ましたが、ウェストンさんはあらかじめ手紙を出して協力を要請していたので、登山経路の情報を提供してもらうことができたのです。

ウェストンさん一行が行く姫川に沿う道沿いの農家は、あまり豊かそうではありませんが人々はとても礼儀正しく、白髪の長老から丁寧な挨拶を受けたりすると、ウェストンさんはここまで来てよかったという気持ちになるのでした。谷を二四キロ入ったところに村長の家があり、村長は不在でしたが家の人が丁重に迎えてくれました。その途中で山崎という警官が一行に加わります。彼は糸魚川でウェストンさんたちの警固と案内をするよう命じられており、糸魚川に出向く途中で一行に出会ったのです。彼とは四〜五日間行動を共にしましたが、情報集めに奔走してくれたばかりでなく、善良で親切な人柄でした。ある夜ウェストンさんがハンモックから彼の上に落ちた時などは、「お邪魔いたしました」と丁寧に謝りさえしました。西洋人を無事に通過させるという命を帯びた山崎警官は、義務感に押しひしがれんばかりであったようです。

次の日は、ウェストンさんとハミルトンさんがひどい熱を出したので出発は一〇時半になりました。荷物運びの二人の人夫を雇って大所川《おおどころがわ》を上って行くと、杉で板材や屋根板を作っている家が次々と現れます。山に向かう道沿いの最後の小さな村の家の老婆が、どうぞ休んで行ってくれと言って、煤けた台所に立って美味しいお茶を入れてくれました。遠くから来た旅人に対する親切心の表れですが、同じ山奥の村でも、川を下れば一日のうちに海に出ることができるという土地柄が人々の心を開明的にして、外国人にお茶をふるまうという行為をなさしめたのでしょう。この最後の村から森の中に入った道には、青、薄くれない、白と、紫陽花がみごとに咲いていました。そして八丁坂をあえぎ上って、滑りやすい尾根道をたどり夕方五時に蓮華温泉に着きました。

蓮華温泉には板屋根をかけた木造の浴槽が並び、それを二間と一間半に区切った低い建物が囲んでいました。その湯場より少し上の方に、三五度から四八度までの湯を入れた一戸建ての浴槽が散在し、湯は毎日五時に木桶で運んで取り替えられるということです。一日四銭払い、食糧と寝具を持参する湯治客が三〇人以上いて、管理人も湯治客もウェストンさんたちの到着にひどく驚いていました。ウェストンさんが熱い湯で一緒になった一隊は、夜半過ぎまで歌をうたったり馬鹿騒ぎをしてました。まだ快復していないハミルトンさんの病気に障るからと抗議をしても一向にやめてくれません。疲れ切ったウェストンさんがやっと眠ったと思ったら、すぐ朝になっていました。

病気のハミルトンさんを残して、ウェストンさんと浦口文治、山崎警官の三人は月明かりをたよりに白馬岳登山に出発します。登った尾根を瀬戸川に急降下し、蔓草で縛った危う気な丸木橋を渡り、小さな尾根をいくつも越えて最初の雪渓に出ました。そこから二時間の厳しい登りをしたところに蓮華鉱山がありました。鉱夫の宿舎は細い木や枝で作られた掘立て小屋で、現場監督は横坑に案内したり鉱石の見本を見せたりして、ウェストンさんに答えられるはずもない、二つの鉱山の生産量一六〇トンから三パーセントの銀を得る今の方法が正しいかどうか、鉱脈の深さなどを質問するのです。そこから三人は、滑りやすい道を下生えをつかんでよじ上り雪渓に出ます。やがて這松や石楠花が見えるようになり、午前一〇時に白馬岳山頂に着いたのです。そこには雄大な眺めが広がり、遠くの富士山、すぐ近くに見える立山の先には日本海、南にはアルプスの連山、東方には雪をたっぷり残した渓谷の先に、秀麗な旭岳とそれに続く岩峰が連らなっていました。ウェストンさん一行はこの景色を楽しんだ後、這松の枝を切り落として橇にするという新式のグリセードで雪渓を滑り下り、楽しく登山を終えたのでした。

翌日、蓮華温泉を発つに当たり、ウェストンさんは湯治客の中から二人の荷担ぎ人夫を雇います。途中道が悪くてさっぱり距離がかせげなかった上に、木苺が鈴なりになっているところには虻の群れがいて、ゆっくり賞味することもかないません。村長の家に着くと、行きに留守だった村長は帰っていました。彼は日本人としては並はずれて背が高く整った顔立ちをしていました。ここでお昼を食べて同行していた山崎警官と別れ、二人の人夫を解雇しますが、荷物を荷車に積み替えている時、解雇した人夫の一人が女だったことに気付いてウェストンさんは嫌な気持ちになったのです。日本では男と同じ姿で男同様の仕事をする女性がいるということは、イザベラ・バードの旅行記にも書かれており、そう珍しくはなかったとはいえ、英国紳士のウェストンさんとしては自分が女性にこんな労働をさせてしまったことが悔やまれたのです。

その日着いた下瀬《くだりせ》というところにある、姫川の谷を三四キロ入った村の、紹介してくれた村長が汚い宿と言った銭屋という旅館は、村長の話とは違って心のこもったもてなしをしてくれ、その上食事には馬鈴薯と魚のてんぷらが付いていて、宿泊料はわずか二五銭でした。

下瀬を出てしばらく行くうちに谷が開けてきて、稲田が広がり白馬岳の雄大な姿が見えるようになりました。一面の田んぼにひるがえっている、害虫から稲を守るためにという謎めいた護符は、戸隠神社から買ってくるとのことです。護符はいたるところにあり、ウェストンさんはこれまでにもさまざまな悪霊除けの護符をいろいろな場所で目にしていました。

神城《かみしろ》からはなだらかな坂道となり、青木湖とさらに中綱湖、木崎湖の二つの湖のほとりを過ぎ、大町が近くなるにつれ山はしだいに低くなり、松本平の端が開け懐かしいアルプスの山が見えてきました。

そして大町の〈丁（山長）旅館で木曜日から土曜日まで休養します。この間にウェストンさんは、大町の農商務省の地方出張所で雑談をしている時に、黒岳（水晶岳）への遠征計画があるので加わるようにと誘われますが、残念ながらこれには応じられませんでした。また湯を沸かすのに使うメチルアルコールを買いに行った薬局で医師の許可証が必要だと言われて医院を訪ねると、医師は許可証を出してくれただけでなくアルコールも売ってくれたのです。

一方パン職人でもあったハミルトンさんは、宿の隣のパン屋で本物のパンを焼く方法を伝授して休日を過ごしていました。

大町から松本に向かう桑畑や松林を通る道などで、楽し気に連れ立って小学校に通う子供たちが自分から進んでウェストンさんたちにお辞儀をするのに出会うと、文明化つまり西洋化されていない日本のよさをしみじみと感じるのでした。途中の北穂高という活気のある村で、薬屋がやっている「とをしや」という宿屋でとった昼食には、ハントリーやパーマーの高級ビスケットを巧みにまねたデザートが付いていました。その先の豊科の町は、三月の大火で四〇〇戸以上の家が焼け落ちた後、不死鳥のように甦ろうとしているところで、地鎮祭のしめ縄を張った竹に榊を飾ったものがあちこちにありました。

松本の信濃屋の主人は、去年の不当に高い洗濯物の勘定書きに抗議した時のことを忘れて歓迎してくれました。ハミルトンさんが現像を依頼した写真屋は、原版を届けに来た時、お礼のしるしだと言って砂糖漬けの果物とビスケットをくれましたが、写真を撮るので今度山へ連れて行ってほしいと切り出したので、単なるお礼ではなかったことが分かりました。信濃屋の主人が赤石岳に同行したことを知って、まだ日本人が誰もやっていなかった山岳写真を撮ることを思い付いたのでしょう。ウェストンさんたちの滞在中、信濃屋には繭買い商人が泊まり合わせたり、いくつかの巡礼団体が蚕を連れて泊まりに来たりしたので、一行はあまりよく眠ることができませんでした。

・笠ヶ岳

笠ヶ岳に再挑戦するため蒲田に向かうウェストンさん一行のリュックは、松本のパン屋を説き伏せて焼かせた、二ダースのパンで瘤だらけにふくらんでいました。もう何度となく歩きなれた橋場への道の途中の、波田村の松林の中には新しい製糸工場ができており、二〇人ばかりの少女たちが朗らかな顔で働いていて、少年が動かす機械が動力を供給していました。イギリスと同じく日本の産業改革も繊維部門からささやかながら広まって行く様子を見て、ウェストンさんはほほえましく思ったようです。昼には橋場に着き、荷担ぎの人夫を二人雇って稲核村を通りかかると、ここにも製糸工場があり、動力は水力を利用していました。

稲核村から大野川までの道の最後の八キロばかりは、雪崩や地滑りなどでめちゃくちゃに壊れていました。木こりや炭焼きが通る道をたどり、岨道の危なかしい桟道で浦口さんが足を滑らせ、あやうく一〇〇メートル以上も下の急流に真っ逆さまに落ちそうになりました。大野川の古風な宿に着くと、炎暑の松本から来た身には生き返る心地がしました。宿の代金も夕食と朝食が付いてわずか二〇銭足らずでした。


翌日は早朝に出発します。尾根筋を上がり切ると乗鞍岳の双峰が雄大な姿を現しました。森林に覆われた暗い谷や倒れた大木が横たわる尾根を越えて行くのはこれが三度目だと思うと、ウェストンさんの胸には過ぎし日の楽しかった思い出が甦ってきました。しかし悲しいことに、今やここは木を伐る斧の音がこだまする伐採の場になってしまって、その音は亡びてゆく森の葬送曲のように聞こえるのでした。

平湯の宿は、その晩行われる乗鞍鉱山の祝宴の準備に大わらわでした。奉納相撲の力士や四〇〇人の鉱夫たちに振る舞うために、ご飯を炊き、魚や大根などを煮ています。ウェストンさんたちも祝宴に招待してくれましたが、二年前にもミラー医師と共にその結構なおもてなしを受けたのですが、今回はそれを断って、次の朝早く蒲田に向かって出発します。蒲田の甚兵衛さんの宿に着き、笠ヶ岳登山の話をすると三度目の挑戦もあっさり断られました。「まず今晩お泊めすることができない。

高山の紳士が部屋を予約しています。それに今夜は木こりや猟師の例年の祭りを行うので、笠ヶ岳に行く者は誰もいないだろう」と言われます。

がっかりして村の神社の石段に腰を下ろします。しかし思い直してもう一度掛けあってみますがやはり無駄でした。ウェストンさんたちが絶望して引き返そうとした時、一人の男が宿を貸そうと言ってくれたのです。宿の主人に断られた上に、全く相手にしてもらえないことにもひどく傷付いていたウェストンさんは、この親切を受けてすっかり元気を取り戻すことができました。そして宿から蒲田の温泉に行こうとして石ころだらけの道を歩いていた時、立派な顔立ちの男と知り合います。身なりからして彼は大きな獲物を狙う本格的な猟師に見えました。彼はウェストンさんの話を聞くと、登山の案内をしようと言ってくれ、午後になって猟師仲間の親方の中島を連れて来ました。中島はこれまたみごとに顔立ちの整った偉丈夫で、最初に知り合った猟師と同様に、ヨーロッパ地中海沿岸の出身と言っても通用しそうな容貌でした。

中島との話し合いで、これまで登山計画がうまくいかなかった事情が分かります。蒲田の人たちは笠ヶ岳には木霊が棲んでいて、外国人を連れ込んだりすれば神域を冒瀆するのに手を貸したことになり、相応の制裁が加えられ、必ず嵐で農作物がめちゃくちゃにされると固く信じ込んでいるというのです。猟師である中島とその弟子は迷信は全く信じていませんでしたが、村人たちには自分たちが訪問したことは秘密にすることをウェストンさんに約束させました。しかし、この秘密は甚兵衛の宿や村人の知るところとなり、登山を強行すればたっぷり復讐すると中島たち猟師を脅迫してきたのです。そこで中島は真夜中にウェストンさんのところへ来て、登山をもう少し延期するようにと言うのでした。来年は帰国することにしていたウェストンさんにとって、これは最後の機会なので、延期できないと断ると、中島と一緒に来た若い猟師が、村人の脅迫に屈せずやりましょうと中島を押し切ったのです。そして蒲田の村人がまだ起きる前にここを出て、中島が弟子たちと住んでいる谷の奥の山小屋で合流することになりました。

次の朝、夜明け前の薄明かりの中を中島の弟子たちがやって来て荷を担ぎ、一行は無言でこっそりと蒲田の村を出ます。中尾村の鎮守の杜のそばにひっそりと建っている、中島の一間きりしかない家で手早く荷物をまとめ、一行は笠ヶ岳へ出発しました。中島は残って弟子たちだけを行かせたのは、蒲田の村人といざこざになった場合、自分の知らないところで弟子たちが勝手にやったことと言えば、蒲田村と中尾村の、あるいは農民と猟師の対立というところまでには行かないであろうと考えたからのようです。

笠ヶ岳の麓の森は、密生していて圧迫感がありました。ウェストンさんたちがたっぷりと水を含んだ羊歯や草の間を、厚い苔の付いた岩や倒木を乗り越えて行く時、苔におおわれた穴に足をとられることもしばしばでした。ようやくのことでそこを抜け出し、太陽の下で朝食をとった後、猟師たちは伐った松の木を渡して急流に橋を架けました。ウェストンさんたちはその橋を長い棒を持ってバランスをとりながら渡り、穴毛谷をつめて行きます。谷は登るにつれて険しくなり、一五〇〇メートル地点で最初の雪渓に出ました。谷の左手の崖からは小さな美しい滝が落ち、右手の崖の岩燕の巣から燕が出入りしているところの岩陰に、余分な荷物を隠し身軽になって再び急斜面に挑みます。谷をつめて行くとついに尾根に出て、そこから進路を左にとり、痩せ尾根の頂点に着くと猟師たちは荷を下ろし、岩の窪みにろうそくを立てて火を灯すと、頭を垂れ手を合わせうやうやしく山の霊に祈りをささげました。その場所から双六川の谷間を見下ろすことができました。そして右に折れ、槍ヶ岳と穂高岳をつなぐ城郭のような壮大な岩の尾根や、雲間から現れる立山や富士山を見ながら北東へ鋭い尾根に沿って突き進むと、午後二時四五分ついに笠ヶ岳の頂上に立ったのです。そこには案内をして来た猟師が以前に積んだ小さなケルンがありました。

笠ヶ岳は一五二〇（永正一七）年頃禅師道泉により開山され、一六九〇（元禄三）年には円空が、一七八三（天明三）年には高山の宗猷《そうゆう》寺の禅師南裔《なんねい》と後輩が再び開山し、一八二三（文政六）年には播隆が中興の祖となって信仰登山が行われました。播隆は笠ヶ岳山頂で槍ヶ岳山頂にブロッケン現象を目にします。そしてそのブロッケン現象は播隆を仏が招いているように思ったのです。播隆はその後五年の歳月をかけて槍ヶ岳の開山を果たします。槍ヶ岳から西鎌尾根をたどり、双六から延びる稜線の山々を越えて笠ヶ岳を往復したり、また穂高岳にも仏像を安置したというので、播隆には登山家としての資質もあったようです。

ウェストンさんたちは一五分ほど山頂にいて、登りが思いのほか時間がかかったので途中でビバークする覚悟で下山を始めます。しかし、下りは思いがけないほど楽でしたので、食べ物もほとんどない状態でビバークをするのは避けたいという気持ちになり、一気に下ることにします。分けてもらった草鞋を鋲を打った靴に着けてガレ場を飛び下り、雪渓をグリセードで滑り下り、行きがけに松の木で作った橋まで来たところで日が暮れ始めました。朝食をとったところで残しておいた食糧を食べると、その先は来た時とは別の木こり道をとります。その道は遠まわりでもずっと歩きやすく、全速力で先導する市次郎という名の美青年の猟師は、一度も進路をためらうことがありません。真っ暗闇の中で高くかかげた松明から時折火の粉が滝のように流れ落ちる時など、彼の姿は本当に美しく見えたのでした。

そして午後一〇時頃親方の中島の家に着きました。中島は遠征の成功を祝ってくれ、そこへ一行は一泊します。次の日は、前日の登頂の喜びの余韻ですぐにはここを去る気になれず、いろいろな話をして過ごすのでした。

ハミルトンさんは中島に猟に出る時の支度をしてもらい、それを写真に撮りました。猟師の服装は青く染めた丈夫な手織り布で作った、体にぴったりした上衣と半ズボンで、足には麻か細かく編んだ藁の脚絆を付け、夏は草鞋を履きます。冬になると毛を内側にしたクマの皮の長靴を履き、軟らかい雪の上では、くろがねもどきという蔓草を編んだかんじきをくくりつけ、固くて滑る雪には金かんじき、つまりアイゼンをつけます。防寒のためにはカモシカの毛皮を羽織り、武器は旧式の先込銃で、槍と山刀を持ってクマとの一騎打ちにそなえるということでした。ハミルトンさんは岐阜に帰ってから、夏の服装に先込銃を背負い、長い槍を持った中島の写真を撮って送ってあげました。

ウェストンさんたちは日も高くなってから中島の家を出ます。蒲田の人たちを刺激しないようにとの配慮で、中尾峠を越えて上高地から徳本峠を通るルートが選ばれ、若い猟師の二人が警固のため同行することになりました。徳本の牧人小屋の近くまで来た時、浅瀬を渡る男を見かけます。彼は去年穂高に登る時に雇った人夫で、これから嘉門次の小屋に行くところだと言うのです。嘉門次はその時小屋を留守にしていたのか、ウェストンさんが頼んだ岩魚を後で持って来たのもその男で、見事な岩魚が一〇匹でたった二五銭でした。その日一行は牧人小屋で楽しい一夜を過ごし、翌日徳本峠を越えて橋場の入口まで送って中尾へ帰って行く二人の若い猟師と名残を惜しみ、ハミルトンさんは二人を写真に撮りました。

ところでウェストンさんが登頂したのは笠ヶ岳ではなく抜戸岳《ぬけどだけ》であったという検証を、日本山岳会員の木下喜代男氏が二〇一六(平成二八)年の会報『山』八五〇号に載せておられます。播隆上人は笠ヶ岳頂上に阿弥陀仏を安置しており、ウェストンさんの記述にそれがないのはそういうことだったのでしょう。開山以来の信仰登山はクリヤ谷から北尾根をたどるルートであったろうと思われるので、穴毛谷をさかのぼったのは隠密行のためかという気がしていましたが、抜戸岳をめざしたとすればうなずけます。

親方の中島が蒲田の人々の心情を考慮して、笠ヶ岳の隣の抜戸岳に案内するよう前夜弟子たちに指示したのでしょう。抜戸岳は約二八一三メートル、笠ヶ岳は約二八九八メートル、姿も似ており登山の何たるかを知らない猟師にとってはほとんど違わない山であり、ウェストンさんはここが笠ヶ岳と言われても疑わなかったのです。中島に故意はあっても悪意はなく、彼にとってはそれで蒲田の人々への言い訳が立ち、ウェストンさんとの約束も果たせるよい案であったのです。それはまた、山を穢すと災害が起こると本気で信じられていたことの証でもあります。日本に限らずスイスにもそのようなことがあり、スイス人ではなく英国人がアルプス登山の開拓者となったのは、一六〜七世紀に起こったピューリタリズムがあらゆる偶像崇拝や迷信を退けた結果、英国人には山や自然に対する宗教的、精神的な恐れがなかったことが、その大きな要因であったといわれています。

・常念岳

松本から見える常念岳の見事な三角形にずっと魅せられていたウェストンさんは、今年こそは常念岳に登ろうと張り切って出かけます。豊科から入った岩原という小さな村が登山の出発点で、宿がなかったので村長に頼るしかありません。村長の家は大きな門構えの立派な家で、庭の奥に玄関がありました。まず長男が出て来て、その後で六〇歳位の堂々たる老紳士の村長が現れました。村長はくぐり戸を抜けた先の、美しい山水の庭に面した縁側に一行を通し、召使いがお茶とお菓子と煙草盆を運んできました。ウェストンさんが切り出した用件を熱心に聞いた村長は、宿泊と案内人を見付けることを承諾し、本当に汚いところですが、と言いながら美しい客間を二つ提供してくれました。ウェストンさんはその夜布団に横たわって、高い木々を渡る風の音や遠くで鳴いている夜鷹の声を聞きながら、満ち足りた気持ちで眠りについたのでした。

翌日、村長は案内も荷運びもできる三人のクマ狩り猟師を見つけてくれ、村長の息子も同行することになり、夜明けとともに出発します。この村長の息子の服装はというと、粋な黒のフェルトの帽子をかぶり、うす汚れた白木綿の大きすぎる手袋という格好です。そのおかしな姿を見て、ウェストンさんは西洋の服の着方をよく知らない人々の妙な服装をいろいろと思い出すのです。

地方都市の役人の間では、ある時は毛の襟巻の代わりに手拭いを巻くことが流行りました。またある紳士は朝の式典に夜の礼服である燕尾服を着込んだのはよいとして、靴下もシャツもなしで一本の紐でカラーを付けて現れてギョッとさせました。東京をはじめとした都会で洋服を着た貴顕紳士が多くなると地方にも広がることになり、このような滑稽なことも多かったようです。一般女性の洋装はだいぶ遅れて始まります。

ウェストンさんには英国人の読者への面白い話として、日本人が書いた英語の宣伝文句や、看板や案内板のおかしな間違いを何度も繰り返し取り上げるところがあります。今日の日本人が外国人の着物の着付け、外国で目にするおかしな日本語、日本料理と称する料理などを見る時の心持ちを考えると、ウェストンさんの気持ちも分からないではありませんが、同じ話を何度も繰り返して持ち出されるとまたかとうんざりさせられます。しかしその時のウェストンさんにしてみれば、あちこちに投稿したものが後年翻訳され、本となり日本人の目にふれる事態になるとは思いもよらないことだったのです。

それはともかく、一行は本沢に沿って登り、ガンピやユリ、菖蒲、桔梗が咲き乱れる高原を横切ると、今度は一の沢をたどり次第に勾配を増す急流を渡ったり、岸壁をよじ登ったりして午後三時に高度二六〇〇メートルの最初の雪渓に出ました。休憩の声がかかると、猟師たちは荷物を放り出し渓谷に入って岩の割れ目を棒でつっつき始めました。山椒魚がいるということです。山椒魚は子供のさまざまな病気に効くと珍重され、くし刺しにして干し上げたものは漢方薬として高く売れるのです。

そこから二時間登ったところで沢を離れ、岩場を苦労して登りついに山頂に続く鞍部に出てビバークすることになりました。何人かは下草を刈り払って火を起こし、他の者は水を探しに行きました。すぐに近くの沢が炎暑で干上がっていたので遠くの雪渓から防水シートで運ぶことになりましたが、水にはゴムの匂いが移っていました。燃えさかる火を囲んでの野営は楽しく、夕食を終えても猟師たちの面白い話が尽きません。一番年上の背が高く体が柔らかく縮れ毛の藤原が、常念岳の名前の由来を語り始めました。

「むかしむかし、この場所で野営をした銘木の盗伐人たちはある晩、山の頂きから吹き下ろす風にのってお経を読む声を聞きました。その声はいつまでも続いたので盗人たちは良心の呵責に堪えられなくなって逃げ出し、そのことが知れ渡って里人たちはこの山を常念坊、あるいは常念岳と呼ぶようになりました」

この話をうさん臭そうな顔で聞いていたもう一人の猟師は、銘木の盗伐と山の名の由来の話にはかなりのこじつけがあると言い出すのです。その猟師には、こんなところで盗伐をしてもこの険しい道をどうやって下ろすのかという現実的な思考があったのでしょう。昔話というものは理を超越して成り立っているもので、もはや明治の開明期に生きる若者には素直に受け入れることが難しくなっていたようです。

翌朝、日の出前の靄がゆっくりと消えてゆくと雄大な風景が現れました。谷をへだててそびえ立つ槍ヶ岳は穂高の峰々へと連なり、銀色の螺旋を描く噴煙を上げる浅間山、雪を被った富士山まできわめて近く見えました。ウェストンさんがその山々に登った追憶に耽っていると、突然ライフルの音がしたのです。それは藤原がホシガラスを撃った音で、その鳥は蕨の味噌汁の予期せぬ珍味となりました。

野営した鞍部から頂上までは一時間ほどの道のりで、頂上には以前藤原と仲間が積んだ小さなケルンがあり、かつてここには天狗を祀った小さな神社があったといい、その残骸の木片が散らばっていました。頂上で湧き上がる雲をバックにハミルトンさんが三人組の猟師の写真を撮って、下山にかかります。日が暮れもうすぐ村長の家に着くというところで、村長の息子が黙ってみんなから離れて先に行ってしまいます。ウェストンさんが気が付かないまま何か彼の感情を害するようなことをしたのではないかと気をもんでいると、村長の召使いが「お風呂の仕度ができています」と言いに来ました。彼があんなに急いだのは、自分たちが着く頃に風呂の用意をしておくためだったのだと分かってウェストンさんはほっとしたのでした。

翌朝村長の家を出る時、何度も繰り返される「どうぞまたいらして下さい」という言葉を聞くたびに、まだ文明化されていないといわれているこの地方の心優しい人々が、自分の国を「君子の国」と呼ぶのはどんなに適切な名称であることかと、ウェストンさんは心から思うのでした。

・御嶽山

今回のこの旅は霊山御嶽で締め括る計画です。松本から土砂降りの雨の中を木曽福島まで行き、俵屋という宿に泊まります。木曽福島は趣に富んだ美しいところで、ウェストンさんはここで巡回の靴直し屋に傷んだ靴を直してもらうつもりでした。その靴直し屋は三年前に実に手際よく直してくれたのですが、その時はどこかよそを回っていて不在でした。仕方なく村の剣道道具修繕屋のところへ行って細かく指図をしてどうにか直してもらったのです。

次の晩、宿に大人数の巡礼者がやって来てどんちゃん騒ぎが始まりました。ウェストンさんが同行の浦口を通して聞いた、神戸から来ていたその時の巡礼者の場合の講の実情は次のようなものでした。講の入会金は五銭、毎月一銭から三銭の会費を払い、登山の時期がくるとくじ引きで代表して参拝する者を決め、その者には共有基金から費用が支給される。神戸から御嶽までの往復で一三銭位かかり、講に入っていなくても費用を自分で出せば参加することができる。案内人兼世話役の先達がおり、先達は道中のひいきの宿に自分たちの講の奉納手拭いを渡し目印にしてもらうなど、旅行社のガイドとそっくり同じようなことをするということでした。

御嶽山の開山は七七四（宝亀五）年、石川朝臣望足によりなされたといいますが、一七八五（天明五）年覚明行者が黒沢口を改修し、一七九二（寛政四）年普寛行者が王滝口を開きました。このように江戸時代後期になると開山ラッシュと言われるような現象が起こったのには理由があります。幕府がキリシタン対策として檀家制度を取り入れたので、寺の力が増大し各宗派は既得権益を守るため世襲制にし門閥で地位を固めたので、寺に生まれても寺を出るしかない次男以下の者や、また仏門に入っても寺に入れない者が多く出現し、そういう僧が遊行僧となって各地を渡り歩きました。遊行僧の中から、すでに霊峰となっていても修験道が途絶えている山を再び開山したり、自ら高山を開き霊峰となし、登拝登山者を一種の門徒として講中を組織する者が出てきます。このような講の登拝登山は、宗教行事であると共に庶民にとっては物見遊山を兼ねており、宿でどんちゃん騒ぎをすることもそれに含まれていました。参加した者は確かに行って来たというあかしにその地名を記した特産品を買って講仲間に配ったので、それが日本の土産品の原点となったのです。

御嶽山への登りにかかったウェストンさんたちは、しばらく行ったところにある遥拝殿の愛想のいい神主に、わざわざ登らなくても服にもピッケルにも印を押してあげると言われてびっくりします。尾根に出て最初の休憩所である松尾小屋で朝食をとっていると、先達に率いられた登拝の一団が下って来て、小屋で汚れた着物を脱ぎ捨て、高い石碑の後の方へ行くのです。好奇心をかき立てられたウェストンさんが行ってみると、そこには小さな滝があり、人々は順番に滝の下に立って、冷たさに歯を鳴らし、寒さに身を震わせながら祈祷をしていました。松尾の滝には御嶽の山霊の一つが棲んでいるということです。先達は袈裟をかけ首の後ろに御幣を差し、鉄の輪が付いた錫杖を持っているのですが、ここで会った先達の錫杖は特別に見事でした。彼が言うには錫杖はどんなに濃い霧の中でも正しい方向を示し、ほら貝を吹き鳴らすのはけものを追い払うためということでした。小屋の近くに百回もの登拝をなしとげた先達の碑をはじめとする一群の石碑がありました。

そこから登って行ったところで、木が一本もない尾根なのに千本松原という名が付いているのはどうしてかと聞いてみると、ここから上の森が皇室の財産であるのに対し、下の森は村の財産であったので村人たちに伐り尽くされてしまったからということでした。女人堂の先で、これまで見たこともない年老いた本物の巡礼者に追い付きます。その巡礼者は汚い灰色になった白衣を着て、ボサボサの髪に手拭いを巻き、槍の穂先を付けた板、松の枝、ある女性に頼まれたという一房の黒髪で作った奉納額を入れた笈を背負い、手には御嶽神社と書かれた小旗を持っています。ウェストンさんたちが山頂に着いてしばらくするとその老人も登って来て、胸を打つような真剣さで所作を行い熱心に祈り、供物を捧げていました。

頂上直下の山小屋で山頂の神社の神主と泊まりあわせます。彼は中世の好戦的な司教を思わせるような面白い人物で、その年に始まった日清戦争の話になると雄弁になり、今も剣術や射撃の腕がにぶらないよう練習を続けていると言うのでした。また常念岳を案内した猟師の藤原老人などは、天皇陛下のためお国のために召集されることを待ち望んでいると言い、ウェストンさんはこの夏はどこへ行ってもこういった愛国心を聞くのです。松本ではあまり奥地を旅するのは危険だと警告されました。それは英国が中国の味方をしているのではないかと疑われており、田舎の人が英国人に敵意を持っているのでどんな目に会うか分からないというのです。愛国心に満ちた四一〇〇万人の日本人は、戦争となると本当に一心同体になるのだとウェストンさんは思うのです。

翌朝まだ夜が明ける前に山頂に行くと、日本アルプスの峰々が雲海に小島のように浮かび、眼下に六つの噴火口が一直線に並んでいる美しい景色がありました。一番高い火口湖の水は不思議な力を持つとされ、この湖に浸した紙を持ち帰って薬として飲むと、どんな病気もたちどころに治ると信じられていました。

日の出が近くなると大勢の登拝者が登って来て、太陽に向かって柏手を打ち詠唱を繰り返し、印結びを始めます。激しく気力を込めて行われる印結びの一つ一つに意味があり、九字護身法という悪霊払いで締め括られると、右手で水平に五回、垂直に四回素早く空を切り、梵語を唱えつつ悪霊に対する障壁を作り出します。

次にウェストンさんが目撃したことはもっと神秘的でした。小さな巡礼集団が神社の後ろで神降ろしを行っていたのです。岩の上にあぐらをかいた中座が御幣を捧げ祈りを唱え始めると間もなく、中座の顔が飴色に変わり喘ぎ声をもらし御幣が激しく震え出しました。中座が白目をむき発作的な痙攣を何度か繰り返して御幣が額の上で止まると、前座という音頭取り役がうやうやしく頭を下げて中座に乗り移った神の名をたずねます。しわがれた細い声が「われは普寛霊神なり」と答えると、前座は巡礼者の願いを伝えます。それは旅の間の天気とか家族の健康とか商売の見通しなどという単純なものばかりで、返事もまた多くの神託の例にもれず都合よく曖昧なものでした。神霊が去ると中座は手にした御幣を低く下げ、前座が硬直した体を激しくこすったり叩いたりして正気に戻すのです。そして巡礼一行は、それを見ていたウェストンさんたちを石ころほどにも気にせず立ち去って行くのでした。

御嶽山頂から王滝経由で上松に下りることにした一行は、途中雷雨に遭って一時間ほど雨宿りをしながら中小屋にさしかかります。中小屋にはスズメノミコトの伝説を伝える古い宗教的な舞踏の絵がありました。御嶽山が雪に閉ざされない間は、役者の一座が来て絵にある舞を奉納するといいます。小屋番の話によると、巴講の支部の人々が登拝の途中三〇円余りを出してこの舞を奉納し、下山する時にも日清戦争の戦勝祈願のためその半分の金額を置いて行ったということでした。

その日は王滝の村の神社の神主の家に泊ることになります。村はその朝目撃した神霊の普寛行者が御嶽山への大滝口からの登山道を開いてから丁度一〇〇年目の記念のお祭りをしていました。村の入口に高い塚を築き、その上に長い吹き流しを付けた竹が何本も立っているのを見て、ウェストンさんはシャモニーで行われていたモンブラン登頂の快挙を成し遂げたパルマの記念祭を思い出すのです。

明くる朝の、さわやかな冷気の中を歩いて行く道すじはこの地方で一番美しく、高く切り立った断崖に巧みに付けられた黒い木の橋は、緑色の淵によく映えていました。橋の袂にある休憩所の主人は、三年前にベルチャーさんと共に泊ったウェストンさんをすぐに思い出して歓迎してくれました。ここで仕事で名古屋に行かなければならないハミルトンさんと別れ、木曽福島の宿に着いて夕食をとった後、ウェストンさんは浦口さんと畳に寝ころんで、襖に書かれた中国の詩と格言の研究にとりかかります。しかしそれは通り一遍の文言ばかりだったようです。


ウェストンさんは日清戦争についてのニュースを長い間読んでいなかったので、最近松本に支部が作られたばかりの福音伝導協会の副牧師、真棹覚善さんが送ってくれることになっている新聞を読むのを楽しみにしていました。届いた新聞にはこの国中に漲っている愛国心の面白い記事がいくつもありました。名古屋のある床屋は駐屯地の兵隊全員のひげ剃りを無料でやると言い、断られると料金を取る代わりにラムネを一本付けると言って譲らなかったという記事や、若者たちが遊郭通いをやめその金を愛国基金に寄附するという会を作ったという、最大の傑作ものともいえる記事が載っていました。またある老人は、出征した二人の息子の兄の方からきた、戦死した弟の遺髪を軍帽に縫い込んで弟の魂と一緒に北京に入城する、という手紙を読んで静かに笑い、「よし、せがれよくやった」と言ったという記事や、一人息子の戦死の報を受けたある未亡人は、「一人息子が天皇陛下のためお国のために死んだことは特別の名誉と思う」と集まった人々に言ったという記事もありました。これらを読んでウェストンさんは、昔読んだ名詩選集のスパルタの母を思い起こします。それは戦争に行った八人の息子が誰一人生きて帰って来なかった時、母親は涙も見せず「スパルタ万歳、スパルタのために死すべし、そのために私は息子たちを生んだのです」と叫んだという一節でした。

木曽街道から旧中山道を通って甲州街道に出て、富士川を舟で下り、東海道線の列車で神戸まで行く帰途で、召集された兵士たちと一緒になります。停車した駅には赤十字のマークが付いた提灯や旗が架かり、喉を渇かせた兵士に冷たい水やお茶がふるまわれていました。

この旅を最後にウェストンさんは英国に帰ります。この時は日本での登山に思い残すことはなく、またこの国に来ることがあるとは思っていませんでした。

第三章

英国でのウェストンさんと二度目の来日

・アイガーヨッホ

帰国したウェストンさんはロンドンの会員宣教協会の副チャプレンという職につき、夏の休暇には、日本に派遣される前の夏一緒に登山した友人とスイス・アルプスに行きました。前回はアイガーに挑戦するも失敗し、茶飲み話にしかならないような小さな登山に甘んじるしかなかったとウェストンさんは言っています。

アイガーは標高三九七〇メートルのグリンデルト村の正面に聳える山で、一八五八(安政五)年に初登頂されます。その北壁は一八〇〇メートルの岩壁をなし、アルプスの最も困難なルートの一つとされ、一九三八(昭和一三)年にドイツ人隊とオーストリア人隊によって初めて登攀されます。その前の一九二一(大正一〇)年、北東稜を初登攀したのは日本人の槇有恒《まきありつね》で、世界的なニュースになる程の快挙で、槇はヘル・マキと敬称されました。

アイガーはこのようにどのルートをとっても厳しい山なので、ウェストンさんは今回はアイガーとメンヒとをつなぐアイガーヨッホをめざしました。案内人を求めたけれども得られなかったので、友人と二人だけで氷河や氷瀑のクレバスなどの難関を突破して、長い間の憧れであったアイガーヨッホの稜線に立つことができました。それから下山してホテルでお茶を飲んでシャワーを浴びることができるところが日本の山との大きな違いでした。

アイガーヨッホの最高点への登山は悪天候で二週間延期され、今度は登山家としても有能だと本人が言う荷担ぎと、小屋でいびきをかかないからいい男だと勧められた荷担ぎの二人を連れて行きました。登山家である方の荷担ぎは、雪壁のステップを上る時すでに情緒不安定に陥っていて手こずらされましたが、何とか山稜に到達しました。そこで嵐に遭い、恐怖で歯の根も合わない半狂乱状態の荷担ぎを、ウェストンさんはドイツ語と日本語を織り交ぜてなだめ、一三時間登り詰めに登ってやっとアイガーヨッホの最高点に着いたのです。

標高の高い近くの小屋が泊るのに快適かどうかが不安になったウェストンさんは、グリンデルワルト近くの小屋まで行くことに決め、氷瀑のクレバスを越え氷河の氷の波間をたどり、真夜中の一時に山小屋の扉をたたくということになりました。それにもかかわらず山小屋では友人を迎えるように温かく迎えられ、ごうごうと燃える火の前に座ってコーヒー、蜂蜜、パンにバターをもてなされ、その夜はぐっすりと眠ることができました。それはウェストンさんにとって日本にいる間中思いこがれていた登山で、十分に満足ではありましたが、そこには、日本のように山を覆う森林、麓に広がる田園風景、親切で世話好きな田舎の人々との交流はありませんでした。ウェストンさんはそれが日本の山が自分を惹き付ける要因の一つであったことにあらためて気が付いたのでした。

・『日本アルプスの登山と探検』を出版

ウェストンさんは日本にいる間に、帰国したら日本の登山についての本を出そうと考えていました。しかし三〇歳そこそこの無名の人間の本を出してくれる出版社を探すのが難しく、イザベラ・バードの口添えをもらって、山の本を沢山出しているジョン・マレー社に趣意書を出して出版を打診していましたが、あまりいい返事をもらえていませんでした。しかしロンドンに帰ってから原稿を完成し、ようやく出版にこぎ付けたのです。この『日本アルプスの登山と探検』は一八九六(明治二九)年一一月に一〇〇〇部発行され、そのうちの三〇〇部がウェストンさんの希望で横浜の外書販売会社に送られ販売されました。

この本によって日本アルプスという名称が初めて世に出たことになります。しかし日本アルプスはヨーロッパ・アルプスに比べると規模が小さく、その頃各国の遠征隊によって登山が試みられるようになっていたヒマラヤほどのインパクトを与えられず、登山書としてはあまり評価を得られなかったようです。それでもこの本は、文明開化進行中の日本の実態が描かれ、まだ西洋の文明が及んでいない昔ながらの地方の良さや、田舎の人たちのことが書かれたすぐれた体験記であり、日本の山の素晴らしさを紹介した最初の本でした。本の冒頭でウェストンさんは、「今日の日本は、世界に対し自国の尊厳を損うことなく西洋文明をたくみに取り入れ、吸収同化する東洋民族の能力を見せているまたとない実例である。この注目すべき民族の未来には予測することもできないほどの豊かな発展が約束されていることは、ほとんど疑う余地がない」と述べ、それがウェストンさんの終生変わらない日本観でした。

・フランセス夫人と結婚

ウェストンさんはロンドン市内の教会を歴任しながら、休暇にはアルプスに出かけ登山をしていました。そこでフランセス夫人と出会い、一九〇二(明治三五)年に結婚します。フランセス夫人はヨーロッパ・アルプスの一級の山を極めた女性登山家で、当時の英国でもそのような女性は多くありません。夫人の実家は、祖父が一七五六(宝暦六)年世界最初に開催されたロンドン万国博覧会のメイン会場クリスタル・パレスを設計施工し、父はその後を継いだ大手建設業者、母方の祖母はダービーシャーに広大な領地を持つ歴代貴族の出という、英国の社会通念からするとウェストン家とは同じジェントルマン階級でも夫人の家の方が上でした。しかし共に山を愛する二人の結婚はうまくいき、夫人は終生ウェストンさんの理解者であり協力者であり続けます。夫人には結婚に際し七〇〇〇ポンド相当の資産贈与、相当額の資金分与がなされていた正式文書も残っています。そういう資金面でも、夫人はウェストンさんを助けることができたようです。

ウェストンさんの『日本アルプスの登山と探検』を読んだり、いろいろな話を聞いたりして、夫人は日本を見て山にも登ってみたいと思うようになったのでしょう。ウェストンさんは再び日本布教を志願します。それを受けた英国聖公会福音宣布協会本部は、かねてから専任牧師の後任を強く要請されていた横浜聖アンドレ教会にウェストンさんを派遣することにしました。それを知った横浜の英国聖公会の主教は、次のような書簡を送りました。

「ウェストン氏に対し、本部も私の代理人も好感を持っていると聞き及んでいますが、私はもっと吟味を望みます。彼が英国聖公会伝道協会を離脱したのは眼病の故とされ、加えて自己の健康を過度に気にする神経質な面もあったようで、それが宣教師としての働きを充分果たせなかった原因のようです。また彼は、帰国時の日本宣教報告講演で伝道のことより登山のことを語ることが多かったのです。彼は休暇を取ることを余りにも好んだと神戸の英国人会衆に不満を持たれていました。とは言っても結婚は人を大きく変えるものですし、また人は生長するものです」

ウェストンさんの一回目の来日は、たっての希望というわけでもなかったことと、登山にのめり込みすぎたために、日本のキリスト教会からはあまりよく思われていなかったようでもあります。しかし福音宣布協会本部の決定は、横浜の英国聖公会の主教の意見に覆されることなく、ウェストン夫妻の日本への派遣が決まりました。そして夫妻は、新婚旅行を兼ねてカナディアン・ロッキーに登り、カナダ経由で日本に着いたのでした。

・横浜聖アンドレ教会

横浜聖アンドレ教会は、一八六二(文久二)年居留地に建てられた英国国教会の横浜クライスト・チャーチの日本人集会から発足しました。横浜のクライスト・チャーチは英国人のための教会であるという原則を言いたてる人が出てきたので、そこの日本人教徒が自分たちの教会を持とうと一八八〇(明治一三)年に組織したのが、聖アンドレ教会の始まりです。当初はクラーク氏の家を借りていましたが、クラーク氏は六年後に帰国し、その時教会を建てるために相当額の資金を置いて行ってくれました。しかし当時の横浜は地価が激しく高騰している折で、よい立地の土地が得られず一八九一(明治二四)年、沼地を埋め立て拡張された寿町にようやく礼拝堂が建設されました。寿町というめでたい名称は、横浜市編入時せめて名だけでも良いものにしようという意図で付けられたといわれていますが、新開地のその地区は場末のスラム街をなしていたようです。

一九〇二(明治三五)年に赴任し、主教に温かく迎えられたウェストン夫妻は、裏通りの低い土地に建つ見すぼらしい教会のために献身的に働くのでした。夫人は日曜学校に通って来る、日本人の騒々しい滅茶苦茶な貧しい家の子供たちを忍耐強く教育し、一年後には見違えるような良い子にするという成果をあげ、ウェストンさんは、夜女性が安心して通えないような場所にある、老朽化した正面にまわらなければそこが教会であるとは気が付かないような建物の、移転と建て直しに心血を注いだのです。ウェストンさんは「横浜の人口は三〇万五千人で、プロテスタント各派の教会は人材に恵まれ大きな会衆を有しているのに対し、日本聖公会の唯一の教会である聖アンドレ教会には五〇名程度の会衆しかおらず、このような状態を改善するには外面的にもっとふさわしい教会堂に建て直すことが急務と思う」と半期教務報告書に記し、「横浜はこの一〇年で土地が大そう値上がりし、労賃や建材も高くなっているので、新しい教会のために少なくとも一万円（千ポンド）ほどかかり、横浜に住む外国人と英国人の友人たちからすでに三〇〇〇円の寄附が約束されており、信徒約二〇家族の平均月収は三〇円かそこらながら、二〇〇〇円を目標に献金しようとしている」と具体的な方針を提示して本部の理解と支援を求めました。

その結果、二年後にはもっと環境の良い場所であった日ノ出町に借地し、礼拝堂と二階建ての会館が完成します。ウェストンさんの熱意で成ったこの教会は、一八年後の関東大震災で跡形もなく崩落してしまいます。その後、横浜市の花咲町に再建された教会と牧師館は、太平洋戦争時のB29の空襲で修理不能なほどの破壊を受けました。戦後すぐの花咲町界隈はスラム街となり、喧騒のため礼拝の牧師の声も聞こえない状態になってしまったので、移転計画が進められ一九五七（昭和三二）年、郊外の横浜市神奈川区三ツ沢の丘の上に立派な教会が建てられ現在に至っています。

ウェストンさんは日ノ出町の教会が完成し、献堂式を挙げるとすぐに帰国しましたが、聖アンドレ教会ではウェストンさんのことが未だに語り継がれており、上高地と安曇野に建つウェストンさんの碑には毎年大勢の信徒さんが訪れているとのことです。

一九〇二（明治三五）年の山行

日本アルプスは当初は飛騨山脈を指していましたが、後に小島烏水が木曽山脈を中央アルプス、赤石山脈を南アルプスと範囲を拡大しました。ウェストンさんは前回の来日で主として北アルプスと中央アルプスに登り、南アルプスは赤石岳に登っただけでしたから、今回は南アルプスに的をしぼりました。

南アルプスは、アーネスト・サトウとアルバート・G・S・ホーズが一八八一（明治一四）年に農鳥岳《のうとりだけ》、間ノ岳《あいのだけ》、鳳凰山《ほうおうさん》、甲斐駒ケ岳に登頂した後、西洋人も日本人もほとんど入っていませんでした。アプローチが長く、それだけに夫人の同行は難しいと思われたのでしょう。今回の登山はウェストンさんの単独行でした。すぐにも日本の山を登りたかったであろう夫人は、ウェストンさんの登山を優先し軽井沢あたりで夏を過ごしていたようです。

・北岳

まず北岳をめざしたウェストンさんは、当時中央線はまだ甲府の手前の鳥沢までしか開通していなかったので、鳥沢から猿橋までの四キロを貧弱な馬車で行きます。悪路になやまされ、猿橋に着いた時はすっかり暗くなっていました。翌日の馬車も貧弱で、笹子峠の麓までの悪路をのろのろと進むのです。業を煮やしたウェストンさんは、馬車から降りて自分の足で笹子峠を上りました。峠の下では日本で一番長いトンネルが掘り進められており、峠からは南アルプスの主峰をなす北岳、間ノ岳、農鳥岳の雄大な山容と、鳳凰三山のまだ誰も登った者はいないという地蔵岳の尖峰が見えました。峠を下りた駒飼の村で、ウェストンさんはしっかりした馬車とよい馬と気立てのいい御者という、珍らしく三拍子揃った馬車にめぐり合い楽々と勝沼に着いたのです。そこからは鉄道馬車で甲府の町に入りました。

甲府では米倉という古い旅館の大変よい部屋に泊まり、夕食は以前に来た時と同じように近くのレストランからチキンカツレツとおいしいジャム付きのパンケーキを取り寄せてもらいました。ところが蚊が多かったにしろ旅館は本当によい雰囲気だったのに、到着した絹商人の一団がそれをぶち壊してしまうのです。彼らの騒々しく横柄な態度は、宿の人の礼儀正しい控え目な態度とは対照的で、ウェストンさんは大変に不愉快な思いをさせられます。

三一九三メートルの北岳は、富士山に次いで二番目に高い山で、この地方では甲斐が根と呼ばれ、信州と甲州の交通を妨げる障壁をなしていました。甲府から約二〇キロの芦安村が北岳に至る道の一番奥の人家ということだったので、ウェストンさんは人力車で芦安村に向かい、途中にある有野の駿河屋という小さな美しい宿で早い昼食をとりました。出された食事はおいしく、アヤメやツツジが咲く見事な宿の小庭園は、低く連なる山の向こうにそびえ立つ富士山を借景としていました。

ここで荷担ぎを雇い、ユリやタカネナデシコがはなやかに咲き乱れる御勅使川《みだいがわ》に沿う道を歩いて、峡谷にオーバーハング状に突き出た岩棚にしがみつくようにある芦安の村に着きました。村は遠くから見るとシャレーのような家が点在する絵のように美しい眺めでしたが、中に入ると汚くて強烈な匂いがし、がっかりさせられます。しかし村長のものやわらかな対応は、不快なことをすべて忘れさせてくれました。村長は見知らぬ外国人を古い友人のようにもてなし、宿泊の依頼に快く応じたばかりでなく、分厚い茅で葺いた広い家の、屋敷にあるものは何でも思うように使って差し支えないとまで言ってくれるのです。そしてすぐに三人の猟師を手配してくれて、賃金を一日一円と決めたのです。頑丈な一九歳の正雄という男はすぐれた釣り師で、また清水のおじさんと呼ばれるもう一人は、六一歳のとぼけた冗談で人を笑わせる変わった男でした。さらに、もう一人の清水長吉は、少年がそのまま大人になったような性格の、鋼鉄のような体と猿のような敏捷さをそなえ持つ男でした。

翌朝出発する時、ウェストンさんを見ようと村中の子供たちが集まってきたのです。子供たちは汚いけれどもおとなしく、初めて見る外国人に対する好奇心にあふれる目は野性的にも見えました。沓沢の鎮守の社で登山の安全を祈る案内人の猟師たちの姿を見て、ウェストンさんは一二年前ツェルマットからマッターホルンに向かった時にアルプスのガイドが同じようにしたことを思い出しました。神社の青白い顔の神主はお茶とお菓子を出してくれたのですが、ウェストンさんが差し出した茶代に心から驚き、受け取ってもらうのが大変でした。このような辺ぴな谷間の村は、あまり清潔とはいえず生活水準も低いけれども、日本の魅力の主なものである思いやりと素朴さがあるのです。それは時々目にする、草鞋が街道沿いの田舎家の軒先に吊り下げられ、そこに一銭位の草鞋の代金を入れる竹筒が置いてあるだけ、という光景と同じように、ウェストンさんの心を動かすのでした。

杖立峠に着くと猟師たちは荷を下ろして横になり、あっという間に眠ってしまいました。ここまでの五時間は、深い谷底から刈安峠を越え滑りやすい岩をあえぎ登るというものだったので、この休息は必要なものでした。その後杖立峠から野呂川へ降りるために四時間かかったのは、長老の清水のおじさんが苦しそうだったので何度も休んだからです。岩を這い上がったり、滑って転んだり、グリセードをしたりしてやっと密林を抜け出し、野呂川に出た時は午後五時近くになっていたのです。それからも川を徒渉したり藪を切り開いたり、岩の面を回り沢のつるつるした岩を這い上ったりしているうちに暗くなってきました。それからはウェストンさんのランタンの明かりをたよりに、時には渦巻く流れを腰まで浸かって渡り、岩の上で思いもよらないようなアクロバットを何とかやり遂げたりして、午後八時半に広河原に到着しました。

広河原には木こりや猟師の使う小屋がありました。杉と樺の樹皮でできている奥行六メートル間口二・五メートルくらいの粗末な小屋で、鋸、小刀、砥石、鉄の釜、粗末な敷物一枚とカモシカの皮が置いてあるだけです。やがて小屋の隅でパチパチと松の木が燃え、通りがかりの猟師から買った一〇尾の見事なマスが焼き上がり夕食となりました。かんな屑の中に沢山の蚤がいましたが、ウェストンさんはスリーピングバッグの口を縛り、大きな油紙と蚤取粉でその難をのがれぐっすりと眠ったのです。

次の日は昨日の一四時間の行動でみんな疲れていたので、一日休息することにしました。川には二〇〇グラムもあるヤマメが沢山おり、猟師たちはそれを捕ったり、杓子を作ったりし、ウェストンさんは水を浴びたり、本を読んだり、ものを書いたり、衣類の繕いをしたりして過ごします。野生の木苺もあってここはよい野営地でしたが、さらに耳よりな情報を得ることができました。仙丈ヶ岳と駒ヶ岳の稜線の鞍部に北沢峠があり、そこを通るルートは高遠の町に通じているというのです。『日本旅行案内』にはこのルートのことは書かれていなかったので、ウェストンさんは次回はこの峠を越えてその情報を『日本旅行案内』に投稿しようと思ったのです。

翌日清水長吉に時計を預けて、午前四時に起こしてくれるように頼んでいたのですが、起こされたのは午前二時四五分でした。長吉は時計の見方がよく分からず、早くこの仕事を済ませ時計を返して安心したかったようです。おかげで暁光が射す頃には出発の準備ができていました。

北岳登行はどれだけ時間がかかるか分からず、非常にきびしく困難なものと予想されたので、体力的に無理だと思われた清水のおじさんは残ることになりました。午前四時四五分、できるだけ荷を軽くして出発します。やがて見えてきた樺の木の壮大な森林に切れ込んでいる大樺谷は、めざす北岳の東面の岩壁に続いているので、その雪渓と岩壁を登ることができるのかとウェストンさんが聞いてみると、正雄と長吉は笑いながら「翼でもなければ不可能です」と言うのです。

森の中をひたすら登り、標高二〇〇〇メートルの地点で腐って壊れた小さな祠を見付けた時みんなはほっとしました。この祠は村長の名取運一の父名取直江が、三〇年位前の干ばつの時雨乞いのために建立したものです。彼は村人の代表としてここまで登って来たのでした。祠のあるところから先は、ぎっしりともつれ合った薮と、倒れ朽ちた幹まわりが二〜三メートルもある樺を切り開いて進む、悪戦苦闘の数時間でした。最後の難関は這松のベルト地帯で、くぐるには低すぎ、跨ぐには高すぎる密生した這松の上を伝い、ようやく北稜の岩に出たのです。新鮮でのびのびした大気につつまれている感じが心地よく、ここで昼食をとりました。

それからこの北稜の急峻に山頂へとせり上がる岩壁の下を南に進路を変え、色とりどりの高山植物、とりわけ荘厳なミヤマオダマキ、明るくかわいらしいミヤマキンバイが沢山咲いている岩稜をたどり、午前一一時に山頂に着いたのです。

頂上にはケルンに囲まれた小さな壊れた祠があり、奉納した猟師の名を彫った木剣がありました。この猟師が村長の父の名取直江です。日本の登山史では北岳初登頂者は一八七一(明治四)年の芦安村の行者名取直江となっています。その後、山頂で一七五九(宝暦九)年奉納された鉄片が見付かります。また『甲斐国史』に頂上に日の神を祀ったという記載があるので、北岳は古くからの信仰の山であったことが分かります。名取直江の開山が、行者によってなされた最後の開山でした。

夏山は午前九時か一〇時までに着かなければ霧にはばまれることが多く、ウェストンさんが期待していた壮大な展望を得ることができなかったので、三〇分で山頂を後にして登路と同じ北尾根を下り始めます。三〇分ほど下ったところで猟師たちは這松の間に姿を見せたライチョウの群れを見付け、夢中で追いかけました。ウェストンさんも銃を借りて三羽仕留め、六羽を食糧に追加したまではよかったのですが、稜線に戻らないうちに濃い霧が出てきて、帰路の目標のすべてを隠してしまいました。コンパスを頼りに北尾根の西斜面をかなり下りてから、道を間違えたことに気付き長吉と正雄は生気を失いうつむいてしまいました。それまでは陽気で元気であったのに、濃霧で迷った道の修正の手がかりさえつかめず途方にくれてしまったのです。そこでウェストンさんが先頭に立ちました。

しばらく行って気が付くと、一行は大樺谷の上の六〇〇メートルの岩壁を下ろうとしていました。傾斜のゆるやかなところに向かって斜めに横切りますが、この困難なルートで長吉と正雄は元気をとりもどし猿のように身軽く動けるようになり、四時間かかって、はるか下方に雪渓が見える少し傾斜がゆるやかなところに着いたのです。現在地を把握して、正雄のこわばった顔に笑みが浮かび、長吉は安堵の叫び声をあげるのでした。ここまでひどい緊張続きだったので、一行はすぐに腰を下ろし食糧をお腹いっぱいに詰め込みました。

ウェストンさんは岩場では鋲靴に草鞋を履くのが最良であることを再認識させられましたが、雪渓に出れば自分の履物の方が有利であると、グリセードを楽しみ谷を下るのでした。しかし雪渓が終わり大きな岩がごろごろしているところを歩いていると、ルートの不安が消えたためか急に疲れが出て、自分たちはもう一四時間も苦労して歩き続けているのだと泣き言の一つも言いたくなるのでした。

谷の奥には夕闇がせまっています。刺のある茂みやもつれ合う蔓の中を、もがいたりつまずいたり高巻きしたり、谷川を石から石へと飛んだりして行くうちに辺りはますます暗くなり、これ以上行くのは危険になってきたのです。広河原で待っている清水のおじさんを安心させるために、正雄にランタンを持たせて先に行かせ、ウェストンさんと長吉は大きな岩のくさび状の割れ目の下でビバークすることになりました。

長吉はハンノキの枝で風よけを作って松の木に火を点け、気持ちよく燃え上がった火でウェストンさんがビスケットの空き缶でココアを作っている間に、木の葉を分厚く重ねたベッドを用意しました。やがて空に星がまたたきはじめ、鳳凰山の鋸状の稜線から月がのぼり、まばゆいばかりに輝いて大渓谷をゆっくりと渡って行きました。ウェストンさんはその後も何度か長吉とビバークを共にしましたが、大樺谷の静寂の中で、二人だけで過ごしたこの夜ほど深い仲間意識を感じたことはなかったということです。

翌朝七時に行動を始め、やっとの思いで密林を抜け、川を渡り懐かしの小屋にたどり着くと、心配して待っていた清水のおじさんは大そう喜びました。おじさんは今回の登山に何の役にも立たなかったことになりますが、ユーモアがあって人柄に愛すべきところがあったのでしょう。ウェストンさんは少しも悪く思っていませんでした。その日は休養日にして、ウェストンさんはロンドンの週刊誌『スペクテーター』を、どこで読むよりも熱心にむさぼり読むのでした。翌日の午前五時、なごり惜しい思いで小屋を出て、一一時間歩いて芦安村に戻ります。そこは相変わらず未開の村で汚くすさまじい匂いがしていましたが、村長と家族の歓迎で小さな欠点は問題にならなくなりました。

名取村長の家の前で、夫妻とかわいらしい五人の子供たちの写真を撮り、去りがたい思いで芦安を後にします。そこから富士川下りの河港の鰍沢に向かって、何の変化もない二二キロの道を歩きながら、ウェストンさんは北岳の冷たい湧き水や光り輝く雪の中をなつかしく思い出すのでした。

長吉と正雄が付いてきて、一緒に鰍沢のにぎやかな宿に泊まりましたが、暑く不快な匂いがする上に、蚤と蚊といういつもの試練に加え、隣室の取引上の口論が延々と午前三時まで続きうるさくて眠れません。口論の中心はしゃがれ声の嫌な感じの女性で、全くみじめな一夜をすごしたのでした。翌朝午前四時に舟着場に行き、東海道の岩淵まで貸切りの舟賃五円を払い舟に乗り込みます。長吉と正雄が何度も船頭にくれぐれもよろしくと頼んでいる姿を見ると、ウェストンさんはその心配りが胸に染み別れが本当に淋しく思われるのでした。

一九〇三（明治三六）年の山行

その年の冬、青森県南部が三〇年ぶりの大飢饉に襲われ、食べ物が尽きてしまった人々が大勢出ました。前年の夏の気温が上がらなかった上に、雨続きで大凶作となったところに、冬が暖かく焼いた炭が売れないという事態が重なったためです。このニュースが報道されると、居留外国人はすぐに救援活動に立ち上がり、ウェストン夫人も一〇〇円の寄附をしました。現地救援隊にウェストンさんが選ばれ、パロットさんと共に青森に向かいました。県知事や郡長と相談の上、最初は比較的被害の少ない地方で調達した粟や味噌などを配り、横浜から救援物資が届くと、本当に危機に瀕している村々を回りました。深い雪やぬかるむ道の通行は困難きわまるもので、その悲惨さも言語に絶するものでした。募金は二万三千円も集まり、効果的な救援をするためにウェストンさんが提言した通りに、外米一千石、味噌一万貫、毛布一千三〇〇枚の救援物資が送られて来ました。それが実情に添って公平に分配されるのを見届け、救援隊は三月八日に任務を終了します。二月一七日から一九日間の滞在で、役所が正しく機能し、救援が誠実に行われていることを知って、ウェストンさんたちは安心して帰ることができたのです

その任務を果たした後の五月、南アルプスの山裾を流れる早川渓谷を探訪し、

八月には甲斐駒ヶ岳に登ります。

・春の早川渓谷

早川は南アルプスと鳳凰山系の間を流れる川で、上流では野呂川と呼ばれ、間ノ岳の麓あたりから早川と名を変え身延山の山裾をまわり富士川に合流します。現在は南アルプス街道という自動車道が、身延町から広河原までほぼ川に沿って通っています。当時早川渓谷はまだ西洋文明の及んでいない僻地でした。一八八一（明治一四）年にバジル・ホール・チェンバレン教授が見延から入り、古語を採集して奈良田峠を越えて芦安に出ており、アーネスト・サトウも奈良田から農鳥岳と間ノ岳に登ったことを『日本旅行案内』に記しています。

五月になってウェストンさんは友人のジョン・ケリウェイさんと、芦安からこの渓谷をたどる旅に出発します。中央線は笹子トンネルが完成し、甲府まで汽車で行くことができるようになっていました。甲府で清水長吉が出迎え、有野の宿で昼食をとりました。宿の庭にはピンクと白のツツジが咲いて藤棚のフジがよい香りをただよわせ、夏におとらぬ見事さでした。芦安には新築の役場が建ち、村長が経営する店屋ができていました。その日は村長宅に泊めてもらいます。翌日奈良田峠に向かう道すがらに、企業心旺盛な村長が建てた岩見温泉という浴場がありました。この温泉は高い断崖から出ている鉄分を含んだ湯を竹で導き、薪を焚いて熱くするもので、近隣の村の年寄りが保養に来るということです。

奈良田峠へのジグザグ道は急峻で、ウェストンさんが息を乱してやっとの思いで上っていると、すぐ下で人の声が聞こえ、やがて炭俵、厚板、下駄用の木片などを担いだ一〇人ほどの少女たちの姿が見えたのです。ウェストンさんが峠に着くと、今度は行く手の坂の下から重い荷を担いであえぎながら登ってくる別の一団が見え、そのうちの一人が一六歳位の病気ではないかと思われるような感じの女の子だったので、ウェストンさんは坂を下りて行って彼女の荷を背負ってあげました。腰を下ろして重い大きな荷を担いで立ち上がるのにも、険しい山道を上るのにも力だけではなくコツが要ります。ウェストンさんはこんなか弱い栄養不足の少女に、この仕事はあまりにも重労働すぎると思うのでした。

峠を下りたところに炭焼き小屋があり、昨年の北岳登山に同行した正雄が働いていました。そこで昼食の休憩をして奈良田に向かいます。道の踏み跡は地滑りのためほとんど消えており、奔流の滑りやすい岩を何度も渡るのには鋲靴は役に立たないどころか、かえって不便でした。一番大きく急な地滑り跡を横切るところにはロープ代わりの大きな蔓があり、それをつかんで安心して通れるようになっていました。

そしてこれまでたどってきた支流から早川本流の河床に下りると、あたりの風景は完全に変わり、これまでの苦労を補って余りある美しい眺めになったのです。垂直に切り立った岩壁の下を早川という名の通りの清冽な流れが走っており、ウェストンさんは長吉のがっしりした背中に乗ってその流れを渡ります。さらに長吉は八〇キロもあるケナウェイさんを背負い、腰まで水に漬かって陽気に石から石へと斜め伝いに一五〇メートルも渡るのです。その長吉の技は見事で、対岸から見ていたウェストンさんに称賛されると嬉しそうでした。その下流にある吊橋は、鉄線と蔓をからみ合わせたものに、幅三〇センチばかりの板を並べ、板から一メートル位の高さのところに針金の手すりを付けて、急流の二五メートル上空をゆらゆら揺れているというものです。渡ると前後左右に揺れるので、一人ずつ渡るのが一番よい方法でした。

芦安から八時間もかかって着いた奈良田では、最古老でさえ外国人を見るのはこれまでに三、四回あるかないかとのことで、村長の小さな家の縁側でお茶を入れているウェストンさんたちを村人たちが珍しがって取り巻くのです。チェンバレン教授やアーネスト・サトウが来た時から二〇年以上もたっていましたが、人々はあまり変っていないようで、身なりのよくない人々が、ウェストンさんたちの挙動や持ち物をじっくりと眺め、その中の知ったかぶりはカメラを望遠鏡と言うのでした。アーネスト・サトウはここで雇った三人の案内人の態度が悪く、排他的で二泊三日の山行の間さんざんな目に遭ったと『日本旅行日記』でこぼしています。

奈良田の神社の近くから鰍沢や甲府に行く道があり、奈良田峠を越える労をいとう者はこの道をたどるということでした。宿は奈良田から一時間ほど行った、峡谷の左岸の高いところにある素朴な温泉場で、ウェストンさんたちはこの宿に泊まる初めての外国人でした。主人にとっても大きな湯舟に浸かっておしゃべりをしている男女の湯治客にとっても、ウェストンさんたちは限りない好奇心の対象となったのでした。そこはこのあたりの温泉場でも最低のクラスで、きしむ階段を上ったところにある最高の部屋といっても、布団は汚く、ふすまは古ぼけ、湿ったしっくい壁には変色した掛軸がかかり、ぼろぼろの障子には風雨が吹き付けているという、どれを見ても心が沈むものばかりでした。しかし「嵐の時はどんな港でもよい」と思い直し、ウェストンさんたちは二〇人ほどの老若男女に交って硫黄くさい温泉に浸かり、釣り師から一尾八銭で買った一〇尾のマス、皿に盛った卵、持参したベーコンとたっぷりのココアで夕食をしたためたのです。そして幸いに蚤はいなかったので土砂降りの雨と隙間風が吹き込む部屋でぐっすりと眠ることができました。

翌日は天気が悪く、午前一〇時半にようやく出発することができました。道は河床へ下ったり五〇〇メートル位の山を上ったりです。この早川谷中で一番素晴らしい景色は、新倉のロマンティックな峡谷に架かっている長さ六〇メートル位の吊橋でした。もっと下流に長さがこの二倍以上ある吊橋がありましたが、それを渡るには幅の狭い板が雨に濡れて滑りやすく、鋲靴では危険なものでした。

山は次第に遠のいて、コウゾやタバコの畑が現われ、五時四五分に保村に着きました。宿はよい宿屋でしたが、宿賃がそれまでの三倍に跳ね上がり、とうとう文明社会に入ったことを知らされました。数年前に横浜に住むドイツ人のパーティが富士川からここに来てとった行動は、誰もがあきれる位にひどく、宿の主人がどんな金額の請求書を突き付けたとしても当然と思われるものだったと言います。それがどんな行動だったかウェストンさんは具体的に記していませんが、西洋人本位のわがままを押し通した、日本の文化を無視したものであったと思われ、このような文明の暴力は、後で来るものまでもひどく傷つけることになるとウェストンさんは思うのでした。

翌日、ウェストンさんたちは、しばらく行って以前ドイツ人たちの辿ったルートを離れ、変化に富んだ美しい景色の中を富士川まで歩きます。小原島の先で谷は開け、最後の二〇〇メートルほどの吊橋をドキドキしながら渡って、早川渓谷を辿る旅は終わったのです。

次の日の明け方、ケナウェイさんは富士川下りの舟旅に出発しました。ウェストンさんは長吉と精進湖に向かい、湖に突き出た岬にある外国人用ホテルで静かに週末の休息をとり、精進湖の氷窟を長吉と一本のロープと松明をたよりに探検して、旅の名残を惜しんだのでした。

吉田から一頭立ての鉄道馬車で御殿場まで出ますが、鉄道馬車の道中が愉快だったようで、ウェストンさんの辺境の山岳地帯域から去るという淋しい気持ちが明るくなったといいます。車掌は下り優先の権利をフルに活用し、上ってくる馬車は持ち上げてレールから外して待避させ、ある時は乗客を互いの馬車に乗り換えさせて待避の問題を解決し、またある時は、貨物馬車の馬を放して自分が車の屋根に乗って意気揚々と待避線まで車を走り下ろしたりしたというのです。

・甲斐駒ヶ岳

八月半ばになってウェストンさんは甲斐駒ヶ岳へと出発します。甲府からの方が近いのに軽井沢から塩尻に行ったのは、夫人と浅間山に登ったりして八月の前半を軽井沢で過ごしていたからのようです。塩尻まで迎えに出てきた長吉と二人、重い荷を背負って日盛りの道を歩き上諏訪で泊まります。ぼたん屋という宿は感じがよく親切で丁重である上に、まだ一〇代にもなっていない二人の男の子の礼儀正しいのがウェストンさんには殊の外うれしく思われました。

甲州街道の茅野あたりは、もう少しで鉄道が開通〈一九〇五〈明治三八〉年、中央線富士見駅と岡谷駅間が開通〉する気配があり、所々で谷の様子が変わっていました。富士見峠からは眼下に広がる釜無川の谷と、甲府盆地を取り巻く山々の上に空高く浮かぶ富士山が見えました。正午過ぎに台ヶ原に着き、竹屋という感じのよい宿に入りますが、特別客用の部屋は風通しが悪く、嫌な匂いがします。宿賃はそれほど高いわけではなかったけれども辺ぴな宿の二倍でした。最近日本人のガイドを連れた外国人の一団がここを通ったといい、その外国人が高い宿賃を払ったのでしょう。やって来た西洋文明がすべてを変えてしまうのでした。

芦安からは長吉の息子の熊次郎とその友人が合流し、従者は三人になって甲斐駒ヶ岳に向かいます。

甲斐駒ヶ岳の開山は一八一六〈文化一三〉年、茅野の延命行者、小尾権三郎が黒戸尾根ルートを開いたといわれています。また信濃の弘幡行者によるとの説もありますが、いずれにしても信仰登山が盛んな山でした。登山を目的とした登頂は一八八一〈明治一四〉年に高橋白山、伊藤瀬平の二氏による記録があり、一八八二〈明治一五〉年には三角点選定の測量登山も行われています。

戸台から五時間歩いて小さな休憩小屋に着くと、物腰のおだやかな魅力的な老婦人が出迎えてくれ、気持ちよくくつろげるようにできるだけのことをしてくれました。そこは一八八四(明治一七)年に修験行者の植松嘉衛が建てた五合目の山小屋で、駒ヶ岳神社の宿坊となっていたようです。屏風岩という、巨大な岩塔群が立つ大尾根そのものが神社の御神体で、険しい岩場にははしごと鎖が取り付けてありました。ウェストンさんがそこを登って行くと、東京の牛込から先達に連れられて来たという登拝者の一行が、不思議な呪文を唱え九字御身法という指ねじりを行っていました。

翌朝ウェストンさんは澄んだ大気の中を二時間登って甲斐駒ヶ岳の頂上に着きます。そしてそこからの展望のあまりの素晴らしさに感動し、もう一日をこの風景の中で過ごすことにしたのです。頂上から少し下った七丈というところには、氷のように冷たく透明な泉があり、その周りによい香りのするさまざまな色の高山植物がカーペットのように咲き広がっていました。ウェストンさんは二本の松の木に携帯用のハンモックを吊り、松の大枝を屋根にしてその下で眠りました。翌日、日の出前の静かな大気の中で目を覚まし、周りの景色を見ると、鳳凰山や仙丈ヶ岳の間に立ち込めた雲海の縁が金色に染まって王冠の形になり、さらに堂々とした船の形になり、最後には鋸歯状の山稜が現れて来るのです。その間に空は、真珠のピンクの淡い筋をつけながら、黒からパープル、サフラン、グリーン、ブルーへとゆっくり移ろっていき、富士は鳳凰山の紫の肩の上に雲のように浮かんでいます。ウェストンさんは、すべての光景が太陽の生命と光と暖かさの中で目覚めていくのを見ていると、日本人の日の出に対する素朴な崇拝が当然のこととして受け入れられる気がするのでした。

軽井沢に戻るウェストンさんは、信州側に下ることにして鋸岳近くまで北尾根をトラバースし、断層に達すると文字通り鋸歯状の尾根を右に見て、とてつもなく急峻な斜面を下りました。正午を過ぎて間もなく戸台川に達すると、岩棚に風雨にさらされた簡素な祠がありました。見るとそばに置かれた小さな行李に、今下りて来た絶壁の下で数年前に見つかったという頭蓋骨と若干の骨が入っていたのです。

三つの巨石と地蔵様に奉納された石が一つある、信州と甲州の境に着いたのは午後四時でした。それから水で丸くなった石の間を歩いて、たそがれの光もうすれてきた頃、やっと前方に二つの茅葺き屋根が見えました。ウェストンさんはそこでようやく休むことができると思ったのですが、家にたった一人いた少女は、どんな条件で頼んでもウェストンさん一行の宿泊の依頼を断るのです。外国人と屈強な男三人に宿を貸すのを嫌がるのは、少女の身としては当然のことだと思われますが、ウェストンさんはがっかりしてしまいます。やっとの思いでさらに一時間歩いて行き、黒川の村のはずれで出会った農夫に宿を頼んでみると、何とかやり繰りして泊めてあげようと言ってくれました。今はお蚕のシーズンで客をもてなす部屋も暇もないと言いながらも、風通しのよい大きな蔵を提供してくれます。蚊が一匹と蚤が沢山いたけれども、これで不平不満を言ったら罰が当たるとウェストンさんは思ったのでした。

翌朝は長吉の息子とその友人が別れの挨拶に来て起こされます。二人はここから芦安に帰るので早く発って行き、蔵の外で身じまいをするウェストンさんを集まって来た村の子供たちに珍し気に見ていました。

農夫の家を出ると、道はやがて黒川をはなれ三峰川に沿っていきます。この道は赤石岳に登った時に通った道なので、気心の知れた長吉と楽しく歩いて三時間で高遠の町に着きました。そこから権兵衛街道に入りしばらく天竜川沿いに歩いて行き、低い山裾を越えたところが塩尻の町でした。ウェストンさんはそこで長吉と別れ、汽車で軽井沢に戻りこの夏の登山を終えたのです。

一方、この夏北アルプスでは山林局による森林境界査定が行われ、嘉門次も従事しました。測量によって山林局の管轄を決める作業で、嘉門次がかかわったのは一九〇三(明治三六)年の焼岳から唐沢岳までの測量登山でした。その翌年の槍ヶ岳から穂高岳までの測量作業には飛騨側の人々が従事し、焼岳から槍ヶ岳まで、山林局による調査縦走が成し遂げられました。

一九〇四（明治三七）年の山行

ウェストンさんはこの夏も南アルプスに入り、鳳凰山から昨年もキャンプした広河原に下り、別ルートで北岳に登頂し、間ノ岳まで足をのばします。広河原から仙丈ヶ岳に登頂し北沢峠を越えて信州側に出ると、昨年と同じ道をたどり、松本に泊まり横浜に帰ります。この時はまだ分かっていなかったようですが、この山行が二度目の来日時の最後の山行となりました。

・鳳凰山

この夏ウェストンさんが登山を計画した鳳凰山は、地蔵ヶ岳、観音岳、薬師岳の総称で、鳳凰三山は奈良時代から平安初期にかけて開山されました。七七二（宝亀三）年に堂宇が建立され、三峰すべてに大日如来、観世音菩薩、薬師如来が祀られ、その中には行基の作と言われる三体の仏像があったと言われています。近年の調査で開山当時のものと思われる古銭、剣、その他の物品が発見されましたが、堂宇も仏像も跡を留めていませんでした。

甲府に着いたウェストンさんは、長吉が参謀本部の測量に徴用されているというので、息子の熊治郎と親戚の清水弥十郎とトラジロウの出迎えを受けます。甲府は大雨のため町の一部が浸水し、橋も壊れていたので、甲府より下流で釜無川を渡り、鳩打峠を越えるルートで芦安に向かいました。途中の高尾の村では、男たちは神社で祭りをしており、畑や家で仕事をしていた女たちがウェストンさんを見て、初めて見る外国人を祭で鼓を叩いている男たちに見せようとしましたが、ウェストンさんはその前に村を通り過ぎてしまうのです。鳩打峠から増水した沢を下りて、開業したばかりの岩下あるいは岩見という素朴な温泉に泊まりました。宿は実に簡素ですが、そこを預かる老婦人の飾らないきちんとした礼儀正しい振舞いと、親切な心遣いが何にもましてウェストンさんには嬉しく思われたのでした。

翌日ウェストンさんは明け方に起きて出発し、心細い板橋を渡り、芦安からの道に出てソバやキビ、大豆や桑の畑、カラマツやスギの植林地を通る以前通った道を杖立峠に向かいます。途中の清水権現の泉のほとりにはさまざまな野生の苺があり、それを食べて元気を回復したウェストンさんは、この神からの贈り物のような苺が、清水権現への供物だといわれていることが素直に納得できるのでした。

二時間後に杖立峠に着き、小さな祠に大きく枝を広げた木の下で昼食と休憩をとりました。涼しい木陰でおだやかな表情で眠っている同行者の三人の顔を見つめながら、ウェストンさんは、一千年間の自然崇拝のシンボルである省みられなくなってこわれかけた祠と、その前に積まれた測量の三角点として運び上げられた石柱とは、今日本が遭遇している文明開化の象徴であり、二〇世紀の科学がより価値のあるものをこの人々に提供できないのであれば、未来はあまり明るくならないのではないかという懸念を覚えるのでした。

杖立峠から険しい登りになります。それから辻という広い平地をなだらかに下って御室のキャンプ地に着きました。御室には氷のように冷たい湧き水があり、リンネソウ、オダマキ、トウヤクリンドウ、イチヤクソウ、アキノキリンソウ、スカシタゴボウ、ミヤマトリカブトが咲き乱れる中に、一群の荒廃した小屋がありました。この小屋は芦安村と清哲村の人々が建てたもので、互いに土地の所有権を主張して争っていました。しかしどちらの村も小屋の維持と山道の手入れをする労力も経費も出そうとしなかったので、木こり小屋はこのように荒れ果ててしまい、堆積したおが屑が蚤の温床となっていたのです。その小屋でウェストンさんはハンモックを吊って休みましたが、朝になってみると下に寝ていた三人の肌には蚤に食われた跡がたくさんありました。

一行は夜明けに起きて六時過ぎに出発し、険しい斜面を四〇分ほど登り、鳳凰山の方へ走る尾根の最初のピークに着きます。そこにはハンノキと白樺の林の中に目の覚めるようなツツジが咲いていました。それからは楽な登りで、鳳凰山塊の最高峰の観音岳から地蔵岳の方に延びるかすかな踏み跡があり、ハイマツの中にクリーム色のシャクナゲに混じってイワカガミ、エゾシオガマ、タカネグンナイフウロがまだ花を付けていました。観音岳の頂上に昨年立てられた三角点のあたりからは素晴らしい展望が広がり、東は八ヶ岳から富士山まで、西は北岳、間ノ岳、農鳥岳の連峰と仙丈ヶ岳、すぐ前には甲斐駒ヶ岳のピラミッド峰があり、地蔵ヶ岳の尖峰は、今やウェストンさんの目の前に巨大な台座からそびえ立っているのでした。

そこから今まで誰も登頂したことがない地蔵ヶ岳の尖峰に向かって、ウェストンさんは痩せ尾根を下って行きます。鞍部までの間にはホタルブクロ、ヒメシャジン、モミジカラマツ、キバナアツモリソウの花園があり、キバナアツモリソウに溜まった露の中には小さな蝿が死んでいました。

鞍部からは野呂川の深い裂け目の向こうに、北岳の大樺谷上部を埋めて輝く雪渓が見えました。ウェストンさんがその景色に賛嘆の声を上げたちょうどその時、一人がウェストンさんの腕をつかんで一八〇メートルほど離れた岩にいる一頭の見事なカモシカを指さしました。禁猟期であるのに古い先込め銃を持っていた弥十郎が、ガレ場を這い下りてそっと近寄ったのですが、カモシカは静かに立ち上がりゆっくりと去って行きました。しかし猿のように敏捷な熊治郎が銃を弥十郎からひったくり、峡谷を駆け下ったと思うと二発の銃声が絶壁にこだましたのです。気が付けばウェストンさんのもとにはトラジロウが一人残っているだけでした。

何とか登攀をやりとげたいウェストンさんは、トラジロウと地蔵ヶ岳の尖峰が突き立っている基部へと進んで行きました。賽の河原と呼ばれる、大日如来を表す小さな石が置かれているところに来ると、トラジロウはこれ以上は無理だから引き返そうと言い張って動こうとしません。ウェストンさんは一人で狭い岩棚に登り尖峰を見上げました。尖峰はテーブルに巨大な人参をもたれ合わせたかのように、岩棚の上に立っています。ウェストンさんは高い方は大体二二メートル、低い方は三～四メートルと見積り、成功の鍵は低い方の岩の凸面を登ることにあると思いますが、これには助けが必要でした。トラジロウは、幅五〇センチ奥行き三〇センチほどの岩棚で足場を確保するため、足の下にピッケルを押さえ込むことだけはしてくれましたが、それ以上の手助けは拒否します。しかしおかげで足場を得ることができたので、ウェストンさんは石を結び付けた二五メートルのロープを二つの岩が接触しているところをめがけて投げました。しかし何度やってもうまくいかず、石は狭い足場で身をかわすこともできないウェストンさんの背中や肩に落ちて来るのです。それを三〇分ほども繰り返すうち、石がしっかりと岩の接触部に入り込みました。そこからが決戦です。左手にロープを掴み、体を右手の方にできるだけくっつけてカタツムリのようにのろのろと這い上がり、一～二メートル進んでは息をととのえるためにロープで確保しながら、休み休み登って行きますが突き出した岩が行く手を阻み、この先はロープは助けにならない状況になってきました。そこでロープを手放し岩に直に取り付き、勇気を奮い起こして全体重を上部に突き出た岩に預け、何度も蹴ったりしがみついたりしているうちに、指でつかまっていたところに体を引き上げることに成功したのです。

ウェストンさんは最後のアタックのためにもう一度休み、汗びっしょりで息をはずませながら大苦闘の末に岩のトップに達しました。その時の嬉しさは、言葉に言い表せない程だったといいます。やがて低い方の尖峰に立つことができて、ここから最高地点までは比較的容易な仕事でした。登攀ルートはほぼ垂直ながら、ホールドとスタンスがうまくできていて、楽しいクライマックスを迎えます。有名な鳳凰山尖峰は二メートル四方もない岩の台で、ウェストンさんは最初の登頂者としてそこに立ったものの、雲海の中の島にいるようで景色は全く見えませんでした。下降は低い方の尖峰にあった岩の先端にロープを巻き付け、体を確保しながらのごく単純なものでした。

　ウェストンさんの登頂を下から見ていたトラジロウは、無事であったことに心から安堵し、葬式の代わりに祝膳を用意しなくてはと軽口をたたくのでした。しかし二人共その用意がなかったので、あり合わせの物で間に合わせました。鞍部に戻るとカモシカを追って行った二人が帰って来て、熊治郎の広い肩には三〇キロ以上もある五歳位の見事なオスのカモシカがありました。それを年嵩の弥十郎が腹を開いて肝臓を取り出すと煙で燻《いぶ》してうやうやしくウェストンさんに差し出すのです。ココアの準備をしていたウェストンさんが断ると弥十郎はがっかりした様子でした。後になって彼が説明したことによると、肝臓にはすべての動物の特別な力や能力が宿っており、生き血がまだ温かいうちにそれを食べると、その動物の持つ特性が食べた者に与えられるのだということでした。

　小雨が降ってきましたが一行は登頂の成功と思わぬ獲物を得たことで楽しく帰途につき、御室のビバーク地のキャンプファイヤーでカモシカの肉を焼いて満腹になるまで食べ尽くしました。その折にトラジロウは、二人にウェストンさんの尖峰登攀の様子の一部始終を話したのです。驚いたことに、二、三日たってから弥十郎たちは、ウェストンさんに地蔵ヶ岳尖峰の登頂に成功した最初の人として山麓に地蔵堂を建てて神主になったらどうかと提案するのでした。

地蔵堂の神主とは荒唐無稽なようですが、平安初期に始まり明治初期に神仏分離政策がとられるまでの間、日本の宗教の普通の形となっていた本地垂迹思想は、日本の神は仏、菩薩が衆生を救済するために姿を変えたとする神仏同体であり、神号にも権現や大菩薩などが付されていました。しかし一八六八（明治一）年布告の神仏判然令で神仏分離が実施されると、各地で神社と習合していた寺院の廃仏毀釈が行われ、僧侶がにわかに神主になるという一見不可思議なことが多く行われました。しかし、弥十郎たちにとってはまだ地蔵堂の神主は何の矛盾もないものだったのです。ウェストンさんは山では登山者に徹していましたから、彼らはウェストンさんがキリスト教の牧師であることを知る由もなく、そうと知ったら驚いたに違いありません。

・広河原へ

ウェストンさんはこの後間ノ岳にも登ることにしており、北岳から尾根伝いに行けることが分かっていたので、先ず北岳に登るべく御室から一昨年キャンプした広河原へ向かって下り始めます。七時四五分に出発して、道を見付けるのに苦労しつつ辛い歩行を続けました。涼しい森の静けさの中に聞こえるのは小鳥の囀り、ウグイスの歌声、一〇〇〇メートルも下の野呂川の低い瀬音だけです。たくさんの瀬を細い松の木の一本橋を伝って渡りましたが、中でも地獄穴という深い谷を渡った時は勇気がいりました。一番危険なところを渡っている時に蚊の大群に襲われたのです。無事に渡り切ったのですが動顛のあまりその喜びもかすんでしまうほどでした。

しばらく行って一行は峡谷の端の目もくらむような断崖の上に立ちます。断崖に鉱山の入口坑がありました。猟師の話では、それはゴバン沢金鉱山といい、東京の村田という有名なタバコ商の百万長者が昨年試掘したけれどもあまり成功せず、そのうちに戦争という緊急事態が起こったので、事業と資金を他の分野に移してそのままになっているということでした。そこからはピンクのシャクナゲやギンリョウソウモドキのある深い森となり、五時間の苦しい下りを続けてたどり着いた野呂川の奔流の岩壁には真紅のツツジが咲いていました。

ウェストンさんを渡すために、熊治郎が腰まで水に浸かって熟練の技で川を徒渉し、直径六〇センチ高さ一二メートル程もあるヤナギの木を伐り倒し、枝を払い正確に徒渉地点に渡し橋を作りました。それを渡って谷を一時間ほど遡ると、広河原の前に泊まった古い小屋の先に、国有林と民有林の境界点を決める作業のために新しく建てられた小屋があり、ウェストンさんたちはそこで楽しい週末を過ごすことになりました。日曜日の豪華なディナーは、熊治郎が釣ってきた二〇匹のイワナ、マギー製のコンソメ、日本陸軍のビスケット、バター、ハチミツです。陸軍のビスケットは特に上等で、主原料の小麦粉とジャガイモに少々の砂糖とゴマが入っており、ウェストンさんがこれまでに食べたビスケットよりも味がよく長持ちするものだったということでした。

・北岳・間ノ岳

ウェストンさんたちは翌朝七時半に出発し、大樺谷に並行して森の中を急峻にせり上がる岸壁を七五〇メートルほど登り、南に方向を変えて三〇分ばかり進み、正午に大きな池に出ました。池は標高約二六〇〇メートルの開けた場所にあり、突き出した岩の上に池大神を祀る祠が置かれていました。芦安谷の人々は、代表者を出してここで雨乞いをするのだということです。ウェストンさんは素晴らしい眺めが広がるここでキャンプすることにして、熊治郎は池に枝を延ばしているカンバの大木から樹皮を剥ぎ取ったもので、すてきな泊り場をこしらえます。そこへ清水長吉が合流しました。彼は参謀本部の測量員を案内して、北岳、間ノ岳、農鳥岳が連らなる白根三山に登っていましたが、ウェストンさんが広河原に着いたという知らせを受けて下りて来たのです。

北岳への登りは、前に名取村長が清水長吉たちに案内させた、父親の名取直江の開山ルートよりはるかに楽でした。根気よく三時間ほどほとんど直登するとやがて主稜に出ました。その稜線をたどって行くと遂に山頂に到着しました。そこからは、主なすべての山脈と高峰群が見え、古いなじみの山々があちこちから歓迎しているようにウェストンさんに思えるのでした。

間ノ岳はすぐ間近に見えました。間ノ岳へは険しい痩せ尾根から鞍部に下り、二五〇メートル位の高さを一時間半ほどで登って頂上に立つことができました。頂上近くには雪渓も残っていて、帰りにはグリセードを楽しむことができました。

・仙丈ヶ岳

山の天気は変わりやすく、あいにく雨が降り出します。一行は雨の中を池のほとりのビバーク地に下りて一泊します。翌日は日がかんかん輝りつける天気でした。一行は広河原の小屋に戻り、そこでのんびりとした一日を過ごします。三人の若者は、次に登る仙丈ヶ岳へ向かうルートの危ないところに橋を架け、荷物を一部置いてくるために出かけます。ウェストンさんと長吉は釣りをしていると、通りかかった二人の男と少年が挨拶にやってきます。三人は有野からウェストンさんたちがキャンプしたあたりを越えて来て、北岳の北方にある小太郎山まで、花崗岩の三角点の標識を運んで行く途中だということでした。しかし、食べ物を持っていないということだったので釣った魚を少しと陸軍のビスケットをあげると、大変感謝されたのでした。

翌日は六時半に広河原を出発します。よく晴れて明るい気分で、素晴らしい景色の中を行きました。道らしい道はなく、時々腰まで水に漬かって川を渡ったり、石から石へと飛び移ったり、昨日架けられた丸太の橋を渡ったり、のろのろと進むしかありません。この峡谷は日本アルプスで出合ったどの峡谷よりも美しく、エメラルドグリーンの淵にはイワナが棲んでいるのでした。そして進むにつれて前よりももっと美しい淵が次々と現れるのです。しかし峡谷に沢山生えていたこのドロヤナギの森林も、一一年後ウェストンさんの友人が通った時には製紙会社によって伐り尽くされてしまっていたということです。

やがて谷が開け、広河原から休息を入れても五時間ほどで、仙丈ヶ岳の麓のキャンプ地に着きました。野呂川の岸から二〇メートル位離れた標高約二四〇〇メートルのところに、カンバの樹皮で作った粗末な小屋がありました。

翌日そこから四時間で登頂した仙丈ヶ岳は、路が荒れてはいたけれども困難はなく、ウェストンさんにはむしろ退屈な登山でした。しかし高山植物が豊富で種類も多く、ミヤマキンバイがいつものように頂上で迎えてくれました。頂上からの展望は雲にさえぎられて全くきかず、長い間それを楽しみにしていただけに残念でしたが、ウェストンさんはキャンプ地に下りてのんびり週末を過ごすのでした。

・北沢峠

北沢峠は仙丈ヶ岳と甲斐駒ヶ岳のほぼまん中にある峠で、古くからの甲州から信州へ抜ける峠道でした。外国人にはまだ知られておらず、ウェストンさんは前回広河原でこの峠のことを知ってから探索するのを楽しみにしていました。

一行は広河原のキャンプ地から野呂川の左岸を三〇分ほど行き、峠を分水嶺とする北沢との出合いに出ると、北沢を峠の真下までたどります。その間、雨で増水した激流を二〇回も渡らなければなりませんでした。三時間で登り着いた二一九六メートルの北沢峠には、見事なトウヒの森がありコマドリ、ウソ、ルリビタキの声が響いているのでした。

下りは二時間の急峻な下降をして戸台川に出ると、前回の甲斐駒ヶ岳からのルートと同じ道をたどります。ウェストンさんは戸台は何度頼んでも泊めてもらえなかった嫌な思い出があるので、河原の暖かな石に腰を下ろし自分でお茶を沸かすのでした。それから以前親切に歓迎してもらった黒川の村を通って三峰川の広い谷に出て、重い足を引きずりながら高遠にたどり着いた時はすでに夜になっていました。宿では親切にしてもらいますが、爽やかな冷気の高山から下りてきた後では息苦しい暑さがウェストンさんには耐えがたく、田舎の最上の部屋につきものの匂いに蚤まで加わってくつろぐことができませんでした。

次の日の明け方、ここまで一緒に来た若者たちが丁重な挨拶をして帰って行きます。三人は心を込めてよく働いてくれたので、ウェストンさんにはこの別れはつらいものだったようです。特に熊治郎は素晴らしい男で、快活な父親の長吉と共に、ひどく悪い道を通れるようにするために骨を折ったり、激流の中に立ってウェストンさんが丸太橋から踏み外した場合にそなえるなどをしてくれたのです。ウェストンさんはこの親子の仕事ぶりは見ていて実に楽しく、二人は日本の暑い気候の中でも狂わない第一級のピアノ線のようなよさと強靭さを持っていると賞讃しています。

長吉が塩尻まで送って行くことになっていたので、楽天的な気分になったウェストンさんは馬車を雇います。馬車は途中一時間しか休憩しなかったにもかかわらず、高遠から塩尻まで八時間もかかりました。ウェストンさんはのろのろと行く馬車に揺られながら、こんな馬車に乗ったことを後悔しつつも、反面のんびりとした時間を楽しんだのです。

塩尻で長吉と別れ、汽車で松本に向かいました。松本の丸中旅館は、これ以上望めないような素晴らしい部屋と、ミルク、パン、リンゴ、オムレツ、紅茶、ケーキなどのたっぷりの食事が付いて宿代はわずか一円でした。

・夫人の登山

ウェストンさんの妻フランセス夫人は、ヨーロッパ・アルプスの山々やカナディアン・ロッキーを登攀した力量のある登山家ですが、日本の山となると事情が違い、ウェストンさんのように岩の間でのビバークや蚤だらけの木こり小屋に泊まることもできず、この来日時のウェストンさんの南アルプス登山には同行しませんでした。ウェストンさんは北岳に登った後で、芦安村を夫人と共に訪問し村長の家に泊まったと言いますが、アプローチを考えると、北岳登山は断念するしかなかったことでしょう。

フランセス夫人は、一九〇三（明治三六）年には富士山と精進湖の間にある丸山の氷穴鍾乳洞を訪れ、ウェストンさんが長吉と探検した時と同じように、太いロープと松の木を伝って下り、松明の火に浮かぶ鍾乳洞の幻想的な景色を楽しみました。

富士山には二度登りました。一九〇四（明治三七）年に登った時には、白装束の信仰登山者が日の出を拝んでいる横で、帝国気象庁の職員が当時の最新の機器で気象観測を行っているのを見たり、山上に郵便局が設置され、絵葉書が売られているのを見たりしました。夫人は火口壁の周縁をまわり、火口底に下りて記念に石を一つ持ち帰りました。そこで富士山を神体とする浅間神社の奥殿の神主が、夫人を噴火口に下りた最初のヨーロッパ女性と言って登拝クラブの金メダルを贈ったのです。ウェストンさんによると、富士山の最高点の剣ヶ峰に至るナイフエッジの蟻の門渡りを行ったヨーロッパ人は夫妻が最初であったということです。

この他にも浅間山、八ヶ岳、妙高山、戸隠高妻山の剣ヶ峰などに登り、ヨーロッパ人女性としては初登頂という意義はありましたが、夫人の技量からすると足ならし程度にすぎなかったでしょう。フランセス夫人にとっては、本当はもっと本格的な登山もするつもりであったところ急に帰国することになって、登山に関しては不本意なままに日本滞在を終えざるを得なかったということのようです。

・日本山岳会の設立

日本の登山の歴史は修験道の山岳信仰と重なり、奈良、平安時代にまで遡ることができます。世界の山の主な初登頂年表でははっきり記録があり登頂者が分かっているものは、西暦四〇〇年代のシチリア島エトナ山、次は六〇〇年代の役の小角による大峰山、七〇一（大宝一）年の佐伯有頼による立山、七一七（霊亀三・養老一）年の泰澄による白山、七八二（天応二・延暦一）年の勝道による男体山、八五〇（嘉祥三）年の灼然と上仙による石鎚山、八七九（元慶三）年の都良香《みやこのよしか》による富士山となっています。

それからずっと下って詩人のダンテが一三一一年にプラト・アル・サグリオを冬山登山で極め、一四九二年に登頂不可能とされていたモンテ・ギューユを、アントワーヌ・ド・ビューユが初めてザイルを用いて登頂し、一五一一年にはレオナルド・ダ・ヴィンチがモンボソ（三五〇〇メートル）に登頂し、一五五五年登山が趣味の植物学者ゲスナーがピラトウスに登頂しています。ここまでは単発的な登山で社会に変化をもたらすことはありませんでしたが、一七八六年、シャモニーの医師ミッシェル・ガブリエル・パッカールと水晶取りの案内人ジャック・バルマがモンブラン（四八〇七メートル）を登頂したことが衝撃を与え、アルピニズムが勃興しました。

日本では江戸期に多くの山が新たに開山され、登拝登山をする登山人口は世界に類を見ないほどでしたが、一八二八〔文政一一〕年の播隆による槍ヶ岳開山後は、社会構造が変わったこともあり、一八七一〔明治四〕年名取直江の北岳開山が宗教的開山の最後となりました。代わって御雇外国人達が日本の山を登ってアルピニズムを実践し始め、講による宗教登山は盛んながらも、日本人による純粋な登山の出現は、志賀重昂《しげたか》の影響によるものでした。

志賀重昂は札幌農学校で新渡戸稲造、内村鑑三の同期でしたが、キリスト教には同化せず、日本人の本質は日本の自然と緊密に結び付いているという観点から、西洋化に急進するのではなく、日本にあるものを見直すことを主張した『日本風景論』を著しました。この本には、科学的な思考と自然や風景への情緒的な崇拝という相反するものが共存していますが、一八七七〔明治一〇〕年の出版以来、一〇年ほどで一五版を重ねるほど人々を魅了するものを持っていました。その中の「登山の気風を興作すべし」という項目には、実際に山に登ることの重要性とその方法が書かれており、若い人たちの熱狂的な登山熱、旅行熱をあおり、日本に信仰登拝以外の登山者が出現するきっかけを作りました。

この項を暗記するほど繰り返し読んだという日本山岳会創立者の一人である小島烏水は、一八九九〔明治三二〕年浅間山で初めての登山を体験しての帰り道、上田と松本の浅間温泉の間にある稲倉峠から見た山々にあこがれを持ちました。翌年一〇月、小島が友人の岡野金次郎と高山から平湯経由で乗鞍岳に登ると、山頂で突然霧が晴れ、天を突く槍ヶ岳が姿を現します。それは岡野が「私の人生における最初の、そして最大の感激のクライマックスであった」と後に記したほどの劇的な遭遇でした。二人がその次の年に槍ヶ岳をめざしたことは言うまでもありません。

当時の登山は、西洋人たちと違い旅行案内書もなく、刊行されていた二〇万分の一の地図は情報を集めて作られたものにすぎず、地形も分からずほとんど手探り状態でした。小島と岡野は、高山に住んでいた友人がすすめてくれた白骨温泉に行き、そこから槍ヶ岳に登ることになります。沢渡から霞沢を登り徳本峠の下に出て、それからはウェストンさんと同じ道をたどって登頂しました。一九〇二（明治三五）年八月一五日のことです。

岡野は横浜スタンダード石油会社に勤めており、槍ヶ岳から戻って間もないある日、支配人から一冊の本を見せてもらい、その中に槍ヶ岳の写真があるのに驚き、読んでみるとウェストンさんが槍ヶ岳に登ったことが書いてありました。岡野はすぐに『日本アルプスの登山と探検』を買ったことでしょう。小島が調べてみると、ウェストンさんが横浜に住んでいることが分かったのですぐに連絡をとります。ウェストンさんから面会日を指定し、その日の夜に公会堂で「日本アルプスの登山と探検」という題で講演するので切符を同封する、という好意的な返信がありました。小島と岡野の二人が山手居留地二一九番地のウェストンさん宅を訪問すると、ウェストンさんは待ち兼ねていて、夜の講演に是非来るようにと熱心に誘ってくれたのです。その夜、英国大使の司会で始まった講演会には岡野が一人で出席しました。

ウェストンさんはその時、帰国を目前にしていました。母親の病が篤いということが理由であったようですが、移転新築に心血を注いだ聖アンドレ教会の献堂を挙げて間もない三月二五日に帰国するというあわただしい中、ウェストンさんは岡野と小島を横浜オリエンタル・パレス・ホテルのお茶の会に招きます。ウェストンさんはそこで英国の山岳会アルパイン・クラブについて語り、日本にも山岳会を設立するようにすすめるのです。ウェストンさんは、登山は道徳的、知的、精神的能力を高め、そして他のどんなスポーツよりも変化に富み、感動の場をあたえ、人と人を緊密にして助け合うことや自信を持つことの大切さを教えてくれる、という理念を持っていました。その理念は日本の若者たちにも良い結果をもたらすに違いないと思い、二人に日本の登山の未来を託したのです。そして帰国するとすぐにアルパイン・クラブの会則や会員名簿を送り、山岳会の設立を強くうながしました。

しかし、当時はまだ山岳会を設立するまでの機運が生まれるには至っておらず、アーネスト・サトウの子息の武田久吉《ひさよし》が結成していた日本博物同志会の支部として、山岳会を作ることになります。一九〇五（明治三八）年一〇月一四日、日本博物同志会の会員四名と小島烏水、城数馬、高頭式《たかとうしょく》の七名が発起人となって山岳会が発足しました。

小島烏水が書いた山岳会設立趣意書には、「文学、芸術、科学方面の研究、山小屋を作ること、登路を拓くことなど、いろいろ可能なことがある。これは自分たちの国土をしっかりと見つめ、新しい方向をめざす国民的な事業である」とうたわれていました。初めは同好の士が一〇〇人も集まればよい方だと思われていましたが、たちまち百数十名の会員が集まり、設立者たちは驚きのあまり茫然としたといいます。志賀重昂の『日本風景論』を読んだ人たちにとって、山岳会の設立は切望されていたものだったのです。五年後、山岳会は独立し、名称を日本山岳会と改め、機関誌『山岳』を発行し年を追うごとに知名度も会員数も増していきます。

第四章

英国でのウェストン夫妻と最後の来日

ウェストンさんの母親はウェストンさんが帰国して二カ月後に亡くなります。長く患っていたので仕方のないことでしたが、その次の年にはウェストンさんが一番親しくしていた長兄が、あっという間に亡くなるという不慮の出来事が起きるのです。

ロンドンに戻ったウェストンさんは、二度目の来日中に聖アンドレ教会の新築移転をなしとげ、また青森の飢饉救援活動での真摯な働きぶりなどが高い評価を得たようで、カンタベリー系小教区の有録牧師という地位が与えられます。有録牧師は、管轄する教会の不動産収入や寄付金などの相当部分を収受することができるという、教会運営でしかるべき報酬が得られる恵まれた地位の聖職です。二人の副牧師が付けられ、庭付きの家が提供されて、夫妻は快適な生活をしていました。しかしウェストンさんは、一時帰国していたバジル・ホール・チェンバレン教授への手紙に、「時々私も妻も日本を思い出してホームシックにかかります。いつか日本に行ってこれを治さなければなりません」とあるように、あわただしく離れて来てしまった日本に心を残していたのです。

この時チェンバレン教授は、杉浦藤四郎を英国の大学に留学させるために一時帰国していました。藤四郎は一九〇九（明治四二）年の数カ月の間、英国のウェストンさんの家で家族の一員として暮らしたこともあります。

生涯独身であったチェンバレン教授は、日本で息子のように世話をしていた藤四郎に、オックスフォード大学で地理学、ロンドン大学で経済学を学ばせました。藤四郎は帰国後実業家になり、郷里の岡崎の師範学校(後の愛知教育大学)設立に力を注ぎ、贈られたチェンバレン教授に関する膨大な書簡や貴重な文献を整理して、師範学校に寄贈しています。

チェンバレン教授は、帝国大学教授をやめた後は、日本アジア協会の会長などをつとめ、著述や講演などをして、一九一一(明治四四)年まで日本に滞在し、以後は一九三五(昭和一〇)年に亡くなるまでジュネーヴに居住しました。

その頃のウェストン夫妻のことを知る手がかりが、寺田寅彦から師の夏目漱石に宛てた、一九一〇(明治四三)年一〇月付けの手紙の一節にあります。「モンブランを見に行ってシャモニーに下る途中、小さな宿の前を通りかかったら、後から追いかけてきた人に、お前は日本人ではないか、と聞かれたのでそうだと答えると、私は英人のウェストンという者で日本に八年間もいてあらゆる高山に登り、富士山には六回登ったと話し、その細君は宿屋の前の草原で靴下を編んでいました」。あいにく寺田寅彦は山にも日本山岳会にも縁がなく、二人の間での会話は盛り上がらずウェストンさんをがっかりさせたことでしょう。

ウェストン夫妻がスイス・アルプスを訪れると、そこにはすでに近藤茂吉、辻村伊助、加賀政太郎などの日本人登山家の足跡がありました。夫妻はガイド兼哲人兼友人という案内人にめぐり合い、八月中頃から一カ月ほど心ゆくまで登山を楽しみます。フランセス夫人の登攀の技量にはガイドも舌を巻くほどだったようです。ヨーロッパ・アルプスといえどもガイドの力量はみな一流というわけではありません。一方山小屋でのマナーの悪い人もおり、登山者全員が紳士のスポーツにふさわしい振舞いをしているとは限らないという現実もあったようです。

ウェストン夫妻は一九〇五(明治三八)年に帰国してからロンドン日本協会に入り、ロンドンに住む日本人と交流をしていましたが、いまだくすぶる日本への心残りを絶つため、再度日本に行く決心をして一九一一(明治四四)年日本に向かうのでした。

一九一一（明治四四）年のウェストン夫妻の再来日と妙義山筆岩

ウェストンさんにとっては三度目の来日で、今回は山の手の居留地に一八六三（文久三）年に建立された横浜クライスト・チャーチに配属されることになりました。

日本滞在をこれで最後にしようと決めていた夫妻は、早速妙義山に向かいます。妙義山は軽井沢へ行き来する時に目に入る、浸食作用による奇岩怪峰が連らなる山で、多くの西洋人がここで岩登りを楽しんでいました。ウェストンさんも以前にいくつかの岩に登りましたが、筆岩にはいつも東側のルートをとり、旅行案内に高難度で危険と書かれているルートからは登ったことがありませんでした。そのルートは頂上近くで難しい登攀が強いられ、これまで三組の登山者が挑戦しましたが成功した者はいませんでした。ウェストンさんは根本清蔵だけが希望に添うことができる登攀の案内人と聞き、彼を雇いました。そのルートは、右側からジグザグに痩尾根を登り切り、鋭い尾根の切っ先から急激に落ち込んでいる、七六メートルばかりの長さで幅約六〇センチの岩のブリッジを渡り、急斜面を登って頂上に達するというものでした。

清蔵が崖にかかるその細いブリッジを渡っていた時、スズメ蜂が彼の丸刈り頭を刺したので、片方の目が腫れ上がって塞がってしまいました。もし両目がつぶれたら登頂はおろか夫妻の身の安全も危ぶまれる事態でしたが、幸い蜂の毒はそれ以上まわらず事なきを得ました。その時夫人も一ヵ所刺されましたが、ひるむことなくブリッジを渡り切って、高さ一五〇メートル斜度七〇度の、かつてウェストンさんが登った鳳凰山の尖塔に勝るとも劣らない岩登りの末、筆岩の頂上に立つことができました。

　この登攀の一部始終を下の茶店から見ていた登拝登山の一団は、やんやの喝采を送りその成功を称えたのです。ウェストンさんはこの登攀で清蔵の岩登りの技術と人物に感じ入り、その後フランセス夫人と共にする山行には必ず彼を伴いました。

一九一二（大正一）年の山行

この年の夏はフランセス夫人と共に中房温泉を訪ねウェストンさんは有明山と燕岳に登ります。その後夫人は軽井沢に戻り、ウェストンさんは上高地に入り根本清蔵と槍ヶ岳を東稜から登頂します。その後で嘉門次と一八年ぶりに再会し、その記念として奥穂高岳南稜ルートの初登攀を果たします。

小島烏水から北アルプス主脈の奥深く入り込んでいる中房温泉のことを聞いたウェストンさんは、夏になると夫人と共に出かけます。

滞在していた避暑地の軽井沢駅から松本の二つ手前にある明科駅まで六時間かかって着き、明科から人力車で二〇キロほど先の宮城《みやしろ》という小さな村に行きます。宮城には雨乞いの儀式が行われるという立派な有明山神社があり、村の唯一の宿泊施設は神主の家でした。神主は初めての外国人を丁重に親切に迎え、美しい庭が見える素晴らしい部屋に案内するのでした。ツツジの茂みとアヤメの群の中から池に流れ込んでいる、なかば隠れた滝の音が強すぎて気になると、ウェストンさんが夕方ちょっと口にします。すると、夜中に神主と息子が、水の流れを滝の落ち口が遠くになるように工作し、それを翌朝聞いて夫妻はびっくりします。

中房温泉への道の途中に、石の台座に立つ堂々とした銅像がありました。その昔有明山を開いた人の像です。中房温泉までの一三キロの道は驚くほど美しく、曲がりくねった渓谷は行けば行くほどに、次々と前よりも快い風景が現れます。そして右には大天井岳の岩壁、左には有明山の絶壁がそそり立つ渓谷の道は所々で、一五〇メートルも下のエメラルド色の流れに庇のように張り出している白い岩に打ち込まれた支柱が支えているだけ、という心細いものになるのです。渓谷の行き止まりにある標高一六〇〇メートルの中房温泉は、九三度以上もある山腹の源泉から管に通して、方々の露天風呂や湯舟に導かれていました。この温泉は硫黄と炭酸ガスを含み、飲用しても入浴しても健康のために良いとのことで、夏の間に数百人の客が訪れるということでした。

礼儀正しい宿の主人の百瀬さんは、小島烏水から知らせを受けていたのでいろいろと心配りをしてくれました。本館裏の高台に建築中の上等な新館の完成がまだ間に合わず、家族が使っていた一番よい部屋をウェストン夫妻に提供するのでした。その上プライバシーを保つためにと浴場の格子戸に紙を張ってくれるのです。しかしながら百瀬さんのせっかくの配慮は、泊まり合わせた数人の無作法な学生たちのために台無しになってしまいました。彼らは夜更けにはやりの芝居のセリフを裏声で唱え、それには声の響く風呂場がいっそう効果があると思われていたのです。ウェストンさんはいろいろな意味で日本人は古代ギリシャ人に似ていると思っていましたが、この点ばかりは違うと思いました。アテネでは公衆浴場で騒がしく歌うことは特に無作法とされていたからです。

・有明山

有明山は松本平から見る姿が美しく、信濃富士とも呼ばれています。西行法師が「信濃なる有明山を西に見て心細野の道を行くなり」と詠んだのは、糸魚川街道を行きつつ細野から見たこの山のことです。有明山の山麓の松川村や池田町には、西行法師の話が多く残っておりこの歌と共に伝承されています。開山は一七二一（享保六）年で、修験者の宥快の先達で地元松川村の一七人が登った記録があり、ウェストンさんが中房温泉へ来る途中に見た銅像の主は宥快だったようです。神社は宮城に造られ、頂上に奥宮を祀り、講を組織しての登拝が多くあったといいます。

有明山登山にはフランセス夫人は体調が不調でもあったのか参加せず、宿の若主人の百瀬彦一、客の絵を描きに来ていた終生自然や山を愛した画家の石田吟松、信濃民報社の二木亀一とカメラマンの小沢が一緒に登ることになりました。標高二二六八メートルとそれほど高い山ではないながら、森林地帯に岩場が混じる変化に富んだ山で、ウェストンさんは「六根清浄」と唱えつつ登ります。奥宮の前で一行の誰かが帽子をとってうやうやしく拝んでいましたが、他の者はその存在に全く無関心であるのをウェストンさんは興味深いことと思いました。

頂上で画家の石田さんは、「あなたは日本山岳会会員ですか」とウェストンさんに日本語で問いかけられます。それでスケッチブックにサインを頼んだところ、「ウォルター・ウェストン　英国

山岳会　一九一二年八月一四日」と英語で記してくれました。その日のウェストンさんは、うす緑と白のストライプのシャツに玉虫色のズボン、緑の靴下と赤皮の靴、パナマ帽を黒い紐で背に下げていて、石田さんの目に立派な中年紳士の姿と映りました。

当時の中房温泉はごく質素な山の湯で、賄いと自炊があり、自炊は毛布一枚いくら布団いくらと足しても部屋代共で一日一六銭だったので、石田さんは毎年行くたびに一〇日位滞在していました。灯火はランプで、薪は使い放題、作ってもらった味噌汁には豆腐が入っていたということです。ウェストンさんは清蔵を伴っていたので、軽井沢で仕入れた食品を持参しての自炊だったと思われます。石田さんは、寝ころんで畳に肘を付いてビールを飲んでいる、くつろいだウェストンさんの姿をスケッチしています。

・燕岳

燕岳は中房温泉から登ることができる標高二七六三メートルの山で、有明山と共にまだヨーロッパ人に登られていなかったので、ウェストンさんは心をはずませ清蔵と二人で出発します。最初の森の中の急登ではリスやサルが見られ、森を抜けるとクマザサの道が長く続き、やがてハイマツ帯に入ります。そこまで登ると爽やかな大気と豊富な高山植物があり、特にトウヤクリンドウのベル状の花と濃いブルーのミヤマリンドウの星形をした花が目立ちました。ウサギとライチョウがいて、尾根のガレ場にはカモシカやクマが出没するということで、頂上に近い雪渓の端に、なかなかよくできた猟師の仮小屋がありました。中房温泉から五時間ばかりで燕岳頂上に立つと、太平洋から日本海までの間にある峰や尾根や谷が幾重にも果てしなく広がり、苦しかった登攀を補って余りあるほどの景観があるのでした。

翌朝、ウェストン夫妻は楽しかった温泉場を後にしました。宿の主人と家族からの「どうぞ近いうちにまたおい出下さい」という挨拶に、「きっとまた来ます」と答えながら、本当に必ずまた来ようと思うのでした。画家の石田さんと美術学校の友人らしい人たちが熱心に絵を描いているところを通り過ぎ、谷から平地に出ると、大町から松本へと広がる平野と、青いもやがかかって連なっている遠い山々を背景に、有明神社の灰色の社がなかば森にかくれてひっそりと建っているのが見えました。

ウェストンさんは靴を脱いで草鞋で歩いている途中でつまずき、右足の親指を捻挫してしまいます。それがとても痛かったので神社の親切な神主のところで休息がとれたことを有難く思います。それから足を引きずりながら、松本まで八キロの道を歩き出して穂高村まで来ると、家もまばらな細長い通りに思いがけなく馬車がありました。そのガラガラ馬車で通って行く村々は盆祭りで、戸口で迎え火が焚かれ、茅葺き屋根の軒端に吊るされた提灯の明かりが大そう幻想的でした。ある村では、若い男女が笛や太鼓のまわりで大きな輪になって歌いながら踊っていました。月が昇りこの田舎の村にやわらかな光を投げかけ、絵のように美しいその光景はいつまでもウェストンさんの心に残るのでした。

松本の丸中旅館についた時は、もうすっかり夜になっていました。宿は畳も絹の布団も染みひとつなく清潔で、蚤にわずらわされることもなく、電灯の点いた部屋は開けた障子から川風が入ってさながら冷蔵庫のようです。ここは雨戸を締める必要もない安全な宿でした。前にここに泊まった時に快適だったと、ウェストンさんが一言もらしたのが主人を感激させたようで、池から見事な鯉をすくって刺身にして夫妻の食膳に供してくれました。鯉は調理した方が好きだと言うと、次の朝には焼魚となって食卓にのせられてきたのでした。

・槍ヶ岳東稜

ウェストンさんは槍ヶ岳の登頂は果たしていましたが、ヨーロッパ・アルプスではより困難なルートからの登頂も評価されていたので、まだ誰も登っていない北側から山頂をきわめたいと思います。高瀬川渓谷を遡る北鎌尾根ルートはまだ知られておらず情報もなく、ウェストンさんは東鎌尾根を乗り越して北側に下り、新しいルートを見つけようと思っていました。そして清蔵と松本から島々に向かいます。その道は前に通ってから一八年がたっていましたが、埃っぽく、ぬかるんだ跡の轍だらけでほとんど変わっていません。点在する村々の一部には、いくらか暮らし向きがよくなった様子が見られましたが、嘆かわしいのは見事な松林が著しく後退したことと、農商務省がさらに伐採すべく多くの木に印を付けていたことです。

かつてのなじみの宿の清水屋は橋場から島々に移っていました。とても温かく迎えてくれましたが、移った宿には風呂がなく、村の中央の公衆浴場まで出かけて行かなければなりませんでした。まだ午後四時というのに湯があまりきれいではなく、というより非常に汚かったので、ウェストンさんはすぐに引き返しました。風呂についていえば、普通は午後五時頃までに宿に着けば、西洋人の旅行者が最初に入る特権が与えられています。その後で社会的地位の高い人の順か着いた順番で日本人の客が男性優先で入り、客が済むと宿の主人と家族の男、最後に宿の主婦が入り、それから使用人ということになっていました。石鹸は湯舟の中では使わないことになっているし、身体を洗ってから入ることになっているにもかかわらず、全員が入った後の湯はひどく汚れています。それにしても普通の日本人はよく洗濯をし、毎日のように風呂に入るのが当たり前なので、英国ではたいていの労働者階級の家に浴室がなく、たとえあったとしても浴槽を物入れなどにしてしまっていると知ったら驚くだろうとウェストンさんは思うのでした。

宿に風呂がないのは時流に乗り遅れているとしても、他の点では島々の村は進歩していて、特殊な陶器の製造を始めたり、高台に立派な学校が建ち広い運動場には現代的な体育設備があったりしました。徳本峠を越える道は大きく改善され新しく見えましたが、幸いなことにロマンティックな峡谷の美しさは少しもそこなわれていません。切り立った岩には、朱色のツツジが暗い森をバックに昔の通りにはなやかに咲いて、よい香りのする藤がところどころに花房を垂らしているのです。

梓川の近くにある農商務省の徳本小屋へと下って行く途中、感じのよい若者に呼び止められます。そして清水屋の主人であり上高地温泉場の支配人である加藤惣吉と嘉門次からの言伝てと、ビールの瓶が渡されました。嘉門次の伝言は、参謀本部陸地測量部の仕事に徴用されているので後にならなければ同行できないというものでした。ウェストンさんは旧友たちが示してくれた変わらぬ好意に感謝のメッセージを若者に託し、懐かしい徳本小屋から梓川を渡って右岸を二時間ほど行ったところでキャンプをしました。

昔は人や動物の気配がなかった上高地に、今や放牧の牛が、踏み跡をいたるところに網の目のように回らせていました。一行が松の木の焚火で楽しい夕食を済ませた頃、きれいな三日月が蝶ヶ岳の上から昇ってきて、背後の穂高の峰と岸壁が月光に映える昔と変わらぬ風景が現れました。清蔵は松の木の間にハンモックを吊り、母親のような心遣いでウェストンさんの寝支度をし、島々から一緒に来た二人の猟師のいる焚火に戻って行きました。この静寂をやぶるものは遠くのせせらぎの音と、時々聞こえる彼らの話し声だけです。

今回の槍ヶ岳登山は二〇年ほど前ベルチャーさんと行った横尾谷のルートをとりましたが、その登山の面白さも厳しさも少しも失われていませんでした。大喰岳《おおばみだけ》の岩壁の下にはおいしいクロフサスグリがあり、色さまざまな高山植物がたくさん今も咲いていました。大喰岳という名はカモシカなどの動物たちがここでたくさんの食べ物にあり付き、大いに食べることから猟師たちに付けられたものであることから、クロフサスグリを堪能したウェストンさんは、ウィットで岩壁の下のこの場所を大喰峠と名付けたのでした。

標高三〇〇〇メートルの大喰峠から、冷たい霧雨の中をハイマツ帯へと斜めに雪渓を下り、今夜のビバーク地の岩小屋に着きます。数個の大きな楔のような岩でできた岩小屋は快適な避難場所で、入口近くの岩棚に槍ヶ岳を開山した播磨上人の小さい像が立っていました。手近にびっしり生えているハイマツは贅沢なスプリング付きのマットレスとなったばかりでなく、薪にもなって勢いよく燃え上がりました。一行が霧雨で濡れた体にありがたい火のまわりに腰を下ろし、槍ヶ岳の穂先を夕日がやさしい光で金色に染めていくのを見つめていると、間もなく月が昇ってきて濃いスミレ色の空を滑るように渡って行き、星もまばゆいほど明るくきらめき始めたのです。

しかしこの美しい光景にうっとりしていたウェストンさんは、おやすみの挨拶に来た二人の猟師から、明日の新ルートによる槍ヶ岳への登山は辞退したいと言われ、素晴らしい夢から覚めたような気分になるのでした。「槍の神様」と言われる嘉門次すら登ったことのない新しいルートをほかの者が行けるはずがない、というのが彼らの言い分です。ウェストンさんは、「いいだろう。それでは清蔵と二人で登るから君たちは戻って親戚の嘉門次に自分たちが戻った理由を必ず話しなさい」と言って眠りにつきました。

次の日の明け方に沸き上がった、美しい雲海は日が射してくると消えていき、朝食が終わる頃には雲ひとつなく晴れわたった空に、槍ヶ岳のピークがくっきりと浮かび上がりました。猟師たちは急に自分たちも一緒に行っていいかと聞きに来ました。前夜の申し出を恥ずかしいと思ったのか、嘉門次に知られた時の結果を恐れたのか分かりませんでしたが、とにかく全員で六時四五分に出発します。

ガレ場を三〇分ほど登り痩尾根から向こう側を見渡して、ウェストンさんはやっとこれから取るべきルートを確認します。足元の斜面は、ほぼ七〇度の角度でおよそ四五〇メートル下の狭い雪のルンゼへと落ち込んでいて、左のルンゼの上にこれから登攀する北壁が切り立っていました。登れそうなルートを指し示された猟師たちは、顔が青ざめ困ったような様子になり、滑りやすい急なルンゼを下りだすと彼らの気持ちはますます沈んでいくようでした。岩場にあるミヤマオダマキの見事な群落も彼らの気分を明るくすることはなく、ウェストンさんがステップを切り何とか二人を横切らせると、やっと少し自信を持ち勇気も出たようです。

登るにつれて険しくなる岩は、一度ブロックがずれると次々と落石を起こし、岩角を飛び跳ねながら粉々に砕けて谷へ落ちていきました。鳳凰山の地蔵岳の攻撃は短いながらも厳しいものでしたが、ここでの登攀はそれに次ぐ素晴らしいものでした。サポートしてくれる清蔵は、勇気と足運びの確かさと敏捷さと完璧なバランス感覚を持っています。ウェストンさんは日本でこれまで出会った中で、最もすぐれた協力者に恵まれて幸運であったと思うのでした。

最後の岩場の高さは約三〇〇メートルで、槍ヶ岳という名の通り切り立っていました。一連のやっと体が入る位の岩壁の割れ目の一つ一つを、ミミズのようにのたくりながら足を踏んばって体をずり上げて登り、最後の四五メートルは非常にスポーツ的な登攀をして、二時間の苦闘で日の光のもとに出た時、猟師たちは安堵と歓喜のあまり「ばんざあい、ウェストン様、ばんざあい」と叫んだのでした。頂上の朽ち果てた祠ごしに、登って来たルートをのぞいて見ても、切り立った谷に張り出した岩のために全く見えませんでした。朽ち果てた祠は一七八二(天明二)年に播磨上人が仏像を安置した祠で、一二〇年の歳月に傷んではいましたが、閉じた扉の中に四体の仏像が収められていました。ウェストンさんが著書の中でそのことに触れていないのは、誰も教えてくれなかったからでしょう。

槍沢を下る途中に赤沢の岩小屋があります。ウェストンさんは前にここで泊まった厳しくも楽しかった登山をいろいろ思い出し感慨を深くするのでした。しかしこの岩小屋は、今では日本人の登山客でにぎわうところになってゴミが散らばっていたのです。それを見て、ウェストンさんはこれから登山はますますポピュラーになっていくだろうけれども、自然そのものに、また自然の最も荘厳な神殿ともいうべき山にもっと敬意を表し、後に来る人々への思いやりがあるようになってほしいと、強く願わずにはいられませんでした。

ここから上高地までの道は、よく知っている楽な道でしたが、足を傷めていたウェストンさんには、草木に隠れている小石や滑りやすい倒木がつらく思われました。しかし行程のかなりの部分で、はっきり分かる踏み跡が付いていて、沢を渡渉する回数が少なくてすみました。これは嘉門次の案内で参謀本部の測量士が最近仕事をしてくれたおかげです。この地域の登山ルートやあらゆる計画はすべて嘉門次に相談されて行われているということでした。

・奥穂高岳南稜ルート

上高地温泉宿の支配人に温かい言葉で迎えられ、風呂場を見下ろす小さな部屋で夕食をとっていると、そろそろと障子が開き、老いた一風変わったしわだらけの懐かしい顔が入って来たのです。一八年たってもすぐ嘉門次と分かりました。見慣れた満面の笑顔は相変わらずだったし、笑いの代わりにたてる変な甲高い声も、昔と同じようにおかしさが伝わってきます。彼は再会を心から喜び、ウェストンさんが大好きだった山にまた案内しようと一週間も待ち続けていたというのです。ウェストンさんの方も、嘉門次の体格や歩く格好やすばやい身のこなしを類人猿を思わせると表現しながらも、一流の登山家として認識していたのでこの再会は嬉しいものでした。

そして再会を祝うために穂高連峰の最高峰奥穂高岳に、一七年前に嘉門次がクマを追って一部をたどったことがある新しいルートで登ることになるのでした。大雨が降って三日後に出発しますが、その朝のバラ色の朝焼けは後の天気の崩れを思わせました。ウェストンさん、嘉門次、清蔵、それに温泉の支配人の加藤さんが加わり出発します。嘉門次はカモシカの毛皮をはおり、ウェストンさんの言う優しい猿のような顔を木綿の手拭いで包んでいました。

増水した梓川を、当時右岸の道はなかったので河童橋の上流で渡り、クマザサとびっしり生えた下草の中を体の中までびしょ濡れになって一時間以上歩きました。森に入ると野生のクロスグリがあり、いつものように足を停めて賞味しました。

奥穂高岳中央部の岩壁の基部まで、まっすぐに延びている沢を登って行くと、深さ九メートルほどの雪渓と岩の隙間に突き当たります。ピッケルとロープでその中に下り、岩場の安全な場所まで登って二度目の朝食をとることにしました。ルートはとてつもなく急峻にせり上がる岩の壁で、それから二時間、ヨーロッパ・アルプスの素晴らしい登攀と同格な連続登攀を強いられます。嘉門次は足と手の指を使って目覚ましく軽快な動きで登って行きますが、無情にも雨が降ってきて、ウェストンさんは濡れてぬるぬるした岩を登るのに、嘉門次に草鞋をもらって足場を確保しなければなりませんでした。

間もなく雨と霧が視野をかくし、稜線を猛り狂う風が時折荒涼とした岩壁や尖峰を一瞬ちらりと見せるばかりで、そのうちに風は四方から同時に襲いかかり、雨は上からも下からも降ってくるように思われました。もう六時間も登攀を続け、着ている物はずっと前からびしょ濡れで、手の指はかじかみ体は骨まで冷え、ウェストンさんの登攀用の靴は尖った岩でズタズタに切れて木綿の靴底に当たる岩角がたいへん痛く、一つ障害を乗り越えてもまた別の障害が次々に姿を現すのです。この辛さにどれだけ堪えられるか、飢えと寒さの中で自分だけでなく他の者にも登攀を続けさせることがどこまで許されるのだろうか、という問題にウェストンさんが直面していた時、一瞬霧がうすれ、雲のカーテンの切れ間からある地点が見えたのです。それが頂上でした。

「できました。できました」と嘉門次が叫び、心配そうだった顔に安堵と満足の入り混じった笑みを浮かべ、脇に寄って頂上に立つようウェストンさんを促しました。互いに喜びの言葉を交わしただけでそこに長く留まることはありませんでしたが、吹きさらしの頂上では一本のミヤマキンバイのかわいい小さな花が、いつものようにウェストンさんを迎えてくれたのでした。

下りは激しい突風と吹き降りの雨に霧が渦巻き、ルートを見付けるのに苦労し、登る時以上に苦しいものでした。クマザサが網の目のようになった中をもがくうちに、ウェストンさんの草鞋を付けた靴はくしゃくしゃの見すぼらしい状態になってしまいます。朝にはか細い流れだった沢が轟く奔流になっていて、嘉門次がウェストンさんを背負って渡ると言い出します。ところが二人分の体の重みで浮き砂にはまり込んでしまい、ウェストンさんは降りて嘉門次を抜き出すことになってしまうのでした。

梓川も増水し、河床を大きな石が不気味な音を立てて転がる中を腰まで水に漬かって、岩から岩へと死に物狂いで向こう岸にたどり着いたちょうどその時、足元から大きなウサギが飛び出してきたのです。嘉門次は疲れ果てているこの時でさえ、頑丈な登山杖で狙いを定め一撃のもとにウサギを仕留めるのでした。

一行は上高地に戻り、宿の温泉に手足の疲れを優しく癒され、卵酒に生気を取り戻し、ウェストンさんはそれをこれほど身に沁みてありがたく感じたことはなかったといいます。それから自分たちの成功に心はずんだ一行は、大部屋のいろりを囲んで楽しく長い時間を過ごしたのでした。

嘉門次の願いに応えて、ウェストンさんは上高地を発つ前に明神の嘉門次の小屋を訪れます。嘉門次は猟の時に使ういろいろな履物や銃や槍、刀などの装備を見せ、来年は必ずフランセス夫人を小屋に連れてくること、そして女性がまだ入ったことのない山々に夫人と一緒に登ることをウェストンさんに約束させました。

この時の小屋は、嘉門次が正式に借地をした一九一〇（明治四三）年に建て替えられたものと思われます。日本山岳会の援助を受けて、このあたりの小屋にしては気の利いた造りだったと言われており、嘉門次はウェストンさんに新しくなった小屋を見てもらい、またウェストンさんの結婚した相手がすぐれた登山家と聞いて、是非とも一緒に山登りをしたいと思ったのです。

一九一三（大正二）年の山行

その夏、ウェストンさんは嘉門次と約束した通りフランセス夫人と上高地に向かい三週間滞在します。そして昨年ウェストンさんが成功した槍ヶ岳の東稜ルートと奥穂高岳の南稜ルートからの登頂を果たし、焼岳と霞沢岳にも登ります。

ウェストンさんは嘉門次と約束した通り、フランセス夫人と共に上高地に向かいます。松本の丸中旅館の主人は、ヨーロッパ・アルプスの経験がある女性登山家がまだ女性が足を踏み入れたことのない山に登るというので、その成功を祈って、出発の時、美しい扇子と素晴らしいストロベリーシロップの大瓶を一本贈ってくれました。焼け付くような太陽が照り付ける蒸し暑い中を島々まで歩くのに、これはとてもほどよい贈り物でした。

島々に着いた夫妻は、清水屋へ行く途中にあった嘉門次の家に立ち寄り、細い露地のくぐり戸のところで嘉門次と話をしました。夫人は裾の長いはなやかな感じのワンピースのような洋服に、ピンクか何か少し色の付いたつばの広い帽子をかぶっていて、「ウェストンさんの奥さんは、今思ってもほんとうにきれいな人だった」と、当時五歳位だった嘉門次の孫娘の記憶にいつまでも留まりました。その時ハガキ位の大きさでずっしりと重いチョコレートをもらって、少し削って食べてみたところとても苦かったというので、ウェストンさんがいつも作るココア用のチョコレートだったのでしょう。夫妻は六〇センチ位のパンを何本も入れたリュックを背負った清蔵を連れていました。

清水屋に着きます。まだ午後の三時位というのに『まだきれいなうちに風呂にお入りください』と宿の人に言われ、その言葉に従って風呂に行くと湯はまだきれいで、夫妻は存分に入浴を楽しむことができるのでした。

その翌日、嘉門次と清蔵、二五歳位にみえたけれども実は四三歳という嘉門次の息子の嘉代吉と共に、夫人にとっては初めての島々谷渓谷の道をたどりました。岩魚止《いわなとめ》の小屋で弁当を食べながら、岩魚止という名が、岩魚はこれ以上は行けないという意味と知って、ウェストンさんはかつて阿蘇山の山麓で出合った鮎返りという名の滝を思い出すのです。

外国人女性登山家の到着は、上高地温泉に大センセーションを巻き起こし、宿の加藤支配人はわざわざ近くまで迎えに出て、丁重に夫人を宿に導くのです。このようにして到着した上高地の三週間は、ウェストン夫妻にとって生涯忘れられない楽しい思い出となります。

・夫人と槍ヶ岳を東稜から登頂

上高地温泉は湯殿のほかに平屋と二階棟があり、二階棟には六畳の客室が一二室並んでいました。その一室に、燕、常念、槍と縦走してきた一高旅行部の学生たちがいました。彼らがまだ宵の口でもあり、昂揚感のまま大声で話をしていると、咳ばらいが聞こえ、しばらくして部屋の襖が開いて西洋人が顔を出し、「奥様は明日山に登ります。静かにして下さい」と言います。学生たちは恐縮しながらも、あれはあのウェストンさんではなかろうかと帳場にたしかめに行くとやっぱりそうだったので、次の朝早く河童橋で待っていて写真を撮ろうということになりました。待っていると果たしてウェストンさんの一行がやって来ました。彼らが昨夜の非礼を詫び写真を撮らせてもらえないかと頼むと、ウェストンさんは快く承諾し、橋の中ほどに立って腕を組み山を見上げるポーズをとり、夫人は登山ズボンの上にたくし上げていたスカートを下ろし、嘉門次と清蔵と共に写真に収まります。後にこの写真は広く流布されることになり、撮影した大木操は日本山岳会の重鎮になります。

登山は槍沢ルートをとり、往復とも赤沢の岩小屋に泊まりました。前にはあった湧き水がすっかり涸れていたので、一キロ近く谷を上ったババ平から水を運ばなければならなかったのが唯一の欠点でしたが、二夜とも楽しい夜を過ごすことができました。赤沢という名のもとになった、赤沢山の岩壁から落下する赤い岩の斜面のところで、嘉門次が大きな二頭のクマを拾ったというところを指さしました。二頭のクマはつかみ合ったまま六〇メートルほどの断崖から落ちて、しっかりと組み合ったまま死んでいたということです。

この冬は例年にない大雪であったため、槍沢の河床から上は雪渓を行くことになります。タテヤマリンドウ、ダイコンソウ、ヒメイチゲ、ピンクと白のイワカガミなど、両側の斜面に高山植物がまだ咲いていて、特に珍しかったのは高さわずか一〇センチほどの、クリーム色の見事な花を付けたシャクナゲでした。一行は坊主の岩小屋の前の日なたに座って二度目の朝食をとりました。その岩小屋は冷え冷えとして床一面を固い氷が覆っていたので、一行はここで泊まらず赤沢で泊まることにしたことを喜び合うのでした。フランセス夫人は、清蔵を中にはさんでウェストンさんと嘉門次が、初めての夫人の登山がここまでうまくいっていることを喜び合っているかのように笑みを交わしている写真（八頁参照）を撮りました。

東鎌尾根を越えた先の雪渓で、ロープを持って夫人を先導する嘉門次と、しんがりをつとめる清蔵の写真を撮ったのはウェストンさんです。その写真には、いつでもどこへでも嘉門次に付いてきたというコゾーという犬も写っています。この犬はこのあと、急峻な岩溝のまん中で下の長い雪渓と上の大岩壁をしばらく見てから、来た道を尻尾を巻いて引き返して行き、撤退を面目ないと思ったのかその後二日間も姿を見せなかったということです。

嘉門次も今度だけは慎重になったようで、清蔵と迂回ルートを探しに行きますが、結局以前のウェストンさんのルートで一緒に行動しました。頂上近くで嘉門次は再びよいルートを探しに行きますが、彼が見付けたルートは前回自分が見付けたのよりはるかに悪いルートだったとウェストンさんは言っています。しかしフランセス夫人をミミズのようにのたくって登らせるわけにはいかない、とそのルートがとられます。槍ヶ岳を東稜からつめて行くのは、いずれにしろ厳しいルートにならざるを得なかったのです。

坊主の岩小屋を出発してから三時間で頂上に達します。いちばん後から登ってきた嘉門次は、夫人を案内して全く新しいルートから自分のなじみの頂上に立ったことに非常に興奮し、大変喜んでいました。その喜びには夫人が聞きしにまさる登山家であったことが分かったことも加わっていたと思われます。

頂上の祠のそばでの人生の至上とも言うべき一時間はあっという間に過ぎ、それからはのんびりと下って行きました。岩小屋から夫妻はグリセードを楽しみ、嘉門次と清蔵は初めて見るグリセードに興味津々のようでした。清蔵は最後の岩場に防寒用の上着の替えを置いておき、嘉門次も紺色の麻の股引きを一緒に置いていましたが、そこはたまたま太陽の熱でゆるんだ雪渓の上からの落石の通り道で、衣類は完全に使いものにならなくなっていたのです。

赤沢の岩小屋を出発する時、ウェストンさんは床の上をきちんと片付け、錆びた空き缶や紙くずや履き捨てられた草鞋などの大量のゴミを、少し離れた藪に捨て後に使う人のための心遣いを実践しながら、この習慣が根付くことを心から願うのでした。

上高地まで参謀本部の測量士が付けた踏み跡のある、少し楽な梓川左岸を行きました。左岸は徳本峠への道と出合う道で、その五キロほど手前の徳沢小屋の跡のところで、嘉門次がここから常念岳に登る道があり、安曇野の方に下ることができると言います。一九年前に安曇野の岩原から常念岳に登っていたウェストンさんは、今度はフランセス夫人を連れてこちら側から常念岳に登ろうと思い立ちますが、この登山は夫人が風邪をひいたために実行されませんでした。

フランセス夫人は嘉門次の小屋に行くために梓川を徒渉して風邪をひき、常念岳に行けなくなり寝込んでおられたということを、偶然ウェストン夫妻と上高地温泉で泊まり合わせた歌人の窪田空穂氏が伝えています。窪田さんは、ウェストンさんの隣の部屋でたまたま会った画家の茨木猪之吉、詩人で彫刻家の高村光太郎たちと雑談や高笑いに興じていたところを、病人がいるので静かにしてほしいとウェストンさんに注意されて、そのことを知ったということです。

・焼岳

ウェストン夫妻は上高地で多くの人たちと愉快に付き合いました。画家たちは展覧会の内覧に招待して作品のいくつかを記念にくれました。また、高等師範学校付属中学の学生三〇人のグループに日本アルプスの登山についての講演を頼まれたりもします。その中でウェストンさんを一番喜ばせたのは、東京帝国大学地震学教授の大森房吉博士と知り合ったことです。博士はこの時焼岳を調査しているところで、浅間山にも観測所があり、浅間山と焼岳は地下でつながる姉妹火山で、規則正しく交互に噴火を繰り返すという説を持ち、近いうちの焼岳の噴火を予想していました。そしてそれは二年もたたないうちに的中したのです。それは流れ出た溶岩が梓川を堰き止め、大正池を出現させたほどの大噴火でした。

ウェストン夫妻はその時はまだ平穏であった焼岳に向かい、火山岩と軽石の破片が波打つような支脈を二時間ほど登った中尾峠で、ルリビタキの美しいさえずりと松林の中にある血のように赤いウルシに出合うのです。峠からは、かつてウェストンさんが三回目の挑戦でやっと登ることができた笠ヶ岳が見え、そこから三〇〇メートルほど上の頂上では、大量の色鮮やかな硫黄の中に大小の噴気孔があり、濃い噴煙を湧き上げていました。

その後夫妻は、足ならしのため梓川の湾曲に沿って焼岳の裾を高巻きし、東の支稜を横切って安房峠に出て、それから焼岳の肩を回って中尾峠から上高地に下るというルートを何度も歩きます。天気がよければこれほど楽しい道はなかったということです。うっそうとした森林にはまだほとんど斧が入っておらず、夫妻はこのルートを高地ルートと呼んで愛していました。

・霞沢岳《かすみざわだけ》

上高地温泉の宿から梓川をへだててほぼ正面に見える霞沢岳は、ほとんどが垂直で、九〇〇メートル以上の岩の割れ目を行くルートをたどると、その先には幻想的な尖峰が見張りのように立っています。割れ目の最上部は岩の斜面で、最後はナイフのように鋭い痩せた尾根となって向こう側に二三〇〇メートルもまっすぐに落ち込んでおり、案内した嘉門次によると、その谷は霞沢と呼ばれているということでした。

上高地から一一〇〇メートル登る霞沢岳の頂上まで、三時間四五分かかりました。途中で天気が崩れ、雨は高く登れば登るほどしつこく降ってきたので、頂上に着くとすぐ下りにかかります。下り切ったところにはモミとダケカンバに囲まれた田代池があり、雨でぐちゃぐちゃの湿地帯になってしまった中をもがきながら通って、しっかりした地面に出た時、ウェストンさんたちはやっと平常心を取り戻すことができてほっとします。これ以上濡れることはないのだと思いながらも、ブーツにたまった水とおなじ位に不快さも満杯となっていたのです。そして温泉に着いて、卵酒を飲んでゆったりと湯に浸って、ようやく人心地が付きました。

・平湯と蒲田

ウェストン夫妻は平湯と蒲田へ小旅行に出かけます。平湯は日本の山村のうちで外観が最もスイスの山村に似ており、二一年前にミラー医師と初めて訪れた時は、辺鄙な山村を巡る病気を治すまじない師といったありさまでしたが、今では富山県の船津から安房峠を越えて白骨へと県道が通り、その先の稲核では馬車道が松本と結び、不便だった交通は大変容易になっていました。温泉場はかっては男女混浴の大きな浴場が一つあっただけでしたが、この時はもっとプライバシーを守る新しい建物に変わり、男女別々の浴室になっていました。希望すれば個室も使うことができます。ウェストンさんがここで初めて見たのは、わざと女湯に入って行く男でした。騒がれて女湯から逃げ出してきた男の恐怖におののいた顔は見ものでした。見ていた人々のその時の沈黙は、礼儀を重んじる人たちの不快感と非難を十分に物語っているとウェストンさんには思えたのです。

平湯から蒲田へは一重《ひとえ》ヶ根《がね》の尾根を越えてまっすぐ行ける道がありますが、以前もそうだったように、橋が最近の洪水で流されてしまったというので、二倍近くの回り道になりました。途中の高原川と蒲田川の合流地点にある今見村は、笠ヶ岳山麓の大原生林を伐採した木を運ぶトロッコ線の基地となって、伐採者の便宜をはかるところになっていました。八キロか一〇キロも余分に歩くことになったので、暗くなってから蒲田の宿に着いたのでした。

通された田舎作りの宿の、奥まった暗い客室で夫妻は落ち着かない一夜を過ごします。出された食事は卵、ビール、日本産の古い肉の缶詰が少々といったところでした。翌日の昼頃、村の真ん中にある温泉に行くと、初めてヨーロッパ人女性が温泉に入りに来たと大騒ぎになったのです。しかしそこは村人たちの集会所であり、男湯と女湯は一本の木で区切られているだけだったので、人々の騒ぎとなっただけで入浴せずに引き返してしまいます。

風通しの悪い陰気な部屋は、蠅の群れが飛び回って昼寝もできず、夜になると蠅はいなくなったものの、隣室の酔客がキセルで火鉢を叩きながら大声で意見を戦わせるのです。その上二人がおとなしくなると、今度は馬屋につながれていた馬が、蹄で床を鳴らす音や、とてつもない金切声で泣き叫ぶ手のつけられない赤ん坊など次から次へとうるさいことが起こるのです。松下屋というロマンティックな名の宿でさんざんな夜を過ごしたウェストンさんは、平湯からまっすぐに来られる橋さえ無事ならば、このコースを西洋人にすすめられるけれども、自分たちがここに泊まることだけは二度とないと思うのでした。

中尾峠へ行く道の、左岸高くの日当たりのいい草原に中尾の小さい家々が見えました。ウェストンさんは中尾の猟師の協力で笠ヶ岳に登頂した後、猟師の親方の中島の家に温かく迎えられたことを懐かしく思い出しました。そして魅力にあふれ変化に富んだみごとな森の中を三時間歩いて中尾峠に着き、降りしきる雨にびしょ濡れになって上高地の宿に帰り、夫妻の小旅行は終わったのでした。

・牛に遭遇

上高地の牧草地は長野県畜産試験場に属し、牛は梓川左岸の柵の中に入れられていましたが、牧夫たちがうっかり目を離したすきに柵から出て滞在客をこわがらせることがありました。それはウェストン夫妻が河童橋までの散歩を終え、宿に戻る途中のことでした。細い道の角を曲がると、先を歩いていたフランセス夫人が「牛が私の方に向かって来るわ。どうしたらいいの」と狼狽した声を上げるのです。見ると一〇メートルほど先で巨大な牡牛が持ち上げた尾を振って地面を叩き、大きな角を力いっぱい振り立てていました。ウェストンさんは咄嗟のことで「君は右に隠れなさい。僕は左に行くから」と言うのが精一杯でした。注意を二分された牛は二人の間をまっしぐらに駆け抜け、夕食のために釣った岩魚を持って来る嘉門次と鉢合わせしたのです。嘉門次は考えるより先に行動を起こし、一瞬のうちに魚も釣り道具も持ったまま川に飛び込みました。やがて牛はあきらめて仲間の方へ戻って行き、嘉門次はずっと川下で水から出て、びしょ濡れで温泉にやって来たのです。

・夫人と奥穂高岳南稜ルートを登頂

昨年は風雨に悩まされたので、この登山は晴天を待って八月二九日に行われました。同行するのは嘉門次と清蔵です。上弦の月が同じ明るさの星を抱くようにして山のはざまの空にあり、梓川は銀色のさざ波を立てて流れ、谷間に低く立ち込めた霧がすべての影を紫色にし、ヤナギやマツに白いもやがかかっている、さながらおとぎの国のような風景の中を出発します。

左岸に渡り、もう一度梓川を岳沢の方へ渡り返さなければならないのですが、水量が少なく前よりも楽に岳川と呼ばれる沢に着くことができました。森の中でクロフサスグリを沢山食べて元気を付けて、堆積堤状の斜面に出た時、嘉門次の顔付きが変わったのです。彼の鋭く油断のない目の先には一頭の大きなクマがいました。二〇〇メートル位離れていましたが、クマは石がゴロゴロしている沢に沿ってうろついていました。やがて沢で食べ物を探すのをあきらめ、左岸の茂みに入り木の根やイチゴを食べ、しばらくして姿を消しました。ウェストンさんはこんな季節にこんなところでクマを見るとは予想していなかったので愉快だったようですが、鉄砲を持っていなかった嘉門次は夫妻の安全を思って緊張したのです。

雪渓の最上部の、昨年は一〇メートルも下降して越えたところを、今年は雪渓が後退していて岩に飛び移って通過することができました。昨年は雪に隠れていた右斜面下に、ローマの城壁のレンガの矢筈模様を思わせる、規則正しい形で垂直の層をなしている岩層が見えました。

一行は六時間休まずに登って正午に奥穂高岳の頂上に着きます。嘉門次は「奥様」の登山の成功を喜び心から楽しそうでした。そこには前回見えなかった景色が広がっていました。雪庇が張り出している尾根の先には、穂高の峰や尖峰が、険しく大に突き立つ槍ヶ岳まで連なり、尾根の両側には雪の襞を付けた岩壁が、うっそうとした木々に覆われた谷に向かって一気に落ち込んでいます。夏の日の静寂を破るのは、はるかな谷川の優しいさざめきだけで、動いているものは焼岳から立ちのぼる細い真珠色の水蒸気だけでした。乗鞍岳のどっしりした双峰と御嶽山のはるかな山容も見え、すぐ足元には穂高の素晴らしい岩壁が登ってきた沢を抱きかかえるように腕を広げていました。昨年は雨で全く視界がきかなかったため、一つ一つ登って悪戦苦闘をした南稜ルートの岩峰は、途中から横に巻くことができるところもあって、フランセス夫人を案内するのにふさわしい登山になりウェストンさんも嘉門次も満足したのでした。

上高地滞在を終えたウェストン夫妻は、上高地になごりを惜しみながら、徳本峠を越えて普通の世界に戻ります。しかしそのつらい気持ちは、島々から乗った馬車が、途中一度水を飲せるために休んだだけで、途中の馬車を全部追い越して、意気揚々と松本駅に到着するという快挙によって吹き飛んでしまいます。

・白馬岳

ウェストン夫妻はこの年の山行のしめくくりとして、白馬岳に登ることにしていました。松本駅から二つ目の明科駅の小さなプラットホームに降り立つと、白馬岳登山下車駅という看板があり、明科から大町まで軽便鉄道が開通していました。夫妻は明科に一泊し翌朝馬車で大町に向かいます。馬車は幌が前後別々に開閉し座席が向かい合うランドー型の四輪馬車で、少々古かったけれども乗り心地はまだよく、かつて上流階級の人々を乗せて首都の街路を走っていた馬車が、自動車の出現で首都から追われこの美しい風景の中を走ることになったのです。夫妻は大町まで五時間の贅沢三味のこの馬車の旅を十分に楽しんだのでした。

大町の宿は、以前ウェストンさんが泊まった時の屋号は〈丁(山長)でしたが、対山館と改名し玄関先に「日本山岳会御宿」という札がかけてありました。若い当主は百瀬慎太郎という熱烈な登山家で、ウェストンさんは以前山で彼に会ったことがありました。出発する時百瀬は、低い山々に遠い高峰群をぼかし、日本アルプス山麓と書かれた紺染めの手拭いをプレゼントしてくれました。

大町を過ぎると平地はまた狭まり、東側から迫る山々の間をずっと上って、仁科三湖と呼ばれている木崎、中綱、青木という三つの美しい湖の涼しい岸辺を通り、佐野坂峠を越えて四ッ家に着き、〈木(ヤマキ)屋というつつましい宿に入ります。四ッ家は現在の白馬村神城《かみしろ》で、〈木(ヤマキ)旅館は大正五年に白馬館と改名されますが、ウェストン夫妻が泊まった時には農業や養蚕などを兼業していました。宿の主人は礼儀正しい快く何でもしてくれる人で、しかもすぐれた登山家でした。その時はちょうど蚕の季節で家中の者が忙しく立ち働いていて、夫妻の部屋を除いて二階のどの部屋にも平たい籠が段々に並べられていました。その無数の蚕が絶え間なく桑の葉を食べる音は、ウェストンさんにケンブリッジ大学の試験の日に学生たちがペンを走らせる音を思い出させるのでした。

登山に出発しようとする日は、農民にとってこの一年の収穫の運命を決する一〇日間の、二百十日の祭りの初日であったので取り込んでおり、宿の主人がいろいろ努力してくれましたが人夫の来るのが遅く出発は遅れました。前夜にウェストンさんの荷物を盗もうとして失敗し、一階の障子を大きな音を立てて壊して逃げていった泥棒騒ぎも、このお祭り騒ぎのどさくさと無関係ではないようでした。

一行は平地を横切り、木がうっそうと茂った八方尾根の裾の小山を越え、最後は松川の石だらけ河原を歩いて、南股入《みなみまたいり》と北股入という沢が合わさって松川となる地点の二股でビバークすることになりました。北股入の奔流の源である雪渓は、V字形の谷を埋めて白馬岳の山腹まで延び、その両側の雪壁のあちこちに暗い荒れた沢の口が開いていていました。二股の険しい岩壁から落下した大量の岩の堆積は、雪渓の下から勢いよく噴き出ている水と共に、洪水時の水の厖大な運搬力を物語っています。

ビバーク場は、左股入の入口からせり上がっている岩壁の下の、四方を岩に囲まれた巨大なくさび状の岩陰でした。宿の主人と仲間たちの配慮で、岩陰の一部に床板が敷かれ土間も踏み固められて、二、三の炊事道具が用意してありました。金カンジキと呼ばれるアイゼンが数足と、ピッケルが二〜三本あり、このピッケルは消防の鳶口を参考にして日本で考案されたもののようです。

焚火のそばで楽しく快適な夜を過ごし、翌日山上で泊まることはないというので食糧を置いていくことになり、鳥のような顔付きの元気のない強力を一人残すことになりました。岩場を下りて雪渓の上に立つと、夜は明けたけれどもどんよりしています。やがて曙光が切れ切れに水蒸気のヴェールを貫き、左手に見える杓子岳のピラミッド状の山容がバラ色と金色の絶妙な色合いに光り輝き、東方には戸隠の山々の黒々とした稜線が、グレーの海に横たわるクジラのように浮かんできました。

雪渓は前年の降雪量によって上限が変化することが明らかで、本当の氷の堅さにはなっておらず、ところどころ表面にクレバスが入り、稀にはもっと深いクレバスがありました。登り始めの一時間は穏やかでしたが、その後で傾斜がきつくなり、雪渓の上部に近くなると、あたりに高山植物がたくさん生えていました。初夏にはさまざまな色の美しいモザイクとなって山腹を彩るこの高山植物の群落は、針ノ木峠を越えて行く五色ヶ原とともに、日本アルプス全山系の中でも有名です。

この花咲き乱れる斜面をまっすぐ主稜へと登り、北に向きを変えてピークへと向かう途中の、頂上から一〇〇メートルほど下に、岩の破片を組み合わせた雑な造りの避難所がありました。困難なところもなく、休み休みで五時間で山頂に着きました。ここからの展望は穂高とともに第一級の山岳展望です。これまでさまざまな山からの展望を絶賛してきたウェストンさんには、夫人と共に見る頂上からの眺めはまた格別だったことでしょう。下降はほぼまっすぐな歩きやすいルートだったので、ゆっくり下って一時間半位でビバーク地に着きました。

この山旅の費用はちょうど一二円で、その中には三人の強力の二日分の賃金と、夫妻と清蔵の二泊の宿代が含まれていました。現在残っているその四年後の強力の賃金体系表には、白馬方面一日六〇銭位、大町方面九〇銭位、中房方面一円位、上高地方面一円二～三〇銭位とあり、白馬方面は格別に安かったのです。

別れの日、宿の〈木（ヤマキ）屋の主人は夫妻のお供をしてしばらく送って行くと言い張って、馬車のドア止めに乗りました。しかしこの馬車は右前輪の調子が悪く、前輪を手拭いで固定する作業を何度も繰り返すことになったので、夫妻は後を清蔵と宿の主人と御者にまかせて歩くことにしました。

仁科三湖に差しかかった時、ウェストンさんは仁科という名が一〇～一五世紀にかけてこの地方を統治していた仁科盛遠《もりとお》に由来しており、かつて彼の城が三湖の西岸のうっそうと茂る森の台地にあったという『日本旅行案内』の記述を思い出すのです。仁科氏は朝廷から信濃郡を賜わって武田氏に滅ぼされるまでこの地を治め、現在はその城跡に石碑が建っています。

一行は大町に正午に着いて、昼食と休息をとり元気を回復し、馬車を交換して明科に向かいます。馬が草鞋を付けているのに気付いたウェストンさんは、かつては何足の草鞋を履き捨てたかで道中の距離を測ったものが、今ではダメになった草鞋が用済みにならず後輪のブレーキのキーキーいう嫌な音の消音に使われていることを知って感慨を覚えます。途中で出会う子供たちが礼儀正しさを失っていないことが大変嬉しく、二〇年前にもこの子供たちの父親の世代に当たる通学中の子供たちが、同じように礼儀正しく気持ちがよかったことを思い出したのです。連れ立って楽しそうに歩いている子供たちが自然に丁寧なお辞儀をする習慣は、文明化あるいはヨーロッパ化された地域では消えてしまい、地方の田舎にだけ残されているのでした。ウェストンさんは、途中にあるいくつもの立派な学校の建物に強い印象を受け、教師たちが預かっている子供たちを、祖先が「君子の国」

と呼び誇りにしていたような君子として教育すべく努力しており、それが成果をあげているのだと思ったのでした。

一九一四（大正三）年の山行

ウェストンさんは立山には登っていましたが、その奥にある剱岳には登っていなかったので、一人で出発し、今回は以前とは逆の立山、剱岳、針ノ木峠のコースで大町に出ます。そこで第一次世界大戦の勃発を知り帰国しようと考えたようです。

フランセス夫人ともう一度行きたい山を選び、中房温泉から大天井岳までの縦走をして上高地に下り、それから徳本峠ではなく白骨温泉経由で梓川沿いの道を島々まで歩き、日本での最後の山行を終えます。

・立山、剱岳

この山行は以前とは逆のコースで剱岳に登ることが主眼で、七月下旬ウェストンさんは一人で出発します。信越本線の直江津から北陸本線に乗り換えると、窓外に日本のすぐれた工業技術の成果が見られました。三つの広い河口に架けられた橋、断崖の岩棚に沿う線路、日本海へ急激に落ち込む岩にいくつも穿たれたトンネルなど、この海岸沿いの崖っぷちをたどっていく旅は、デヴォンの南海岸を思わせるものがありました。滑川に着くと軽便鉄道に乗り換えます。この軽便鉄道も前にはなかったもので、ぐらぐら揺れて埃まみれになって遅いけれども、焼け付くような太陽の下を歩くことを思うと便利な乗物で、芦峅寺駅《あしくらじ》には、日本山岳会のすぐれた写真家で登山家である近藤茂吉が手配してくれた、佐伯平蔵というたくましい案内人が待っていました。

蒸し暑い道を彼と一緒にとぼとぼ歩いて、立山の正式な登山口の古い神社に着きます。この神社は、山頂の神社へ登って行く登拝者にとって非常に神聖な場で、白衣の巡拝者たちはここで清めの行をするということです。神主はよい人で丁重に迎えてくれ、見事な杉木立のなかにある社務所に快く泊めてくれましたが、ウェストンさんは暑さと蚊のためにほとんど眠ることができませんでした。

翌日、常願寺川の右岸の道から支流の称名川に入り、フジ蔓で作られた吊橋を渡って、昔ある女が神社のために伐られた材木を跨いだところ材木はたちまち石に変わったという、材木坂の伝説で知られる岩壁に着きます。さらに上の方には、立山開山の栄誉を担う有坂左衛門の妻が、夫と同じように登ろうとして山の神の怒りにふれ石に変えられてしまったという姥石があります。ウェストンさんはこの伝説は奇しくも、ギリシャ神話の悪行のため石に変えられた人の話や、オリンピアのゼウスの大祭壇の第一段から上は女性は登ってはならないという定めと似ていると思うのです。

そこから登って行ったところで、休んでいた東京高等学校の学生から「ウェストン氏の友人ではありませんか」と声をかけられ返事に窮してしまいます。その時急に激しい暴風雨が襲ってきたので、ブナ坂のみすぼらしい小屋に逃げ込みます。小屋の中は夜になる頃にはうるさくしゃべり散らす人々でいっぱいになり、むんむんと蒸して蚊も持ち込まれたようです。蚊はウェストンさんばかりを狙ってくるように思われてしかたありませんでした。一方登拝団はやたら声を張り上げてしゃべり、歌い、さえずり、しまいには大きないびきをかくのでした。彼らがようやく眠りに落ちた頃、今度は小屋番が起きてきて早朝に発つ人のためにご飯を炊き始め、ウェストンさんはろくろく眠ることもできませんでした。

外に出ると、このブナ茶屋の小屋のはるか遠くに、立山連峰の壮大なカールの中央部に深く切れ込んだ絶壁から、大きく三段に分かれた滝が三〇〇メートルもの高さで落下しているのが見えました。それが称名川の源で、ウェストンさんはカールの心臓部に食い込むように流れ落ちるその滝を見て、高山の雪を水源とする日本の川の驚くべき浸食力が理解できました。

弥陀ヶ原でかつて立山温泉から来た道に出、そこを下って来た元気のよい学生のパーティから、またしてもウェストン氏の友人かという質問を受けます。中の一人が東京高等学校にいるウェストンさんの友人の教え子だと聞くに及んで、前日からの疑問がやっと氷解しました。その学生は有名な銀行家の息子でした。剱岳の登攀をしてきたところだと聞いたウェストンさんは、彼は将来は活動的で立派な登山家として注目されるようになるであろうと思うのです。

立山連峰の雄山の麓に、登拝者たちのクラブ・ヒュッテともいうべき室堂がありました。中は湿った薪のせいで煙たいうえに、四六時中出入りする登拝者のおしゃべりが絶えません。それでウェストンさんは、少し離れたイワカガミがカーペットのように一面に咲いているところに小さなテントを張ります。その少し下の方には日本の高山植物の中でも非常に珍しいクロユリが咲いていて、優雅な香りをただよわせているのでした。

神社のある雄山までの最後の痩せ尾根には、ところどころ鎖が付いて何の困難も危険もなく行けるようになっていました。その先にある劔岳は山としては目立つ存在でしたが、登りやすい雄山の方が信仰の対象として名が知られており、ヨーロッパ人には劔岳のことはほとんど知られていませんでした。

劔岳へ向かって室堂から地獄谷を渡り、別山と呼ばれる尾根を越え、雪渓に埋もれた剣沢へ入った、二四〇〇メートル地点のくさび状の岩の下のビバーク地までは、五時間の楽な登山でした。それからは部分的には非常に急峻な、かなり長い雪渓の登攀となり、稜線の岩場の窓に達すると尾根筋を歩くのは容易で、ビバーク地から五～六時間で頂上に着くことができました。

その頂上で一九〇七(明治四〇)年に陸軍の陸地測量隊が発見した錫杖と鉄剣は、平安時代にまでさかのぼると鑑定されており、劔岳は千年以上も前に開山されていたことになります。ウェストンさんが頂上付近で見たという奉納剣の破片は、開山以来奉納が続けられていたことを表しています。

・立山温泉

ウェストンさんがこの温泉を訪れるのは、前回の立山登山の往復に泊まったことを合わせて三度目です。入浴施設は改善され、わずかな金を払えば建てられたばかりの個室の鍵を貸してくれるようになっていました。ここには普通の登拝登山団体の他に、治水工事に従事する数百人の人夫がおり、毎晩役人たちの部屋に酒がどんどん運ばれていきます。さらに登拝者の宿泊所や人夫小屋の外のぬかるみを、人々が絶え間なく行き来して大声で叫んだり歌をうたったり、まわりが絶えずごたごたして、ウェストンさんは三日間の滞在中、個室にいても落ち着きませんでした。

ここでは、しばしば富山平野に大きな被害をもたらす常願寺川を、源流で制御しようという土木工事が行われていました。温泉の施設が改善されたのは、河川工事の労働者を監督する技術者の役人がいるためです。役人はみな優しい親切な人たちで、その中に富山県庁から来た、ウェストンさんが以前膝を痛めて治療を受けた、東京の聖路加病院の医師の義理の兄弟という人がいました。その人のおかげで特別きれいな部屋に入れてもらうことができました。そしてこのような場所としては驚くほど豪華な食事が出されました。ここは富山から五〇キロしか離れていないとはいえ、標高一五〇〇メートル以上のところに位置し、最後の二〇キロは危険で苦しい道であるというのに、このような豪華な食事が出ることにウェストンさんは驚いてしまうのです。

ある時は、髪をバサバサにした青年が突然ウェストンさんの部屋に座り込み、ひどい雨が続いているので退屈しのぎに来たと言い、様子や態度が変わっていたので相手にしないでいると、何とか注意をひこうと男が義眼の右目をはずして手渡して見せようとするので、帰ってもらいたいと言って障子を閉めたこともあります。雨に振り込められて退屈していたウェストンさんが非常に嬉しかったのは、友人の大阪英国副領事ホワイト氏の到着です。彼はこのシーズンとしては誰よりも天候に恵まれ、富山方面から入って有峰、薬師岳、水晶岳と素晴らしい山旅をしてここに下りて来たのでした。

後日、富山平野を襲った暴風雨で多くの河川の堤防が決壊し、三〇〇〇人以上が死亡し、その一〇倍もの家屋が倒壊したというニュースを聞いたウェストンさんは、立山できびしい河川工事に従事している労働者たちの仕事がもっと大変なものになるだろうと案じ、復旧費だけでも三〇〇万円にものぼるという災害をいたましく思ったのでした。

・針ノ木峠

ザラ峠を越える時、日本山岳会のバッジを付けた二人の登山者と少し言葉を交わし、サインを求められます。ウェストンさんは、ザラ峠の少し南にある五色ヶ原は、日本の高山帯で白馬と並んで高山植物の宝庫という名声を得ていることを知っていました。それで、それに関連した何かロマンティックな言葉を書き添えてサインをしようと思い、ふさわしい言葉を探すのです。

五色ヶ原に咲いているのはイワカガミ、ハクサンコザクラ、ハクサンチドリ、シナノキンバイ、バイケイソウ、ツマトリソウ、イワツメクサ、ミヤマリンドウなど、花の種類が多いということですが、ウェストンさんの辿るこのルートからは少し離れており、残念ながらその場所をウェストンさんが訪れることはなかったようです。

ザラ峠から雪渓を下って黒部平の小さな小屋が二つあるところまで、道は改修されていました。小屋で一泊し黒部川を昔ながらの面白い方法で渡ります。籠渡しというその方法は、籠につなげた綱を鉄線の支柱にかけ、それを持った強力の一人が腰まで水に浸かって向こう岸に渡り、太い鉄線に一枚の板を縄でぶら下げた籠に人が乗った瞬間に綱を引っ張るのです。すると籠は動きを和らげ、スムーズに移動するというものでした。ウェストンさんには無事に渡って実に面白い経験ではありましたが、籠から落ちでもしたら致命的なことになるであろうとも思われ、その経験は一度きりで十分だと思うのでした。

それから先の道はまたもや悪路でした。道は細くなって途切れがちになり、障害物も多くなってきます。とはいえ辿って行く針ノ木沢の荒々しい渓谷の光と影、しんとした深い淵、蒼天にそびえ立つ木々などがウェストンさんの心を魅了します。そのうちに心もとない細道さえ消えてしまい、沢の流れも激しくなり、ここに道を通じさせようとしたことだけでも不思議なのに、実際に道が造られたということがウェストンさんには信じられない程でした。

沢を離れると再び道が見付かり、針ノ木峠まではほとんどその道をたどって行くことができました。峠を登り切ると、槍ヶ岳や木曽駒ヶ岳などウェストンさんには懐かしい山々の美しい姿が見え、足元には長い雪渓が荒涼とした籠川谷に広がっていました。そこからウェストンさんは河床まで六〇〇メートルのグリセードを楽しみますが、強力たちは痩せ尾根を苦労して下ります。そして下りたところで一行は楽しくくつろいだ夜を過ごすのでした。

次の日は朝から太陽がじりじりと照り付け、炎天下を行く道のあちこちに、以前の山旅の時の目印が残っていました。昼頃に植林作業をしている場所に着きました。見事な森林が伐られていくのばかりを見て来たウェストンさんはそれを見て嬉しくなり、そこで働く人夫たちのキャンプで昼食をとり、話も思わずはずむのでした。

野口はその地名の通り盆地の端にあり、壮麗な杉の杜に囲まれた古い神社がありました。雪のある涼しい山から平地に出て、日盛りを歩いて来た身にはその神社の静けさと木陰の魅力は抗しがたく、しばらくここで休息をとります。

大町の対山館で主人の百瀬さんに温かく迎えられます。案内された家族風呂のやわらかな湯は、ウェストンさんには口で言い表せないほど有難く、破れかかった汚い靴と旅でよごれた衣服を脱ぎ捨て、さっぱりと肌ざわりのいい浴衣に着替える喜びはたとえようもないほどであったのでした。

ウェストンさんは大町に着いて初めて第一次世界大戦勃発のニュースを知ります。大戦は七月二八日にドイツがサラエボに、そしてロシア、フランス、英国に宣戦布告し始まっていましたが、八月九日になってそれを知ったウェストンさんは、寝耳に水で呆然とするほど驚きました。周囲の日本人のほとんどは戦争のことを知らず、知っていたとしてもたいして気にしていませんでした。彼らには当時結ばれていた日英同盟もそれほど重要ではないのです。遠いヨーロッパの諸国の戦争には全く関心がなく、彼らの主な、そして唯一の関心事は、米の収穫の予想とそれ以上に差し迫っている蚕の季節の成り行きでした。しかしそれは当然であろうとウェストンさんは思いました。英国人と付き合っている日本人はごく少数にすぎず、一般庶民にはどちらかの国民をひいきにする理由などほとんどないのが実際のところです。そうは思いながらもウェストンさんは、山間の町で異邦人の悲哀を独りかみしめるのでした。

・大天井岳〜上高地

大町から帰ったウェストンさんは、フランセス夫人と話し合って帰国を決意します。そうなればこの夏が日本の山を登る最後となるので、夫妻はもう一度行きたいと思うところを選び、中房温泉と上高地に行くことになるのです。その頃尾根歩きが盛んに行われていたので、燕岳から大天井岳への尾根歩きをして上高地に下るプランを練り、八月一八日にはもう明科から中房温泉への道を清蔵と共にたどっているのでした。夫妻にとってこの渓谷沿いの道は、いつ思い出しても素晴らしく、思い返すたびに魅力が増すものでした。

中房温泉の主人は、前回完成が間に合わなかった上等な部屋に夫妻を泊めることができて満足します。そして温泉の一つに微量のラジウムが含まれていることが分析で発見されたので、やがて多くの客が訪れ宿が繁盛するだろうと期待していると言うのです。しかし静かな渓谷の道と宿のたたずまいが好きだったウェストンさんは、むしろそうならないように願いたい気持ちになったのでした。

翌日、合戦尾根のよい香りのする森かげの爽やかな空気の中を四時間ほど登って、稜線に出て昼食の休憩をします。この燕岳南側の鞍部は、二年前に見た猟師小屋の近くで、つい最近この下のハイマツの中でクマを見た登山者のパーティがあり、彼らはクマの写真をカメラに収めると喜んで下山してしまったということでした。

夫妻は燕岳山頂へは行かず、現在は表銀座縦走コースと呼ばれる槍ヶ岳が見える絶景の尾根伝いに大天井岳に向かいます。目の届く限り荒れる海のように広がる高く盛り上がった山稜を見ながら、素晴らしい岩があればクライミングを楽しみ、コケモモを食べて道草をしたりして、登り下りの多いコースを四時間かけて登り遂に大天井岳の頂上に立つことができました。大天井岳から常念岳までの尾根と、槍ヶ岳から穂高連峰への尾根とはほとんど全長にわたって平行に走っており、その眺望は実に素晴らしいものでした。

まだ日暮れには早かったものの、ウェストン夫妻は、常念岳に続く尾根沿いに三五分ほど下った場所にある二ノ俣小屋で泊まることにします。小屋は奥行きが深く、天井の低い岩穴の側面の一部には砕石がぎっしり詰められ、床は土で固められていました。そしていつもの焚火をして楽しい夕食をとった後、ハイマツの心地よいクッションの上でぐっすりと眠ったのでした。

翌朝の空は一片の雲もなく美しく晴れ渡り、夫妻は尾根を西側の鞍部までトラバースします。そこには槍ヶ岳から穂高岳までの大岩壁と雪渓の壮大な景観があり、南東にはかつて登った常念岳と、そのはるか向こうには淡い紫色の富士山の姿がありました。鞍部から南方向に下り、モミとカンバの混じる林の先で方向を変えて、急に険しくなった曲がりくねった沢から大石がごろごろしている一ノ沢に出ると、赤沢岳の赤い土石が二ノ俣谷を堰き止めてできた、水晶のように澄んだ小さな美しい湖がありました。ウェストンさんは、その魅力的な風景は通り過ぎるに名残り惜しいと思いながらも先に進みます。それから次第に勢いを増す川を何度も徒渉する大変な苦労が始まり、やっとの思いで、かつて槍ヶ岳登山の時に心引かれてしばしば休んだ、なじみのある槍沢との合流地点に出たのです。槍沢を下る森の下草の中の、谷を行ったり来たりしている細い道も次第にはっきりしてきて、登山者の数が増えてきたことを物語っていました。そのうちに日も暮れ、草鞋もだめになって意気も消沈していた頃、全く突然に徳本小屋の低い幅広い屋根がカンバとカラマツの間に現れ、一時間後には上高地温泉で温かく迎え入れられたのです。

ウェストン夫妻が上高地に数日滞在していたある日、嘉門次が河童橋のところにある旅館養老館（後の五千尺）の縁先で、頭の毛を剃ってもらっていたところに散歩に来たウェストンさんが立ち寄り、ウェストンさんのおぼつかない日本語で二人は何やら上機嫌で言葉を交わし、大きな十能のような手で握手をして別れたという長閑な一幕が語り伝えられています。

ウェストン夫妻にはこの年の上高地との別れは特に悲しいものとなります。夫妻はこれが最後の別れであることを、休暇中に帰国の意思を決めたのでまだ教会に正式に伝えていないので上高地の人たちには言うことができないのです。お世話になった人たちからの「どうぞ来年もいらっして下さい」という心のこもった挨拶に対して、きちんと答えるべきであると思いながらも、それにふさわしい言葉など見付かるはずもなく、心苦しく思います。

そんな淋しい気持ちで歩いて行くと、朝の爽やかに澄んだ空気の中にひっそりとある田代池のガラスのような水面に、穂高の姿と輝く雪がそのまま映っていました。そして霞沢岳の山裾の岩壁を曲がって振り返った時が、この美しい山の見納めでもありました。そこには穂高岳が上高地の谷を囲むように、気高い姿でそびえ立っているのでした。

・白骨温泉

この山行の最後は、ウェストンさんがかつて何度も通った、尾根をいくつも越え、深い淵を回り、鬱蒼とした森を抜け、川岸に沿いうねうねと続くルートをフランセス夫人と一緒にたどることになります。最後の急な坂を下ったところに白骨温泉がありました。この温泉の歴史は古く、現在のオーナーまで三〇〇年以上斎藤家が経営を続けています。親切にしてくれた斎藤志津馬老人によると、島々まで行くルートは二つあり、一つは大野川を経由するルートで数キロ遠回りになるけれどもよい道である。もう一つは、崖が手ごわいながら景色はずっと素晴らしい近道であるというのです。そう言われれば登山家である夫妻は当然後者をとり、翌朝、プレゼントされた温泉のマークの付いた登山杖を持って出発します。

鬼が城という名の暗い峡谷に入って行くと、岸壁からまるで窓のように滝が流れ出ていました。ウェストンさんは島々までの二四キロの間の、自然の画廊ともいうべき風景の美しさをうまく述べることはほとんど不可能と思いながらも、数ある中の最も美しい場所の一つは、奈川渡の小さな茶店の上の崖から蔦が垂下っているところであろうかと思うのです。

奈川渡からは道は広く路面もよくなりますが、路傍にこの快適さのために支払われた痛ましい代償の記念碑が建っていました。それは四年前、作業中に崖の崩落の下敷きになって死亡した多くの労働者の慰霊碑です。その時たくさんの見事な牡牛が見えたという霊験があったと聞いたウェストンさんは、スイス・アルプスのゲンミ・ルートの記念碑を思い出しました。シュピタルマットの牧草地の上高く懸かるアルテルス氷河の大雪崩によって、牛と共に死亡した牧人たちの碑がやはり通り道に建っていたのです。

稲核に近いところにある梓川の谷にぐっと突き出た雄大な断崖は、奈川渡で見たのに次ぐ印象的な景色でした。それはウェストンさんの故郷の近くの、マトロック峡谷を流れるダーヴェント川の有名な断崖を思わせましたが、それよりもはるかに規模が大きく、もっと美しい風景の中にありました。

島々には大都市からの払い下げの四輪馬車が待っており、御者は無駄な時間を浪費することなくウェストン夫妻を松本まで運んでくれました。汽車に乗るのに便利がよかったので今度は養老館に宿をとることにして、後でひどく後悔することになります。宿は場所からいえばステーションホテルとでも言えそうでしたが、蚊や蚤がいる、いろいろ強烈な匂いがする、犬が吠える、汽車ががたがた通る、女中はぺちゃくちゃしゃべる、下男は薪を割る、といったことが夜半まで続いて、とても休息できるどころではありませんでした。翌朝、出発しようとしていた時、騎馬の憲兵が現れて宿の主人を呼び、「この外国人は誰か」と威嚇するように詰問します。ドイツ人だったら保護するよう命を受けているのだと言うのです。

日本は英国の同盟国であるのに、なぜ敵国の人であるドイツ人を保護するのかと疑問に思っていたウェストンさんが、後になって知ったことは、戦争に対する日本政府の公式見解は日英同盟の誓約を誠実に守ることでしたが、多くの一般的な日本人の知識人や軍人はドイツに好意を持っていたということです。

日本人の好みに合い、ニーズにふさわしいとして明治政府はドイツ憲法と法制を採用します。医学をはじめ近代自然科学や哲学もドイツから学んだので、東京帝国大学はほとんどドイツ風になってしまい、その結果、官庁や教育界がドイツの方式と文化に大きく影響されることになります。陸軍の制度もドイツ式が取り入れられていました。東京帝国大学の姉崎教授が、「親独と公言していた日本人の軍人の意見も次第に変化していく一方、彼等が表明したドイツへの共感の多くは、個人的な好みによるよりは、むしろ自分の威信がある意味でぐらついている事実によるものであることが認められる。彼等は自分の意見や主義主張を、ドイツモデルの理論やドイツ人顧問の見解と同じにしてきた。したがってドイツ方式が没落すれば、軍事制度が全く新しい組織になるという問題が生ずるであろう」と指摘したのは、ウェストンさんには真実を衝いているように思われました。

ジャパン・クロニクル紙は、戦争が始まって間もない頃は、多分大多数の日本人はドイツ軍が勝利をおさめるだろうと信じていると書いていました。しかし、フランスで市民兵が強大なドイツ軍を阻止し、英国も勇敢な軍隊を作ることができたことなどが伝えられると、一般大衆の意見も明らかに変化し始めたように見えるという論調になりました。

・ウェストンさんが残したクライマーズ・ブック

これを最後に上高地を去るに当たり、ウェストンさんは上高地温泉にクライマーズブックを残しました。「上高地温泉場クライマーズブック」と赤革の表紙に印刷したノートに

上高地
　　一九一四年八月二三日
欧米の登山家に役立つように
　　　　　　ウォルター・ウェストン牧師より
　　　　　　　英国山岳会
　　　　　　　日本山岳会名誉会員
　　　　　　　スイス山岳会

と扉書きをし、「この先ここへ来る外国人登山者に、自分の登山ルート、所要時間、天候などを

記入してほしい」と記した後に、最初に温泉場を訪れた外国人のことや自身の登山のことを書き入れ、自身がたどった風光明媚な二ノ俣や中房渓谷のルートを薦める一文を入れました。

このクライマーズブックには、一九一四(大正三)年八月二九日から太平洋戦争をはさんで一九七二(昭和四七)年九月一一日まで書き継がれた、英国、ドイツ、フランス、ポーランド、アメリカと、さまざまな国籍の山を愛する延べ八〇人にも及ぶ人たちのメッセージが残されました。

二〇一六(平成二八)年、長らく上高地温泉に所蔵されていたクライマーズブックが、山の日制定記念として三井嘉雄氏の対訳を付けて信濃毎日新聞社から刊行されました。この本は、大正池が出現した大噴火直後の焼岳の様子、鵜殿正雄の穂高〜槍初縦走に北穂高まで同行したM・フィッシャーの詳細な手記、終戦直後から山岳愛好家の連合国占領軍の軍人たちが上高地の山々を訪れ、登山を楽しんだことなど、ウェストンさんが意図した以上のことを私たちに教えてくれます。

・嘉門次への贈物

○アルバム

我ガ古キ友人上條嘉門司君ニ

日本アルプス登山ノ記念トシテ
寫眞帖ヲ進呈ス
西暦千九百拾四年四月
ウォルター・ウェストン

と裏扉に端正な日本語で書かれ、ウェストンさんや夫人が撮影した写真が貼られています。

○ピッケル

ウェストンさんが白馬岳に登る途中に泊まった岩小屋にあったのと同じような、ピックは鳶口状でシャフトに石突を付けた日本製

○絵

大正三年五月　英國人ウェストン氏
是レヲ上條嘉門司ニ贈ル
上高地清水川ニ於テ

魚ツル処ヲ写真ニトリ
其レヲ日本絵ニナオセシトコロナリ

と額縁の裏に、アルバムと同じ手になる日本文が書かれています。

第五章

嘉門次の境涯

・嘉門次の山行

嘉門次は猟をしてまわる地域については、自分の掌の中のようによく知っていました。その範囲は上高地周辺のみならず、槍ヶ岳を越えて薬師岳周辺にまで及んでいます。もともと安曇村の猟師たちはそのあたりまでを村の内と考えていたといい、夏に富山県の雲ノ平から黒部川とその支流まで岩魚を釣りに行くことも珍しくはなく、上高地の岩魚が昔に比べてずっと減ったというので、二〜三日がかりでちょっと遠出をする位の感覚だったということです。

嘉門次は猟をするために山に入ったのであって、測量登山の案内をするまで登頂を目的とした登山はしていませんでした。三九歳の時、地質調査の農商務省の技師を梓川渓谷から槍ヶ岳、鷲羽岳、薬師岳に案内をしたのが山案内人として一番古い記録です。その八年後に測量技師の館潔彦を穂高に案内し、一カ月後ウェストンさんを同じルートで穂高に案内したことが嘉門次の運命を変えました。ウェストンさんの本に名が記されたことが、設立したばかりの日本山岳会の人々に強い印象を与え、山案内を頼まれるようになり、その案内ぶりが多く書き残されました。嘉門次はその頃はもう六〇代になっていましたが、天性そなわったものに経験を加えた卓越した能力は他の追従を許さないものがありました。

方向感覚の確かさは人々の刮目したところで、小島烏水は「黒部五郎岳に行く三俣蓮華の雪渓上で濃霧に巻かれ、地図と磁石を頼りに行こうとした時、嘉門次は小憎らしいほど冷静にかまえ、しゃがみ込んで動こうともせず、一寸でも霧の晴れ間を見るとすぐに見当を付けることは明察神の如しというべきで、この時に限らず、地図と磁石が間違っていたことがよくあった」と記し、槇有恒は「薬師の頂上から太郎兵衛平に向かう途中、深い霧に視界をさえぎられると嘉門次は腰を下ろし、なた豆キセルに火打石で火を付けタバコを吸い出した。地図と磁石を出して大丈夫だから行こうと催促しても腰を上げず、そのうちに霧が薄れ、見ると北から南へ歩いているはずの一行が北へ逆に歩いていることが判り、この時の嘉門次の勘のえらさは今でも忘れることができない」と語っています。

槇は山を歩く時は猫のように歩けと教えられ、小島は石のザクザクする山では先に歩かせ、人が落とす落石を間髪入れず除ける術は、あたかも剣の達人が打ち込みを交わすようであったと評しています。嘉門次の歩き方は無理をせず確実で、急な坂はつづら折りに、上体を起こし平地を行くがごとくスタスタと行き、汗みずくで急ぐ若い人よりもはるかに速かったと言われます。しかし山を下りて平地にかかると遅くなり、連れている犬はもっと歩き辛そうで足の裏ばかりなめていたということです。嘉門次にとっても犬にとっても平地を歩く方がはるかに難儀であったのです。

大正五年に槇有恒のパーティを案内して、穂高からキレットを越え槍、雲ノ平を経て薬師に登り、有峰から富山の方に出た時、富山を見物して汽車で信州へ帰るようにとしきりにすすめられましたが、「どうしてもいやだ」と山中を歩いて上高地に帰って行きました。平地を歩いて町に出て汽車に乗るという気骨の折れることをするよりも、通いなれた山道を行く方がはるかに楽だった上に、彼には客に無用の散財をさせないという信条がありました。山案内をしてこそ高い賃金をもらうのであり、それ以外のことでよい目をみることは居心地の悪いことだったのです。

渓流の徒渉も悠々遅々と見えて無駄足がなく、ある時は、梓川の岩の上に立って客に向かって私に飛び付けと言って、その客をビクともゆるがずに受け止め、他の客を一人ずつ背負って冗談を言いながら石から石へと苦もなく伝って渡したということです。それが六〇歳半ばの嘉門次の姿でした。

当時の山行は、案内人の他に食糧や天幕などを運ぶ人夫を連れて行きます。辻村伊助たちと槍、鷲羽、烏帽子を縦走中、樅沢岳付近で、草鞋を枕に草の上に寝る露営をすることになりました。嘉門次は自分の桐油紙を出して一行の上に屋根を張り、「わしは荷が軽いから疲れましねえ」と人夫を焚火の側に寝かせ、自分は夜露のかかるところで綿のチャンチャンコを脱いで上にかけ、尻あてのカモシカの皮を背中に当ててゴロンと横になります。嘉門次にとって、冬に心当ての岩かげでカモシカの毛皮を羽織りキャラメル状のクマの干肉を噛んで寝ることに比べれば、夏の野宿など何ということもなく、慣れない人夫たちをいたわったのです。

小島烏水など日本山岳会の創立メンバーたちを案内して、槍、双六、三俣蓮華、鷲羽、水晶、薬師と縦走し有峰に下り、船津から高山に近い古川の町に入った時のことです。嘉門次は、今夜はここに泊まり明日帰るようにとのすすめを振り切って、人夫たちを引き連れて高原川をさかのぼり夜通し歩いて上高地に戻りました。その時は、たっぷり賃金をもらった人夫を町に泊めては財布を空にしてしまうからと言い、帰路の賃金は自分はいらないけれども人夫たちには払ってくれるように頼みました。雨で停滞した時や帰路の賃金を決して受け取らなかったのは、それが彼の矜恃であったというより、獲物を捕らえるために何日かかろうとも結果だけが物を言う、猟師としての考え方であったように思われます。

嘉門次ははからずも晩年になって若い学生登山家たちの知遇を得ることになり、その中でも辻村伊助との交流は深いものでした。二人の出会いは、辻村の一行が中房の猟師の案内で燕、大天井、槍、笠の縦走中のことでした。当時の槍ヶ岳山頂への登攀路は小槍の近くを通っており、前年すべり落ちそうになった直立した一枚岩が、一雨きた後で濡れてしまい、どうしたものかと相談しているところに嘉門次が現れました。嘉門次は岩の襞にしがみ付き、片手を延ばしてここに乗れと言って、それを足がかりに皆を降ろしてくれたのです。辻村たちは、縦走を終えて上高地に下り、嘉門次を案内人として前穂高に登り、次の年の五日間にわたる槍、烏帽子縦走も嘉門次が案内しました。

その縦走中、嘉門次は当時は天然記念物でも何でもなかった雷鳥の味噌汁を作りました。辻村は嘉門次が蓮華でこれを捕った時、まだ飛べもしない雛がピーピー啼くのを聞いていたので、今夜の料理は食べまいと決心していました。しかし、火が焚かれ飯が煮え、雷鳥の入った味噌汁もでき上がると、肉を食べなくともあの雛をどうすることもできないのだと、思い切って箸を取ると肉は鶉に似て非常に美味でした。辻村はその時、忘却は人間至上の幸福であるとアイロニーを込めて思ったと記しています。

狩猟民族のウェストンさんにはそのような逡巡はなく、雷鳥もカモシカも喜んで食べました。私たち日本人は、牛肉や豚肉を食べる時はその肉の生きている姿を忘却していますが、魚となると活造りなどを賞味します。西洋人の中には魚の姿焼きにさえ抵抗を覚える人もあり、好悪はその民族の長い食習慣から生まれる感情です。辻村の逡巡は、人類すべてに共通するものであると言えるでしょう。

嘉門次が「こんな山の中にいると仏様か神様のことでも考えるのではないか」と問われ、「わしは信心のしようをしらないで」と軽く受け流したのは、殺生を禁じる仏教の教えにもとづく信心と猟師の信心は別のものであったからでした。猟師には山の恵みをあたえてくれる山の神さまに対する感謝と畏怖があり、山で炊いたご飯のお初は必ず鍋蓋にとって押しいただいて山の神さまへ捧げ、ついで自分たちも押しいただいて七、八粒口に入れるならいがありました。それは山の恵みによって生きる者たちの真摯な祈りの現れでした。

嘉門次は亡くなる前年の一九一六（大正五）年、槇有恒を案内して穂高、槍、薬師を縦走しました。その時薬師の頂上の小さな石の社にぬかずき、「お薬師さま、生涯おかげさまでクマやクラシシ（カモシカ）をたくさん捕らせていただきましてありがとうございました」と礼参りをし、槇さんが礼参りはまだ早いのではないかと言うと、いやそうではないと答えたということです。何らかの予感があって自分の生涯を支えてくれた山の神に感謝を捧げたと思われます。

・最後の山案内

嘉門次の最後の山案内となったのは、一九一七（大正六）年七月、慶応義塾山岳会の藤山愛一郎と斎藤新一郎を案内しての穂高、槍から、双六、烏帽子、蓮華までの縦走でした。

慶応義塾に山岳会が新設された一九一五（大正四）年、槇有恒らのグループが嘉門次の案内で燕から常念へ縦走し、さらに槍を登頂して上高地へ下りたその山行に藤山も参加していたので、その縁で嘉門次を案内人としました。慶応義塾山岳会会報の『登高行』に載った藤山氏の紀行文は、はからずも嘉門次の最後の山案内を伝えることになりました。

穂高より槍ヶ岳へ

慶応義塾山岳会　　藤山愛一郎

日は容赦なく照りつける。リュックサックの重みが両の肩にヂリ〳〵とくるのを我慢して長い〳〵徳本峠の最後の曲り角を曲って峠の上に一歩を踏みだした時、鋭い穂高の山稜と其岸壁にかゝれる萬年雪とが我等の眼を射た。霧一つかゝらぬ此穂高を眺めた時に我等は狂喜し互いに此山旅の幸先良きを祝った。

どっかと腰をおろすと、萬年雪を撫でて来た冷い風が今迄の暑さを一時に拂って呉れた。その時「山に来た」と云う感じを切実に味はふ事が出来た。やがて嘉代吉も人夫も来た。三十分程休んで又ひた降りに降りて上高地の入口の馬小屋まで降りた。懐かしい上高地は依然として舊の儘に我等を向へた。白樺の間から美しい梓川もちら〳〵と見え始めたが足は次第に重くなる。養老館についたのが三時半、井口さんは相不変元気で我々を迎へて呉れた。たちまち話は山のことに移った。本年の雪の多いこと、気候が一月程遅れたこと、まだ槍に二三人登ったほか登山者のないことがつゞいて話された。「穂高にはまだどうですかね」井口さんの元気良い声がキビ〳〵として今朝もまた大きな雪崩のあったことなどを続いて述べられた。

二階の部屋から穂高のギザ〳〵な山稜と焼のゆったりとした山體とが眺められる。焼岳が美しい紫色を呈すると共に上高地高原にも静に夕べが襲って来た。

翌日、「では御気嫌よく」此挨拶をあとにして山の旅へと踏みだした。

河童橋を渡ってすぐに右の林の中へと進む。

先頭には日本アルプスの老案内者嘉門治が歩く。嘉門治は本年七十一才の（著者注：数え年）老人ではあるが本年の冬の如き熊一頭羚羊二十頭程を射殺したと云う親爺である。彼の頭脳には日本北アルプスの南半は参謀本部の地図よりも明に書いてある。

空に一片の雲なく岸壁にかかる雪は純白にキラ〳〵と光って居る。やがて道はジメ〳〵した草地を通って密林中へ通じた。昨年迄は此密林へ出る迄に、数回清冽な梓川を徒渉しなければならなかったのであるが本年から道が出来たので其必要はない。

林の中へは、日の光の洩ることなく、薄暗い多少登りになってくる。倒木を拂ひのけながら進む。嘉門治の足の動き方を見ながら、唯わけもなく、三四十分も登ったころ、林をぬけて宮川川原（著者注：岳沢）へ出た。

石に腰掛けて休むと梓川から河童橋迄眼の中に入る。風が無いので暑く感ぜられる。大小の岩石の大集積をなす、此河原の上を石をえらびつゝ歩場を求めて登って行く。見上げると前穂高より、奥穂高に通ずる岸壁は、我々の前面に横はって高く高く草一つ木一本も生えることを許さぬ様な鋭い傾斜をなして居る。次第に近づくにつれて雪渓が漸次大きくなって我々を威嚇する。

突然「しゝが、しゝが」と云う声がするので皆んな足を止めて指差す方を見ると、恰度西穂高からの、岩石の突出が此河原に向って断絶する其岩頭に羚羊が静に此方を向いて立って居る。

「わあー」と声を揃へて叫んでみてもぢいっとして立って居る……ただ静寂な空気のうちに山彦が起るばかりである。

河原が終って雪渓となった所から、右へそれて矮樹の生えた草原を登る。やがて石の堆積の上に出で暑い暑い日光を背にうけて登る。それでも立ち止って休むと、雪を撫でて来た風が少しは吹いて来るので蘇生る気持になる。両方に岩が高い壁の様に立って居る。右の方のには玄武岩の様な筋がついて居る。それで其岩を材木岩と云ふのだと嘉門治は教へてくれた。雪渓は其下から始まって居る。先頃から休む度に雪渓を見ては困った様な様子をして居た嘉門治は雪が多くてはとても此雪渓は四五日間は登れぬといひ出した。そして左側の一枚岩の様な所を登らねば駄目だと云って僅かな、岩の亀列に手を掛け足をかけて少しずつ登り出した。一つあやまればギザ〳〵な岩角に打ちつけられて雪の上に落るばかりである。漸くしがみついて登る。かくて幾度か膽を冷して普通の道と又合した。「普通の者ぢゃアとても登れぬ」と嘉門治はほゝえんだ。

思いがけない難場に時間をとったので前穂高下で早や昼飯となった。更に元気を出して前穂高の肩に登り信州側をまはって頂上に立った時は一時十分であった。

霧はたえず奥穂高と北穂高を襲うて居る。是から縦走しやうとする奥穂高迄の山稜は今にも崩壊し相な岩石で深く下に落ちこんで居る。頂上で食べた雪の味は忘るゝことの出来ない程うまかった。

四十分程休んだ後、いよ〳〵頂上を辞して、南北アルプス中最も縦走危険といはるゝ地へと足を進めるのである。

磊々たる岩石は、風化して居て、うっかり足を掛けると崩れ落ちる。だから注意をして足元を見つゝ急な傾斜を降らなければならぬ。

幾度か足をのせた石がぐら〳〵として其度びっくりして足を引いた。或時は岩のまはりを廻った。左は絶壁をなし其下から宮川々原へつゞく草原が見える。遠く下には梓川が光って居る。右は足下の絶壁に絶えず霧が打ちつけ其の間から北穂高から以北横尾谷へかけての一面の大雪田が隠見する。

鞍部へ着して今降りて来た所を見るとよく降りて来たものだと我乍ら感心せずにゐられぬ。再び苦しい登りとなる。息も苦しくあえぎにあえいで登っては幾度か休み、遂に奥穂高の頂上に立った。霧がおしよせて来るので休んで居ると身体が冷たくなる。頭痛がしだす。皆んな元気がなくなる。

特に人夫は人がなかったので初めて山へ入る者をつれてきたからそろ〳〵泣言を云ひ始めた。嘉門治は孫にでも話す様にしてなだめてやって居る。三時半奥穂高にわかれをつげて、北穂高へ降り始めた。道は益々悪くなってくる。動かした石はゴロ〳〵と転んで岩石に衝突しては煙硝臭いにほひをのこして尚ほ落ちて行く。うっかり後の者が石を転がせば前の者に当る危険がある。かくてもう二三十間で鞍部へ降りられると云ふ所で人夫が荷を脊負っては降りられないと云ひ出したので荷を綱で下ろしてそれからカラ身で降ろさした。霧は辺りにかゝりそめ飛騨側から吹く風は冷く身にしみ渡る。元気をつけて北穂高（著者注：現在の涸沢岳）の登りにかゝった。三十分程で三角点にたどりつき、降り口を探して漸く北端に立つ事が出来た。降り口の左の石のつんである所に名刺を鑵に入れて置き、いよ〳〵降りにとりかゝった。

奥穂高槍ヶ嶽間にロープを使用して降るところが二箇所ある。一箇所が即ち此北穂高の降りである。

此處を降りるのだと云はれた所を覗くと、殆ど垂直で途中に岩石が沢山突出して居る。嘉門治は綱を握ってどっかと腰をおろした。我々は一人宛其綱につかまって岩に足をかけて下るのである。三四間下の平な所におりた時は地獄から脱がれたやうにほっとした。綱を持ってる嘉門治の顔は、引締って到底七十一の老人とは見えぬ。やがて皆なが降りて仕舞ふと嘉門治は独り荷を脊負って綱もなく降りて来る。其身の軽さ、すばしこさは如何にしても人間業ばなれをしてる。更に又綱をかりて降り、岩角をまがって鞍部にくだり――此處に今晩の宿をとることゝなった。時に六時。

堆積せる雪のかたはらに、僅かに地をならして莫蓙を敷き休んだ時には、一日の疲れでがっくりとした。其晩の寒さに誰一人寝るものもない物凄い一夜は過ぎざるともなく過ぎた。

寝むられない一夜にじらされた我々は、夜の目を遅しと許り起出でた。寒さは身にせまる。つと岩角から首を出すと右股を隔てゝ笠ヶ嶽の長い〳〵尾根は一面に雪をいただいて前面に横たはって居る。信州側は一面の雲の海で其上に八ヶ嶽、甲斐駒の二つが浮び此二つをふんまえて富士が其雄姿を沖天高く現して居る。浅間は左によって悠然として煙を吐いて居る。温かい味噌汁に、元気を出して出立の準備をし、露営地を離れたのは七時であった。

小丘を登って前途を眺めた時に槍ヶ岳はそのすっきりした姿を我々に見せてくれた。其背景として長大なる後立山の長嶺を見た。飛騨側では笠ヶ嶺の尾根を越えて白山さへのぞいてゐる。之に力を得て或時は岩石の間を飛び或時は岩角をめぐって二時間余もかゝって漸く中ノ嶽（著者注：北穂高岳）の頂上に立った。所が前途を眺めればまだ〳〵容易の事ではない。中ノ嶽は深くおち込み、尾根は低くさがり縦走不可能である。それで一先づ中ノ谷に降らなければならぬ。しばらく休んだ後中ノ嶽を降り始めた。道のけはしさは以前にも増して来る。岩角に立つごとに自然と足は顫へて居る。

中ノ谷の上まで降った時に、其尾根から真直中ノ谷へ降りる事が出来ないので、飛騨側へと尾根をからみ降り始めた。軈て前面は一枚岩の降り道となった。再び用意のロープは取出され嘉門治は例の如く綱を握った。

「大丈夫か」かう声をかける「あんぢはねえ」と、声高く叫んだ。

綱につかまって足を外すと身体の重味でズーと滑って行くのを綱を握った手で耐えて静かに降りて行く。併し足場がなく身体がぶら下って居るので手は赤くなって痛くなる。そのうちに三四間下の二三尺の広さの上に降りたので安心した。下に降りて見上ると綱につかまったとはいへよくも降りられたものと感心した。又再び下の尾根にはひのぼり岩角をめぐって中ノ谷の雪田（著者注：雪渓）に降りた。カンヂキをつけて長い長い雪田を滑り降りて最低部の岩石の露出せる部分に着いて昼飯をたべた。一時間余の休憩の後元気を新にして十二時十分此処をたった。昨年などは此の登りには雪の影さへ見えなかったさうであるが、今年は尾根の上まで一面の雪田である。最初は雪の上を登ったものゝ後には傾斜が急で登れないから雪田と岩石との僅かな割目の中を、一足、一足、足場をはかって登って行った。

それもしばらくの内に割目が狭くなったので、止むを得ず嘉門治は荷を置いて鉈で雪田に足場をつくりに登った。其の新しい足場を辿って垂直に近い雪田の上をたどると、直射する日光に反射して雪はキラ〳〵と輝いて目潰し同様だ。漸々のことで雪田を終り尾根下の岩石にとりつき元気を出して尾根に登った。登ると飛騨側からは冷い風が吹いて来る。双六、蓮華などの連嶺をすぐ前に眺められる。僅かばかり尾根を登ると、前面は最早岩石のゴツ〳〵した道でなく丸い広いユッタリした山谷を示して居る。かくて槍、穂高の最険の部を通過し終ったのだ。時間は早し前途は見えて居るので皆もうゆったりした気分になってブラ〳〵と歩いて居る。大喰嶽の三角点に立って見ると槍は以前にもまして壮大に中空に聳えている。幾度か波濤の如きうねりを越え飛騨乗越の野営地についたのは、四時前であった。天気は相変らず非常に良く北アルプスの山々は手にとる様に見える。昨晩に較べて此夜の食事は楽しいものであった。兎に角日本南北アルプス中最険地を無事に通過してきたと云ふ誇りがある。食後にはコーヒーも沸かされた。奥穂高の上でぐずり出した人夫も下を廻して荷を担いで此処に待たして置いた人夫に対して自慢話をして居る。日が沈んであたりが薄闇くなると天幕の中には灯燈もつるされた。かくて暖い一夜の夢を結んだのである。槍、穂高の第六隊の縦走はかくて無事に終へた。其翌日は第五隊の行程をたどるのである。

この『登高行』掲載のこの文章は生前の藤山愛一郎氏の承諾を得て、嘉門次小屋百周年記念冊誌に載せたものです(本書の文章はそれを転載したものです)。藤山氏はその折に「それから槍、双六、鷲羽、水晶、烏帽子とたどって大町に出ましたが、ずっと快晴にめぐまれ、槍から先の縦走はお花畑でゆっくり休んだりとのんびりしたものだった。この縦走中に見た限り嘉門次は矍鑠として老や病いの翳は微塵も見せていなかった」と語っておられました。

文中嘉門次が嘉門治となっているのは文字の意がその方がよいためで、ウェストンさんから贈られたアルバムには嘉門司と書かれています。

・嘉門次の死

壮者と少しも変りなく一〇キロ余りの荷を背負って山々を案内し、頭髪は濃くくろぐろとしてカモシカの毛皮の袖なし外套を着ている様子はどう見ても五〇歳を越しているとは見えない、と言われた嘉門次にも、病に倒れる日がやって来ました。それは一九一七（大正六）年、穂高、槍、双六、水晶、烏帽子の縦走の案内を終え、七月一八日に大町に下りてからすぐのことでした。

具合が悪いと三日ばかり島々の家で寝ていましたが、暑い頃ではあり、涼しい上高地に行けば治るのではないかと上高地に行きました。誰も付いて行かなかったところを見ると、それほど重い病だとは思われていなかったようです。これまで病気ひとつしたことがなく、体が頑健であったので本人も家族も、上高地の小屋に行きさえすれば元通りになれると信じていたのでしょう。しかし、八月に槇有恒さんが小屋を訪ねた時には、腹が痛むといつに似ず意気消沈しており、五千尺旅館の丸山さんや井口さんにもらった薬を飲んでもよくならないと訴えるまでになっていました。

その後山を下り、八月二〇日頃松本で三日ばかり医師の診察を受けて、島々の自宅で病床に伏しました。医学士の斎藤俊氏が松本から二度も来診し、地元の医師も往診して、見立ては共に黄疸で、長年重い荷を背負って山歩きをしたために肝臓が下垂したことが原因であろうかということでした。

もう冷たい飲物以外は喉を通らないというので、槇さんが松本から氷を買って見舞いに持って行くと、嘉門次はひどく喜んで、「もう食べ物が喉を通らなくなったからお召しがきたっつらわけせ」と寂しく笑い、「口の中が常ににがく、水以外は何でも吐くようになったので、ここ一ト月近くは水だけで命をつないでいる」と言い、非常にやせて大義そうではあったけれども意識ははっきりしていたといいます。

一〇月二一日にも槇さんは氷を持って嘉門次のもとに行き、丸山さんに頼まれて持って来た散薬を飲ませ、食塩水を置いていくのでこれを腸に注入するようと家族に念押しして帰りました。その時も嘉門次は、衰弱はなはだしいものの意識は依然として明瞭でした。丸山さんは少しでも快方に向かえば、すぐに松本の病院で治療させようという意向でいましたが、一九一七(大正六)年一〇月二六日午後四時、嘉門次は七〇年の生涯を閉じました。

訃報を受けた日本山岳会は「山友の一人を失い悲しみにたえず」と異例の弔辞を送りました。その後日本山岳会の会報『山岳』には、多くの人がそれぞれの思い出を寄せられましたが、一九一八(大正七)年二月号に載った辻村伊助氏の「嘉門次を憶ふ」を、どなたかがわざわざ原稿用紙に書き直して自宅に送って下さいました。それは残された者の大きな慰めとなり、嘉代吉の子供たちにとっては、自分たちの知らなかった祖父の姿をしのぶよすがとなりました。

嘉門次を憶ふ

辻村伊助

曽て醜悪な人間の手にかゝって、その美しい森林を失つた神河内は、ガイドとして私達が尊敬しつつある嘉門治翁をも失つてしまつた。私は渓のなつかしさにひかされて、幾度もそこに遊ばうと思ひながら、あの最後に見た森の残骸、私には、あゝまでしなくては生きてゆかれないものかと、つく〴〵情なく感ぜられた、乱伐の跡を想ふと行けば行かれる機会をもことさらに取りはづして、もうすでに五年を経過してしまつた、嘉門治に別れてからも五年はすぎ去つたのだ。

嘉門治死去の通知が、会の事務所から来た時、ふと頭に描かれたのは、彼と一緒に飛騨山脈を旅行した間の、幾日かの出来ごとでもなく、又初めて逢つて登つた、穂高や焼岳のことでもない。私が永く身体をこはして、転地しながら山の麓をうろついて、ぶら〳〵徳本峠にさしかゝつた、ある初夏の日であつた。島々から一里ばかり沢を溯ると、それまではつい気にも留めなかつた小さな桑畑がある、病気あがりなり、わきからは余程不思議に見えたのであらう、畑の中からだしぬけに、何とか声をかけられて、びつくりしたが、ふり返ると桑の葉の上に、変な顔をして見下ろしてゐる彼を見出した。「やあ兄つ子か、今時分、なんしに来さしつたい、それやどうも」と云ひながら、細道へ下りて来て、面喰つて棒のやうに立つてる私の肩にたかつた毛虫を払ひ落してくれた、その折のことである。彼はいつも私を兄つ子と呼ぶ、名前は忘れるのか、面倒くさいのか、いつでもきつと兄つ子と呼ぶ。そしてそれが三人称となると、形容詞をつけ加へて、「丈の高い兄つ子」となるのだ。彼はこの後、森の桂が青葉になると、「もう丈の高い兄つ子が来るづら」と、待ちうけたさうだ。私は断言する、彼ぐらゐ約束をよく守る男は少いと、山に行く度に、清水屋なり誰なり人をやつて、案内を頼んでも、もう山登りはいやだと云つて承知したことがないが、逢へばこつちから云はない先に、どこへ行きますと向ふから山の名を聞く。私も彼の老体は承知しながら、釣り込まれてゐゝ気になつて、山から山を渡つて歩いた。

後には私は決して人伝てに頼まないで、宮川の池の畔に、栂の黒木に取り囲まれた小屋に出かけて、「また兄つ子が来さしつた」を聞きにゆくやうになつた。三度目に飛騨山脈に入つた時には、前の年から話して置いたのにと思つて、人伝ての御断りを甚だ不平に思つたが、逢へば二つ返事で同行すると云ふのが、山登りの厭なのは初対面の人への云ひ訳であつたと見える。

嘉門治に初めて逢つたのは、丁度十年前の夏、穂高に登つた折のことで、その後神河内に行く度に、彼に逢はなかつたのはたつた一度、四月、雪の中に小屋を訪ねた折だけであつた。

彼に、一般の人夫に通有な、不快な感じがないのも、又、人は人、己は己と云つた、さつぱりした気持ちなのも、私が共にした旅行を非常に愉快にしたばかりでなく、他の人夫の間にも、彼は不言の間に自然の重みが感ぜられて、我々の前にうわついた態度がとれないやうになるのであつたらう、私達の旅は風雨にあつても、天幕を持たないでも、いつも非常に愉快であつた。

私自身は、他人の身の上話しに興味を有たないから、幾度も逢ひながら、ついぞ昔話を聞いたことがない。随つて彼の伝記としては、殆んど何ものも知らず、又知らうとも思はなかつた、然しその折り折りに、普通の人と違ふやうなうれしさを見出すことは少くなかつた。

或る人は岩魚を買ひに、彼の小屋を訪ねたところが、秤がないから売れないと断られた、「目分量で売つて少けりや旦那衆の損だ、多けれやわしが損するで」と云つたさうだ。六年前岩村透氏と逢つた時であつた、いろ／＼山の話を聞いてこんな寂しい山の中にゐて神様か仏様のことでも考へやしないかと聞くと、彼は例によつてから〳〵と笑つて、「わしや信心のしよう知らねえで」と答へた。

一生に一番怖ろしかつたのは、いつの冬だか真夜中、小屋の裏手にネマガリザヽに降り積つた雪を掻き分けて、何かずり落ちる響を聞いた時だと云ふ、「よる夜中でも森の中は歩きますが、そん時やぞつとして、御日様ア出さつしやるまで小屋の中さすくんだが」、付言するが彼はあんなで蛇が非常に厭ひものだ、足もとにのたくり出るといつも大声をあげて逃げた、その晩は、大きな蛇と思つたのであろう、冬の最中ではあつたんだが。

霞ヶ岳に登つた時、麓の密林の暴らされるのを見て、私達、中には三枝や中村もゐたが、非常に憤慨したものだ。彼はその時、例の如くから〳〵笑つた、「わしいら子供の時分すつかり切つたがもうこんなに茂つたで、今にすぐ大きくならずに」彼の目には、私達の気の短いのが不思議に見えたのであらう。彼はどこまでもわだかまりの無い自然の男であつた。彼の笑声を聞くと、どんな暴風雨の時でも、霧がはれたやうな気持ちになつた。

私が好きな理由はどこと云つて捕へどこはないが、初対面の時賃金の約束を聞くと、「魚釣つてヽ二円ぐらゐはとれるで荷さへ無ければ二円五十銭で行きませう、荷があつちやできないで、」とよく人夫にあるやうな態度でなく、さつぱり打ちあけてくれた、その当時、普通の人夫は六十銭から八十銭ぐらゐ、彼一人の賃金は他にかけかまいもなく、四倍近くの高価であつたが、山にかゝると、それも実際に相応してゐた。又雨で滞在しても余分の賃金は取らなかつた。穂高の帰りに石が落ちて、先に下りてゆく彼に当りさうだし、見たところ彼の歩き方では、石も余り落さないから、僕が先に下りようと申し出たら、例の如くから〳〵笑つて、「いくらでも落さつしやるがいゝ、除けようがあるで、余り加減すると歩きづらいでな、わっはっは……」と答へた。

　霞ヶ岳で滝を降りる時も、彼はどうにか先に下りて、彼の肩と石につかまつた手先に乗つて、楽に下りたこともある。然し彼の足はいくらかびつこであつた。いつだかカミグチノッコシ（高瀬川水股から二ノ股の谷に出づる）で命拾ひをした時、凍傷にかゝつてからだと云ふ。然し山登りにかけては足もとのしつかりしてゐるのは、壮者をしのぐと云ふよりむしろ、今時の壮者には見出し難いくらゐ確かであつた。岩登りの折も、彼の後からなら安心していつも登ることが出来た。

　彼はめったに口をきかない、煙草は喫はない、他の人夫のやうに立ち休みをしない、早足ではないが無駄な歩き方をしないから行程は非常にはかどる、「できないから荷はもちましねえ」と云ひながらも、三四貫の荷はいつも脊負つて呉れた。

　神河内から焼岳、霞ヶ岳あたりに登つたり、写真機一つ脊負つてあの辺を歩いた時は、賃金をやつても決して受け取らない。温泉に来てから酒を飲ませると、あとでぶらりと出かけては岩魚を釣つて持つて来てくれたりした。家に相当の資産もあり、子息はあゝしてやつて居るが、彼自身は生活などの為めでなく、たゞ山が好きで、夏も冬も、穂高山の直下、黒木の間に隠者のやうな生活をしてゐたのだ。「わしや荷が持てましねえで本当の御供だ」などと云ひながら、それでも達者に、老年まで山登りをつゞけてゐた。穂高、槍、霞ヶ岳あたりで、取つ付けさうだと思ふ岩角へは、大抵二つ返事で同行する。大天井と槍ヶ岳をつなぐ東鎌尾根にも行くつもりで、その折は焼岳の中尾峠から、尾根づたひに奥穂高から槍へぬけて、大天井へ行く約束であつたが、天気が悪るいのに、毎日毎日小屋から温泉まで三四日無駄足を運んでくれたが、その内に大雨で温泉の浴槽に河水がつくやうになつたので、御互に断念してしまつたが、最後に彼に別れる時、来年は必ずやらうと云つたなりで、とう〳〵機会は過ぎ去つてしまつた。

彼は殆んど自分の思ふまゝに生きて来たのだ。ガイドの後継者のことなども話したことがあるが、此の頃の若い衆は、山が厭でと云つたきり、気にもとめない様子であつた、適任でもない奴が先に立つて、やい〳〵引つ掻き廻して見たがる世の中には、彼は確かに異常であつた、又考へて見ても、養成しようと云つて出来る仕事ではないとも言へる。彼自身の説の如く、「旦那衆のあとについて黙つて歩るく」人夫が得られゝば、私達は絶対の満足をして宜しからう。

神河内の美しい森林はすでに失はれ、そこに住んだなつかしい心も、もう求められない。こゝに嘉門治の死を聞くと同時に、何等か、追憶の外に、私の心をひきつける何物かゞ、尚あの渓谷に存在し得るかを疑ふ。

私は渓を見まい、すでに得て胸に描いた印象を打ち破るに忍びない。私はもうそこの人達と語るまい、彼によつて得たなつかしい思ひ出を失ふに忍びない。

・上條家の没落

嘉門次が婿として入った上條家は、その地方としてはかなりの財産家でした。しかし残っている一八七三（明治六）年筑摩県発行の地券二一枚によれば、村のあちらこちらに合わせて一町歩にも満たない零細な畑を所有していたにすぎません。この地券はそれまでの現物貢租を金納に改める地租改正のために作成されたもので、地価の三パーセントを税金として現金で納めることになったため、安曇村では土地台帳の価格付けを最下等よりも下におき、実際の面積の一〇分の一、時には一〇〇分の一という過少記載をしたということです。山の木は売れて初めて収益が出るという、特殊な事情を加味してのことでした。そうであったとすれば上條家所有の土地も財産といえるほどのものだったことになります。

上條家の没落の原因となったのは、一八九二（明治二五）年一月二五日付の九九円の借用証でした。借入先は梓川村の金貸しで、年一割五分の利息が付いています。借受人が上條嘉門次となっているのは、一八八七（明治二〇）年に家督が譲られているためで、実際は舅の孫次郎の借金と思われます。九九円という半端な金額からして、これまでの借入金の元利合計のようです。孫次郎が高利貸から金を借りるに至ったのは、幕末から明治にかけての徴金負担や、学制や村政変革のおりの諸出金のためかと思われます。実際はその力がなくなっていたとしても、門戸を張っている限り応分のことをしないわけにはいかず、田舎では特に付き合いや義理に無理をするもので、孫次郎は事あるごとに高利で借りた金でそれをまかなっていたもののようです。

養蚕などで生活はできており、嘉門次の得る金で少しずつ返していくという方法もあったかと思われますが、利息が嵩んで手が付けられなくなっていたのか、あるいは金貸しの方が何も言って来ないのでそのまま放っておいたのかは定かではありませんが、孫次郎が老齢になり家督も譲ったことから、債権者が新たに証文を入れさせたのだろうと推察されます。この頃嘉門次はほとんど小屋におり、息子の嘉代吉は徴兵されて高崎の歩兵連隊で訓練を受けていた時で、二人はこのことを知らなかった節があります。

孫次郎は一八九九（明治三二）年に死去し、借金があることを言い残すことはなかったようです。すぐに債権者から返済を迫ってくると思ってのことだったのかもしれませんが、借金はそのままに、利息がふくらみ続けていきました。それを知らなかったであろう嘉代吉は一九〇二（明治三五）年、波田町の三畝一三歩の田を五〇円で買い入れました。当時の島々では余裕のある人は里村の田を買い、小作人に作らせ米を得ていたというのでそれに倣ったのでしょう。

その借金は一九〇六（明治三九）年一月になって現れました。九九円の年利一割五分の元利合計は一九〇六（明治三九）年一月で七〇〇円四九銭になり、嘉門次は九月に七〇〇円の借用証を書くことになりました。寝耳に水の嘉門次と実質的な家長であった嘉代吉は、驚きあわてて人に相談したりした結果、言われるままに借用証を書くより方法がなく、そうしている間に半年がたってしまい、その間の利息五〇円の借用書を、翌年九月新たに入れることになりました。一九〇九（明治四二）年の安曇村の歳入が二一五三円という時代の金額でした。

一九一二（明治四五）年、借金は上條家の全財産と引き替えに清算され、嘉門次は一六五円で牛小屋が建っていた四四坪余りの宅地と、そのまわりの畑を買い戻し、家族の住処としました。元の家は三つに分けて持って行かれたと言われ、騙し取られたと語り伝えられているところから、何が何やら分からないまま全財産はもとより、目ぼしい家財道具まで失くなってしまったということのようです。それから一家は、牛小舎を改造した六畳間と八畳ほどの板の間に囲炉裏を切った二間の家で暮らすことになりましたが、一九一四（大正三）年にウェストン夫妻が訪ねた時には元の家にいたということなので、実際に移ったのは一九一五（大正四）年頃と思われます。

嘉門次には上高地の小屋があり、それまで得た金は全部家に入れていたので後悔することもなく、財産を手放したのは自分の責任ではなかったので気に病む必要もなく、これまでの生き方をそのまま貫くだけでした。しかし、大きな家に生まれ育った妻や、嘉代吉とその子供たちの思いは又別であったようです。予期せぬ嘉門次の病没と、そのわずか二年後という嘉代吉の早すぎる死が、没落を決定的なものにしました。

第六章

帰英後のウェストンさん

一九一五（大正五）年に帰国したウェストンさんは、すぐに牧師としての仕事に戻りました、第一次世界大戦中で休暇にヨーロッパ・アルプスに出かけることができなかった夫妻は、英国南西端のコーンウォール海岸に出かけ、ランズ・エンド岬やリザード岬など、まだ旅行者に踏み荒されていない素晴らしい花崗岩や美しい入り江をめぐって三～四週間を過ごしたりしていました。

一九一八年（大正七）に第一次大戦が終るとウェストン夫妻は早速スイスに行き、心ゆくまで登攀を楽しみます。そこでのフランセス夫人の技量は、ガイドにもっと厳しい山に案内したいと言わせるほどすぐれたものだったそうです。その頃になると、日本山岳会会員の中にも、スイス・アルプスの登山をする者が出てきていました。ユングフラウとメンヒの冬期登山を果たした辻村伊助は、まだ在日中であったウェストンさんの紹介で、一九一四（大正三）年の英国山岳会一月例会に出席し、六月には辻村伊助、近藤茂吉、武田久吉の三人が、インペリアル・レストランで開かれた英国山岳会の晩餐会に招待され、辻村と近藤は主賓という待遇を受けました。

ウェストンさんは、自分たちのスイスでの登山のことについて日本山岳会に報告したり、また自分の蔵書の中からバドミントン叢書『登山篇』を寄贈したりしていました。その『登山篇』は、アルプス他の山岳地帯の名だたる登山家、探検家によって著された山登りに関する最高権威の書で、ウェストンさんは日本山岳会の成長を心から願って贈ったものでした。

ウェストンさんは一九一七(大正六)年に、英国地理学協会からバック・グラウンド賞を授与されます。往年の大探検家ジョージ・バックの名を冠した非常に権威ある賞で、その授賞式の席上、英国王立地理学理事であったD・フィッシュフィールド氏が、「ウェストンさんが設立を奨励した日本山岳会が根を張り、着実に発展しているのは喜ばしいことだ」と祝辞を述べました。フィッシュフィールド氏は元英国山岳会会長で、日本を訪れた時に日本山岳会の主だった会員たちの歓迎を受け、登山をし北アルプスにも足を延ばしていたので、日本山岳会の隆盛を実感していたのです。

一九一九(大正八)年、英国山岳会はウェストンさんを評議員に選出しました。

またウェストンさんはロンドン日本協会会員となり、自らを英国の田舎の人々や全国各地から集まる船員や兵士に日本のことを伝える特使のようなものと位置付け、生活の少なからざる部分を日本紹介の活動に当てています。そして陸軍病院で「日本」と題する講演をしたり、ケンブリッジ大学の郊外公開講座の一つを受け持つなどして、日本と日本人に対する正しい知識の普及につとめたのです。

ロンドン日本協会で、フランセス夫人が「富士山の今昔」と題する講演を行った時には、ウェストンさんがスライドを映写し、夫人は万葉集から始まる富士山の歴史にふれた後、自身の登山の話をし、特に嵐にあった須走りからの登山について詳しく語りました。その後ウェストンさんが、富士山では山頂から石を持ち帰ると雨になるという言い伝えがあり、夫人はその前の富士登山の時に火口から石を持ち帰っていたのだと話し、夫妻共同の講演会は好評を博しました。出席者は駐英大使の珍田子爵夫人、澤田夫妻、アーノルド公夫人、矢田一等書記官夫妻などです。矢田夫人は、ウェストンさんと共に日本山岳会名誉会員となった志賀重昂氏の娘さんです。

ロンドンでアーネスト・サトウと知り合いお茶を共にしたウェストンさんは、サトウに日本アルプスという呼び方はあなたの造語と思っていたと皮肉られ、弁明につとめることになりました。ウィリアム・ガウランドがふと洩らしたその名称を『日本旅行案内』に載せたのはサトウでしたが、それを広め、定着させたのはウェストンさんでした。サトウもそれは分かっていたのですが、七五歳になっていたサトウは、道とてもない山野を跋渉した自らの若き日を思い、今昔の感に堪えず一言洩らさずにはいられなかったのでしょう。その折ウェストンさんを自宅に招待しているので、日本の山について語り合う相手に会えたことがとても嬉しかったのでしょう。

サトウは日本での旅の従者であった本間三郎を執事にして、気候温暖な保養地のデボンシャーのオタリー・セント・メリーに隠棲していました。庭に好きだった竹や桜を植え、英国では生涯独身で通した静かな暮らしでした。しかし彼は日本にいた時に家庭を持ち、二人の男の子を得ていました。正式に結婚しなかったのは外交官としての立場からであったろうと推察されます。外交官夫人になれば社交上の義務が生じ、任地に同行して公邸内外での外交活動を担わなければなりません。

サトウは全くの日本人である武田兼さんと結婚し、私生活では日本人と同じように暮らすことを望んだのであれば、夫人を外交官夫人の立場に置かなかったことはうなずけます。サトウは日本勤務の後、タイ、ウルグアイ、モロッコに駐在し、一八九五（明治二八）年に公使として再び日本に帰任するも、一九〇〇（明治三三）年には駐清公使に転任しました。外地に勤務していた時も家族間の音信は絶えることなく、細やかな心配りをし合い、父親としての義務を果たし、次男である武田久吉が渡英した時は情愛深くめんどうを見ています。

一九一八（大正七）年七月のある日、汽車でサトウのもとに着いた夫妻は温かく迎えられました。『極東の遊歩場』の出版が間近だったウェストンさんは、持って行った本に載せる穂高や槍ヶ岳の写真を見せたり、サトウは自分の旅行日記を出したりして、針ノ木峠越えや奈良田、間ノ岳などの二人の共通の山旅について話し込むのでした。ウェストン夫妻は次の日の昼過ぎの汽車で、サトウに見送られロンドンに帰りました。その訪問の時に、今度はウェストンさんと春の早川谷の旅を共にしたJ・H・ケナウェイ氏と食事をしようということになったようです。二年後、サトウの自宅に近いエスコットでケナウェイ一家との昼食会がもたれましたが、ウェストンさんと山行を共にしたJ・H・ケナウェイ氏は一年前に亡くなっており、子息一家との故人をしのぶ会になりました。

アーネスト・サトウは一九二九（昭和四）年八六歳で亡くなります。最後を看取り、葬儀を出し、日本の家族に知らせるまでの一切を取り仕切ったのは本間三郎でした。

・『極東の遊歩場』を出版

一九一八（大正七）年の末、ウェストンさんは二回目と三回目の来日中の登山のことを記した『極東の遊歩場』を刊行しました。この本は日本の山岳愛好家にも読まれることを期待していましたが、案に相違して日本では前著『日本アルプスの登山と探検』ほどのセンセーションを巻き起こすことはありませんでした。その頃になると日本山岳会は一人歩きを始め、創設メンバーは一線を退き、新しい会員たちは次々と秀峰を踏破し独自の登山を開拓しており、ウェストンさんの山行はもはや新鮮さを失っていたのです。設立の礎を築いたウェストンさんの功績は忘れられがちになり、その本は日本ではあまり売れませんでした。しかし、日本山岳会の会員で大阪の英国副領事をしていたオズワルド・ホワイト氏が、日本山岳会会報『山岳』第一三年二号に寄せた『極東の遊歩場』への以下の書評は当を得たものでした。おそらくウェストンさんを知る心ある会員たちも同じ気持ちであったことでしょう。

「ウェストン師に対してわれわれは感謝の念を持っている。外界にはほとんど知られることのなかった時期にあって、日本アルプスの高峰に登山する外国人は一人ではなかったものの、その山域の隠れた美を探究するだけでなく、広く人々に周知させるために全身全霊を尽くした人物はウェストン師をおいて他にはいない。彼の熱心な探求は、日本人にとっても外国人にとっても、ようやく姿を示し始めた新世界に踏み込む有力な手がかりとなったのである。当時困難をきわめた登山も、今日にあっては順風満帆の水路を進むような行程であるとしたら、その航路を最初に開拓した先人に感謝しなければなるまい。今では幸いにも解消された多くの障害、すなわち案内人の不足、地元の迷信、不明な登路、そして総体として施設の不備などがあって、探検登山者の前途をさえぎっていた。探検にともなう面白味という訳ではないが、知られざる場所へ踏み込む緊張感は消え去ったか、あるいは消えつつある。日本の登山家たちが心から愛する類まれな巨人、すなわち槍、立山、白根をはじめとする多くの高山が征服された。そしてこの実績が引き金となって、現在年を追ってますます多くの登山者が、着実に力を付けながら中央部のたくさんの山岳をめざして、さまざまな登路から登るようになっていった。しかしながらその鍵を与えてくれたのは登山の先駆者たちであって、中でも最高の功績に値するのはウェストン師である」

・槇有恒の訪問

慶応義塾大学を卒業してアメリカのコロンビア大学に留学していた槇有恒は、一九一九（大正八）年一月ロンドンのウェストンさんを訪ねました。ウェストンさんはこの訪問を大変喜び、これからアルプスに行くという槇に親身にアドバイスをし、ピッケルやロープをあげるから持って行くように言い、英国のアルパイン・クラブのメッカのようであったツェルマットに行くより、グリンデルワルトへ行く方がいいだろうとすすめました。ウェストンさんの居室にはお花畑を描いた日本の掛軸がかかり、机の引き出しいっぱいに幻灯のスライドが入っていました。これは横浜の有名な幻灯屋の製作で、世界一の幻灯製作者だとウェストンさんは激賞していました。

ウェストンさんの提言に従ってグリンデルワルトに行った槇は、ガイドの手ほどきで、メンヒからアイガーを縦走するなど目ぼしい山を登りました。その時以来、槇の目に焼き付いていたのはアイガー東山稜です。この東山稜は、半世紀近くも英国をはじめ各国の名立たる登山者たちが、手をかえ品をかえ挑戦しては失敗に終わっているルートでした。

三シーズンにわたる登攀で自信を得た槇は、この東稜制覇をグリンデルワルトのガイドたちと話し合います。グリンデルワルトはガイドによって生計の大部分を維持していた村で、自分たちの村の未踏稜を村の名誉を懸けて、自分たちのガイドの力で登攀を成功させたいと、全面的に惜しみない協力をしました。金具やハーケンは、ピッケル制作の名工シェンクが一日がかりでこしらえ、氷の壁を登るための特別な用具をととのえました。一九二一（大正一〇）年九月九日に出発し、途中ビバークして、東山稜によるアイガー登頂を果たすことに成功しました。グリンデルワルトの人々は下山してきた一行を花火で迎え、村の代表者が祝辞を述べ、シャンパンの祝杯をあげ、地方の服装に着飾った娘たちが赤い花束を贈り、地元の新聞は「槇さんとガイドたちの執念とチームワークがこの成功を導いた」と称えました。

槇は自分の登攀の成功の記念と、支援してくれたスイスのガイド組合への感謝の思いから、多額の寄附をしました。主としてその寄附金によって、東山稜下半部の一角にミッテルギーの山小屋が建てられたのです。木造りの清楚な、小さいながら設備のいきとどいた居心地の良い小屋で、出入口の壁の上部に、ザイルとエーデルワイスを彫った額縁に入った槇の肖像が掲げられているのが、唯一槇によって建てられた小屋であることを示すものでした。

ウェストンさんが種をまいた日本の近代登山が、世界中の登山界を震撼させるほどの結果を得たことは、日本山岳会のみならずウェストンさんにとっても誇らしいことでした。一九二六(大正一五)年、ウェストンさんは当時オックスフォード大学に留学中であった秩父宮のアルプス登山の相談を受け、槇と共に準備段階からかかわります。わざわざロンドンからグリンデルワルトやツェルマットの山麓の村まで出向き、秩父宮の出発を見送り帰りを出迎え、まるで孫を心配する祖父のように世話をやきました。この時の秩父宮は、グリンデルワルトを起点にヴェッターホルン、フィンスターアールホルンに登頂し、ツェルマットからマッターホルンに登るなど一〇座を越える登頂を果たします。

秩父宮はこの実績により二年後、英国山岳会の名誉会員に推挙されます。この他にも槇有恒と浦松佐美太郎がウェストンさんの推薦で英国山岳会会員となりました。

・ウェストンさんの日本擁護

帰英後のウェストンさんにとって、日本は自分の人生の一部になってしまっていました。スイスで関東大震災を知ったウェストンさんは、率先して募金活動を行い日本に救援金や物資を送るなどの親身な支援をしています。

しかし、当時日本山岳会にはウェストンさんを過去の人としてとらえる風潮があり、英国山岳会から世界の山岳会の大会に参加するように勧めた手紙に返事も出さず、ウェストンさんを非常に悲しませました。一九二〇（大正九）年にモナコで開催されたその大会にウェストンさんは出かけて行き、「日本アルプス」という題の講演を行い、日本の山を世界の山岳界に紹介します。ウェストンさんはこの時、出席せずともせめてメッセージがあれば、日本山岳会の名を広めるよい機会であったのにと残念に思ったことでしょう。さらにウェストンさんを悲しませたことは、日本山岳会から、名誉会員の制度を廃止したので会員バッジを返してほしいと言ってきたことです。ウェストンさんは、せめて自分の日本の記憶に止まる記念のものとして手元に置かせてほしい、とその時ロンドンにいた武田久吉に訴え返却しませんでした。

その頃の日英の関係は、ロシアのアジア進出を牽制するために一九〇五（明治三八）年に結ばれた日英同盟も変化しつつあり、一九二一（大正一〇）年には廃棄が決定します。英国は第一次大戦の戦勝国ではありましたが、大戦に参加しなかった米国に、国際的地位も経済も世界一位の座を譲り渡す結果となっていました。英国にとっては米国との関係に重きをおくことが重要になり、日本との関係はうすれ、シベリア出兵などの日本の軍国主義的傾向を警戒する空気がありました。

ウェストンさんは、英国人に日本人のことを知ってもらおうと、一九二五（大正一四）年『知られざる日本を旅して』を出版しました。この本はウェストンさんの日本観の集大成で、日本の歴史、地理、気象、文化、宗教行事、国民性などについて記したもので、一九二三（大正一二）年の関東大震災の伝聞で終わっていますが、その内容は要約すると次のようなものです。

・日本人の国民性は自然によって形作られたもので、繰り返し襲ってくる洪水、台風、火事、地震などの厳しい自然との戦いによって日本人の持つ優秀で堅実な特性が養われた。それは限りない忍耐と不屈の精神であり、知恵と工夫と自制心であり、この独特の自然環境が日本人の大部分をつつましくさせ、簡素な日常生活に満足させている。木材の質も種類も豊富で、作られる家具や日用品は美術品と言ってもいいほどである。

・田舎に行くと、大自然と密着した生活により開放的な共同社会のような特徴が見られ、気取らず思いやり深くお互いを助け合う。人間性に飾りがなく純真さも損なわれておらず、生来の素朴さと礼儀正しさが備わった人々は、古くから彼らが自分の国を呼んだ「君子の国」という名に恥じない。農村の婦人は非常に重要な役割を果たし、夫と労働を共にするだけでなく相談相手にもなり、主婦が財布を預かり実際に家庭を支配することが多い。特に養蚕の仕事は女性の助けなくしてはできず、生糸の七割が輸出され、大部分がアメリカの需要に負うものであるが、米の収穫が国民全般にとってきわめて重要であるという認識がなければ、日本の農村地帯について理解することができない。濃尾大地震での私の体験からいえば、自然の営みがもっと優しい恵み豊かなものであれば、その国民性はもっと生気があり、無感動な顔として西洋人に誤解を招くようではなく、感受性の強い優雅なものになったであろう。自然の破壊を絶えず修復しなければならないことが国民性を克己的で辛抱強い運命論者にさせたようだ。

・日本陸軍の最も強い兵士はこのような農民階級の出身で、山間部の農民出身の兵士は、山岳戦において騎兵と同じようなある種の特性をそなえ、機動性に富み、自ずから行くべきところに到達することができると実証されている。

・日本がアジアの大英帝国として、商業的にも工業的にも強国になろうとする野心を持っていることは、それ自体としては当然であり敬意を払うべきことである。その野望が分別を越えることなく、その熱意が警戒の範囲内に抑えられれば、日本が次第に東アジアにおいて大強国となっていくことは間違いないだろう。

・東京の大通りは、鉄骨造りの高層ビルが両側からおおいかぶさるように軒をつらね、昔は手押し車から汲んだ水を柄杓でのんびりとまいていたものが、今では散水車が嫌な臭いをたてて曲りくねった道を歩行者をひいてしまいそうになるほどのすごいスピードで走っている。日本橋の下にはさまざまな小舟が、機械力にせよ人力にせよ一番便利な方法で行き来し、橋の上には電車が走り、遠からずのところに高架鉄道がある。道には絶え間なく自動車、タクシー、バスが走り、それらに交じって馬が引く馬車、人が引く荷車、自転車に乗る男、人力車を引く車夫があり、ここでは重い荷をつけた荷車を牛がよろめきつつのろのろ引く姿さえ決して不調和には感じられない。

・明日の日本が、物質的な進歩と革新の分野においては、今日の日本よりはるかに富んだ、恐らくある点ではよりよい国になることは確かであろう。しかし、かつてそうであったような素朴で絵のように美しい国にもう一度なることは決してないであろう。物質主義的な状態に急に飛び込んだことが、こういうやむを得ない結果をもたらしたのだろう。

・街では、着ている物も明らかに境遇も違う子供たちが、一体どこから来てどうしてそれほど自由気ままに動き回ることができるのか、と時々不審に思うことがある。幕末の英国の総領事であったオルコックが、「日本は子供の天国である」と言った言葉は全くその通りである。

・あちこちにある風呂屋は貧乏人のクラブで、一日の仕事を終えここで疲れをいやしてくつろぐのが彼らの無上の楽しみで、一家で行くことが多いが、全く見知らぬ他人と親しく付き合うこともある。日本人の清潔に対する強い気持ちは独自の文化で、その結果として彼らは現在世界中で最も清潔な国民である。今では男女別々に入浴するのが普通だが、これは主として外国人の偏見に対処するために変えられたもので、それ以前は裸体は見てもよいが見つめてはいけないという不文律で、何ら問題が起きることはなかった。

・夏の夕方に開かれる夜店の、盆栽、季節の花、骨董品、衣類、髪飾りなどの店が揺れる光の中で立ち並ぶ情景は、芝居の舞台かおとぎの国のようである。昼間の通りではそれぞれに意味のあるもじり絵の看板が面白いけれども、現代風の店の英語を真似て書いた看板、たとえば「婦人の仕立服、婦人は二階に置いてあります」等々はそれ以上に傑作であり、いろいろ見ていると驚きと楽しみの種は尽きない。

・日本の奥深い山々は、ほとんどの人にとって未知の国であったが、英国人の探検者によって神秘のヴェールが剥がされ、今日では大勢の知識階級の人々に山登りの魅力が行きわたり、この二年の間に摂政宮殿下が富士山に登られ、弟君の秩父宮殿下は夏の北アルプスに登られ、冬のシーズンにスキー遠征を何度か試みられた。日本の登山家が国内で立派な業績をあげているが、その中の一部の人々はスイスアルプスでも活躍し、約四年前に槇有恒氏がグリンデルワルトからアイガーの東山稜を登頂するという、それまで誰も成し遂げたことのない登攀をして大いなる名声を得た。日本アルプスは、スイス・アルプスのように氷河や万年雪におおわれた光景は見られず、スケールも三分の二にすぎないけれども、人里はなれた渓谷の自然のままの美しさと、うっそうと繁る原生林が山の斜面を広くおおっている風景は、ヨーロッパ・アルプスを歩いてもこれ以上のものに出合うことがないほどの素晴らしさである。

・近年における日本の危機は唯物主義であると言われてきた。若い世代の多くが古くからある信仰を捨て、人間の能力のみを礼賛する傾向が強いというのであれば、本当の登山の教訓を学ぶことはより高い理想を求める前兆となる。高い山の峰に登って得られる、壮大で感動的な光景からは、人間の力ではなし得ないもっと崇高なものの存在を感じることができる。

この本ではまだ英国の人々に日本を知ってもらうことが不十分と思ったウェストンさんは、その翌年に『日本』という、日本の美しい風景や風俗、さまざまな人物、観光名所などの写真と絵を主とした本を刊行しました。

ウェストンさんはロンドン日本協会の名誉書記になります。何回か例会の議長をつとめ、一九二七(昭和二)年の例会では、槇有恒が「日本の登山の特色」という題で講演をし、高等学校や中学校の生徒も登山部を組織し、小学校、女学校でも山への遠足をしている、と日本では登山が教育の一環となっていることを話しました。

一九三一(昭和六)年に満州事変を起こした日本は、世界から不正行為だと非難を受け、英国で熾烈な排日運動が起こります。英国国教会の最高位のカンタベリー大主教が、他国を踏みにじった日本を声高に非難したことに危機感を覚えたウェストンさんは、日本の幻灯板やいろいろな物を持って英国中を講演して回り、日本人は言われているような危険な民族ではないということを英国民に説きました。さらにつてを求めては政界の有力者たちの間を奔走し、日本の行為の正当性を説いて回ったのです。

・晩年のウェストンさん

老境に入ったウェストンさんは、蔵書の一部を日本山岳会に寄贈し、日本から一カ月遅れで届く週刊新聞『ジャパン・メール』を読むのを楽しみにしていました。『ジャパン・メール』には上高地についての報道もあったことでしょう。一九二二（大正一一）年には松本～前渕（島々）間に電車が運行され、バス路線は奈川渡から中ノ湯、さらに大正池へと延び、ついには河童橋までバスで行くことができるようになります。

一九一五（大正四）年、焼岳の噴火で泥流が梓川をせき止めて出現した大正池は、にわかに観光地として脚光を浴び、また発電所の取水源として発電所の建設が進められます。長野県は観光資源として上高地を活用する動きを見せ、発電所建設の資材運搬用に一九二四（大正一三）年頃に開削した釜トンネルを広げ、道路を作り、車の通行ができるようにして、一九三三（昭和八）年上高地ホテル（現帝国ホテル）をオープンさせます。

その経過を『ジャパン・メール』で追っていたウェストンさんは、後に日本山岳会会長となる松方三郎が訪問すると、上高地に関する質問を矢のように浴びせかけます。そして最後に上高地にホテルができるというニュースは本当かと聞いたのです。松方さんが本当だと答えてその経緯を説明しようとすると、ウェストンさんはつと立って窓の外に目を向けました。その目に涙がいっぱい湛えられているのを見て、松方さんは何も言えなくなったということです。大正池の出現により急激に変化をとげてゆく上高地が、ウェストンさんにはフランセス夫人との美しい思い出までも奪っていくように思われたのでしょう。

この時のウェストンさんは、アイヴェルナ・コートというフラット形式の共同住宅の五階に住んでいました。ウェストンさんの推薦で王立地理学協会の会員になった、後の日本銀行総裁の渋沢敬三も一時期このアイヴェルナ・コートに住んでいましたが、その頃はもう帰国していました。

・顕彰碑の設立

ウェストンさん自身も健康を害されたことがあったようですが、フランセス夫人の重篤がウェストンさん自身のこととして日本にあやまって伝えられると、日本山岳会は、ウェストンさんの長年の功績に対する感謝と喜寿の祝いを兼ねて顕彰碑を作ることに決め、一九三六(昭和一一)年、折りしもジョージ六世の戴冠式に列席される秩父宮の随行記者として渡英する、朝日新聞社の荒垣秀雄に記念碑の設置場所についてウェストンさんの意向を聞いてくることを依頼しました。

荒垣さんが訪ねたウェストンさんの部屋は、ロンドンにいるいかなる日本人も、これほど日本的な雰囲気の中に住んでいないといえるほど日本の調度で埋まっていました。古色蒼然とした桐の箪笥、金具の付いた用箪笥は荒垣さんの故郷の家にももうないという古い物で、壁には広重の東海道と富士の浮世絵がかかり、マントルピースの上に秩父宮の署名入り写真が飾ってありました。

「日本山岳史における貴下の功績については、山に関心のある日本人で知らぬ者は一人もいない。しかしどうしたわけか、この功に報いようということを誰もが忘れていた。ウェストン翁病むという報が新聞で伝えられると、皆が急にこのことに気付き、今まで翁を遇することを知らなかったのは、日本山岳会の恥だったことが今痛感されている」という、託されてきたメッセージを聞いたウェストンさんは、目を閉じ感きわまって一語も発することなく、ただ何度もうなずくばかりでした。設置場所については、「それは決まっている。槍と穂高に登る上高地だ。私はこの二つの山を最もよく登攀し最も愛した。そして上高地から二つの山を仰いだ」と言下に答えました。

ウェストンさんはフランセス夫人の写真を次から次と出し、登山家としての夫人の話に熱中し、嘉門次の名を懐かし気に何度も口にしました。夫人の病気で心労の極みにあったウェストンさんにとってこの訪問は相当に嬉しかったようで、荒垣さんが飛驒の出身と聞くと飛驒のどこかと問い重ね、船津と答えると本棚から『日本アルプスの登山と探検』を出して地図を指さし、それからはまるで同郷者同士であるかのような会話になったということです。

その後日本山岳会からレリーフの写真が送られて来て、ウェストンさんは「身に余る光栄であり、日本山岳会の旧友の友情と愛情のたまものであると、心から感謝申し上げます」と礼状を書いています。

顕彰碑は一九三八（昭和一三）年の八月、槇有恒さんたち日本山岳会員の手で、梓川のほとりの岩にレリーフ板をはめ込んで設立されました。戦争中は取り外され、東京の日本山岳会に保管されていましたが、空襲による火災で損傷を受けたので、その後新たに制作されたものが同じところに取り付けられて、ウェストンさんの温容が訪れる人たちを迎え続けています。

・勲四等瑞宝章受章とフランセス夫人の死

ウェストンさんの日本擁護活動に対して、特に英国でそれをまのあたりにした日本人の間で、勲章の叙勲を申請しようとする動きが出ました。日本山岳会が発起し、松方三郎や、カナディアン・ロッキーのアルバータ峰などの日本の海外遠征登山について支援してきた細川護立などが運動して、勲四等瑞宝章が授与されることになります。授賞理由は「国民体育発展上寄与するところ大のみならず、日英両国親善に貢献せる功績顕著なり」というものでした。一九三七（昭和一二）年七月一六日、ロンドンの日本大使館で伝達式が行われ、吉田茂駐英大使からウェストンさんに勲章が授与されました。

ウェストンさんはその二カ月前の五月一七日にフランセス夫人を亡くしており、この名誉を夫人と分かち合うことはできませんでした。フランセス夫人はスイスで療養したりしていましたが、最後は医師であるお姉様が開いていたバーモンジー・メディカル・ミッションという病院に入院していました。ロンドン市内にあるレンガ造りの立派な邸宅のような病院で夫人は手厚い看護を受けましたが、癌が他の臓器にも転移し、痛み止めの注射もその時だけしか効かず、苦痛名状すべからず、とウェストンさんが日本山岳会会長への手紙に書き送ったような、お気の毒な状態で最後を迎えられたのでした。フランセス夫人の死は、ウェストンさんにとって耐えられないような淋しさであったことでしょう。

・ウェストンさんの死

ウォルター・ウェストンさんは一九四〇（昭和一五）年三月二七日、脳出血により七八歳の生涯を終えます。日本山岳会は英国山岳会に弔電を送り、これに対して英国山岳会幹事のオートン氏から謝礼の手紙が届きました。その手紙には「私はウェストンさんと永い親交があり、ウェストンさんは日本山岳会の友人たちにこの上なく親愛を持っておられた。日本山岳会が上高地に記念碑を設けるという非常な栄誉を与えられたことは喜ばしいことと思う。ウェストンさんは昨年一〇月に大手術を受けられ、体力の衰えが著しかったけれども、亡くなる数日前に午後のお茶を共にした時には、近頃はずっと気分もよく、恢復したと言っておられたので訃報を受けて非常に驚いた」と綴られていました。

一九三九（昭和一四）年に第二次世界大戦が勃発し、一九四一（昭和一六）年末には日本の対米開戦により英、米、仏などの連合国と戦端を開くことになり、ウェストンさんのこれまでの日本擁護も水泡に帰してしまうのです。

ウェストンさんはアーネスト・サトウやバジル・ホール・チェンバレン教授のように日本文が読めたわけではなく、日本に関する知識も自身の体験以外はそういった人たちが書き著したものから得た二次的なものに留まりました。日本での登山についてもパイオニアというわけではなく、政治的な見解もチェンバレン教授のように冷静な分析から出たものではなく、多分に心情的なものがありました。しかし、ウェストンさんほど日本の山間部に暮らす人々と交流し、日本山岳会の発展を心から願い、渓谷や森林の美しさを終生にわたって伝え続け、売れないであろうとは知りつつも、多分自費出版で日本についての本を二冊立て続けに出版し、日本人の本当の姿を伝えるために英国中を駆け回るほどの深い愛情を日本にそそいで下さった人は、他にありません。私たちはこのような人を持ったことを心から感謝すべきでしょう。

なお、ウェストンさんがその著書の中で、『日本旅行案内』や『日本事物誌』から伝説や風習などを引用し、そのことを明記していないと非難する向きがあります。しかし本に書くことは何かを人に知らせる行為であり、本から得た知識を共有し、さらに広めることはその目的にかなうことです。学術論文でない限りにおいては、いちいち出典を明らかにすることは必ずしも必要ではないように思われ、現にアーネスト・サトウもチェンバレン教授もそれを容認していました。

第七章

英国にウェストンさんの跡を訪ねて

・ウォルター・ウェストンさんの墓

ウォルター・ウェストンさんの逝去は太平洋戦争突入の直前であったため、日本山岳会も長くその墓を把握していませんでした。一九七五（昭和五〇）年、嘉門次の曾孫上條輝夫の渡欧の機会をとらえて朝日新聞社が墓を探して下さり、墓参がかなうことになりました。当時の朝日新聞社ロンドン支局はタイムズ社に寄局しており、死亡年月日が分かっていたので、その日の新聞の『タイムズ』の死亡広告から墓はすぐに分かったということです。

ウェストンさんの墓はパトニーヴェール墓地BSブロック五六番で、墓碑は左側の縁石に、「REV WALTER WESTON BORN DEC・25・1860—DIED MAR・27 1940」と刻まれていました。もともとこの墓は、ウェストンさんの夫人フランセスの父上フォックス卿が自分の妻のために造られたもので、通路側正面の少し広い縁石の上にその名が刻んであります。フランセス夫人の墓碑名はウェストンさんの右にありました。夫人は火葬にしてお母様と同じ墓に眠られ、ウェストンさんもやはり火葬で夫人と同じ墓に入られたのでした。

一九七五（昭和五〇）年に墓参した時は初夏のころだったので、墓上に茂る草が縁石にかぶさり、それをかき分けてウェストン夫妻の墓碑名を確かめるという状態になっていました。この時の訪欧は、当時の安曇村とスイスのグリンデルワルト村の姉妹村締結記念の記念訪問が主で、スイスから英国に渡ったのは上條輝夫と安曇村の主だつ二人の人でした。その一人がまわりにある十字架や天使像などの趣向をこらした墓の中で、このシンプルな墓があまりにわびしく思われたようで、「ここに何か友好の記念になるものを置きたい」と申し出て、墓地管理事務所の責任者の方の同意を得ました。それが新聞に載ると、そのために使ってほしいと数人の方が嘉門次小屋宛てに基金を送って下さいました。

その後渡英の機会もなく、各方面に相談してみても具体な話には到らず、お預かりしているお金は郵便貯金にしておりました。そしてそれが一〇年ごとの更新を迎えるたびに、わざわざ基金を送って下さった方々に対して、お志に添えないことへの心苦しさを新たにしていました。

そんな折、ロンドンに行くという私たちの知り合いがいたので、お墓に花を供え、様子を見て来てくれることを頼みました。帰って来た知人の話によると、ウェストンさんの墓のある古い一画は荒廃はなはだしく、倒れて上に乗りかかった違う人の墓石を管理事務所の人と二人で退かして、ようやくウェストンさんの墓と確かめることができたということです。知人の意見は、ウェストンさんの墓はすっきりと趣味のよいデザインであり、それほど大きくもない墓に何かを付け加えることは避けた方がよく、ただ縁石の一方が沈み込んでいたのでそれを直すだけにとどめたらどうか、というものです。墓地の仕事をしている石工の人のメールアドレスを管理事務所から教えてもらって来て下さったので、私たちは何度か連絡を試みましたが返事をもらえませんでした。

二〇一二（平成二四）年二月ようやく渡英の目処がついた私と娘が、ロンドンのヒースロー空港に降り立つと、思いがけなく佐藤さんが迎えに出向いて来て下さっていました。佐藤さんとは一〇年ほど前、ロンドン大学の副学長であったジョン・ホワイト教授を案内されて上高地においでになった時からのご縁です。その後、ホワイト教授の詩を佐藤さんが対訳されている詩集を送っていただいたりもして、お付き合いが続いていました。今回はウェストンさんの墓まで車で案内して頂くことをお願いしていたので、到着の日はお知らせしていましたが、時間までは言っていなかったので迎えを受けて本当にびっくりしました。

翌日、佐藤さんが車で案内して下さった、ウィンブルドンに近いパトニーヴェール墓地は、縦横に走る車道に街路樹が立ち並ぶ広大な墓苑でした。入口の管理事務所に寄ると、知人が訪ねた時に大そう親切にして下さったという方はおられませんでしたが、対応してくれた人が「日本人が大勢訪れる墓ですね」と行き方を教えて下さいました。大抵の人がそうであるように、ウェストンさんも英国では一部の人を除いてほとんど誰も知らない人になっていました。日本の登山界に大変貢献して下さった方だと、佐藤さんを通じて説明すると、そうなのですかとうなずかれました。

裏門に近いあたりで車を降り、細道を少し上がったエリアにウェストンさんの眠る墓はありました。散乱していたという墓石や石柱などはきれいに片付けられ、片方が沈んでいたという縁石も直されていました。数年前、この古いエリアは伝統的墓地の指定を受け、公的な補修対象となってこのように整備されたということです。

佐藤さんはロンドン郊外の住宅街にある三輪精舎というお寺で布教活動をされている方なので、衣を羽織り、お墓の前で香を焚いてお経をあげて下さいました。白い菊の花束を墓上に供え娘と手を合わせながら、泉下のウェストンさんもフランセス夫人も、あの島々の村から嘉門次の子孫がやって来て経をあげてくれる日が来ようとは、と微苦笑をされているような気がしました。ウェストンさんは聖職者ではありましたが、プライベートでの言動には少しも宗教くささがなく、仏教に何の偏見も持っておられなかった方なので、お経を喜んで下さったことでしょう。

このお墓は、見た目には淋しいと思う人もあるかもしれないながら、建てた人の美意識が感じられるいいお墓でした。夏には墓上の草が伸び、縁石の墓碑を覆うことがあったとしても、自然が好きだったウェストン夫妻は満足しておられるように思えました。お預かりしていた基金は、墓地管理事務所に寄附させてもらうことにして申し出ると、喜んで受け取って下さいました。

春浅き墓の閑雅に香煙流る

ひざまづく墓のほとりのあたたかし

冬芽燦と百年の友情褪するなく

・ウェストンさんの最後の住居

ウォルター・ウェストンさんが亡くなるまでの一七年間を過ごされたのは、アイヴェルナ・コート五七番の家でした。そこを探して地下鉄のハイストリート・ケンジントン駅から、この方角と思われる辺りを歩いてみましたが分かりませんでした。通りから入った辺りには人影もなく、ようやく向こうから来る人がいたのでたずねると、その方はとても丁寧に教えて下さり、目印のポストを見落とさないようにと念を押すと、さっと歩み去って行かれました。前日ウェストミンスター大聖堂を訪れ、スペインやローマでしたように大聖堂内の写真を撮ろうとしたところ、後から咳払いが聞こえ、振り返ると撮影禁止の立札がありました。その時の直接言わずに相手に悟らせるという英国風のマナーと共に、その方のいかにも英国紳士らしいありようはウェストンさんを彷彿とさせるものがありました。

アイヴェルナ・コートは、アイヴェルナ・ガーデンという庭の一方に面している、幾つかの棟からなる六～七階建ての大きな集合住宅でした。赤レンガ造りの建物はよく手入れされていて、そんなに古くからあるようには見えず、縁を白く塗った縦長の窓には、それぞれ趣味のいいレースのカーテンがかかっていました。ウェストンさんはこの右端の棟の五階の住居から、重いガラスのスライド板と幻灯機を持って、日本と日本人のことを英国中に理解してもらうために講演に出かけられたのです。松方三郎から上高地に車が入りホテルができると聞いて、悲しみで涙をいっぱいためて外を見つめていたという窓に届くばかりに、庭の細い木が伸び風にゆれていました。

ガーデンの中にある小さな美しいセント・サーキノス・アルメニア教会は、一九三五(昭和一〇)年にウェストンさんが教会の五周年記念の礼拝に招かれたところでした。

春日射す窓のレースのかなたかな

・ウェストンさんのスライド

イタリア国立トリノ山岳博物館が一九九一(平成三)年にロンドンの古物品マーケットで買い上げた、一八〇〇年代の終わり頃から一九〇〇年代初め頃までのガラス原板スライド一二五〇枚の中に、二五〇枚のウェストンさんのスライドがありました。トリノ山岳博物館はその中から九〇枚を選び、一九九五(平成七)年「ウォルター・ウェストン氏写真展」を開催し、解説を付け一年間イタリア各地を回りました。

翌年、日本でもそれに四枚の写真を加え、「ウェストンの見た明治、大正の日本展」として各地で公開されました。ウェストンさんが自分で撮影したものの他に、友人から集めたり購入したりした写真の美しく彩色されたガラス板のスライドには、山はもちろん民族、風俗、建造物、風景、大地震や大飢饉などの自然災害までも含まれており、ウェストンさんが日本の姿を知ってもらおうと英国中に見せて回られていたものが、今度は日本各地を巡りました。

・ウェストンさんの故郷へ

ウェストンさんの故郷ダービーは、英国ダービーシャーの行政中心地となっている工業地帯で、一八世紀に始まった産業革命の中心地でした。ウェストンさんは、ゴム織紐製造で成功した工場経営者の父の六番目の息子として、一八六一（文久一）年一二月二五日ダービーに生まれました。

ダービーには、一一六〇年創立の英国で二番目に古いダービー・スクールというパブリック・スクールがありました。パブリック・スクールは産業革命によって生まれた富裕層が、子供たちを中・上層階級に加わるための教養を高める目的で創られたものですが、当初はあまり目的を達していませんでした。一九世紀半ばにラグビー校から始まった教育改革により、全てのパブリック・スクールが国民のリーダーを養成するという教育方針をとるようになり、現在の地位を確立するようになったのです。誰にも引けを取らない強健な体力と忍耐心、冒険をいとわない精神と他者への献身、優れた知識と技術、的確な判断力と創造力、仲間から信頼される人格、グループをまとめる力、などの教育理念の実践の結果が一九世紀のジェントルマン像でした。パブリック・スクール卒業の肩書の信用度が、近年まで社会的に高い評価を得ていたことはそのためです。ラグビーをはじめ、ボート、フットボール、テニスなど、英国発祥のスポーツが娯楽性よりもルールを重視したものであることは、スポーツを通じて人格を養成するという伝統からきたもので、登山もまたジェントルマン育成にふさわしいスポーツとみなされていました。ウェストンさんがダービー・スクールに四年間在籍する間に、兄と共にスイス・アルプスを訪れたのも、そういう背景があってのことでした。

英国人の登山に対する姿勢は、一六～一七世紀のピューリタン運動に始まったといわれます。徹底的にあらゆる偶像や迷信を避け、神が造られた人間や自然を、崇拝や絶対視の対象とすることを厳しく拒んだその運動の影響は、その後も長く英国社会に残りました。英国人が登山の開拓者となり得たのは、山に対する宗教的な恐れが全くなかったことも要因の一つです。湖水地方の岩山でロッククライミングの腕をみがいた人たちが、ヨーロッパ・アルプスで次々と偉業を成し遂げた登山の黄金時代（一八五四〈安政一〉～一八六五〈元治二〉年）に生を受けたウェストンさんが、スイス・アルプスの山に憧れたのは当然のことでした。来日して日本の山に登ったウェストンさんが、登山記録と共にその地の自然、地質、植物、宗教行事や慣習などを書き留めたのも先人たちに倣ったもので、当時の登山には、あらゆる分野でパイオニアとしての役割を果たすという意気込みがありました。

ロンドンからダービーまでは急行列車で一時間三〇分余りです。車窓から見える風景は、なだらかな大地と広い空で、英国と日本は国土面積がさほど変わらないと言っても、利用できる土地の広さには格段の差があることをしみじみと思わせました。北西部の湖水地方には山岳地帯があり、岩場や渓谷があるとはいえ、一番高い山が九七八メートルというのでは深山幽谷というにはほど遠く、そういう自国の人々に日本の山の深さや急峻さ、流れの激しさを伝えるウェストンさんの苦心のほどがしのばれました。ウェストンさんは、日本の山岳地帯の魅力を一つにしぼるとすれば、うなりをあげて急流が走る、深く切れ込んだ谷の見事さとしています。そこに咲くツツジや藤や、木々が燃えるように輝く錦秋の風景は、この国では見られないものであったようです。

ロンドンのホテルは土曜日だけ部屋が取れなかったので、その日をダービーに行く日に当てたのですが、ダービーは観光客が来ることの少ない町らしく、駅から歩いて一分のところにある、美しい裏庭を持つ三階建ての落ち着いたホテルに部屋が取れました。

駅前から乗ったタクシーは、ウェストンさんが生まれたパーカー・ストリート二二番に向かって、市街を左に見る郊外の迂回路を走り二〇分ほどでパーカー・ストリートに入りました。パーカー・ストリートは、大通りの両側にレンガ造り二階建の家々が三軒ずつ、通路を挟んで建ち並んでいる住宅街でした。二二番の家は一番奥の並びの、右側のまん中であるはずでしたが、どういうわけかその三軒だけが取り壊されていました。タクシーの運転手は、家がないのは仕方がないからかまわないのだと私たちがいくら言っても、家まで行けなかったからとどうしてもチップを受け取りませんでした。

家々は案外と小さく、残っている建物跡も建っているものと同じでした。ウェストンさんの父上は後に郊外に立派な邸宅を構え、町議会の議員を務められたということなのでここに長くは住まれなかったかもしれません。大通りをはさんで対をなす左側の三軒の家々は残っており、小学校の裏庭に向かい合っていました。休日の小学校はひっそりと静まりかえり、裏庭の地に這うばかりに傾いでしまった古い柳の木にリスが行き来して、草むらのところどころにラッパ水仙が咲いていました。人の気がなかったので端の家の玄関先の石段に座らせてもらい、それを見ていると風にのって午後二時を告げる大聖堂の鐘の音が聞こえてきました。

臥してなほ芽吹かんとする木にリス遊ぶ

春風にのる鐘の音の子守歌

帰りは歩くことにしてダーヴェント川を渡り市街に入ると、風格のある街並みに出ました。しかし、すぐに新しいショッピングモールがいくつもある通りが現れ、そのあたりは土曜日の午後らしく子供連れの若い世代の人たちで賑わっていました。

現在のダービーの二大企業は、ロールス・ロイスとトヨタの自動車製造業で、ダービーと豊田市は姉妹都市になっているということです。他にもロイヤル・クラウン・ダービーという高品質の磁器、鉄道車輌、熱交換器などの工場があり、二〇万人以上という人口に若い労働者が占める割合が高いようで、町には活気がありました。やはりこの町も、中心部に内環道路を通すにあたり一八世紀の建物が大量に取り壊され町の景観は大きく変わってしまったといい、それを惜しむ声も多いということでした。

駅の近くには落ち着いた通りがありました。古い商店や食堂などが並ぶ通りは木立ちも家々のたたずまいもゆかしく、ここまで来てようやくウェストンさんの故郷の町に来たという感慨が湧いてきました。

駅の壁一面に、楽し気な男女の高校生を写し出したダービー・ハイスクールの大看板がありました。ウェストンさんが出られたダービー・スクールは一九八九(平成一)年に閉校し、ダービー・グラマー・ハイスクールがその伝統と役割を継続しようとしているとのことなので、大看板の高校生たちはウェストンさんの後輩ではないようでした。

・ケンブリッジ

ダービーからケンブリッジに寄ってロンドンに戻ることにしました。ダービー駅は一八四〇(天保一二〇年の建設以来同じ場所にあり、ダービーは鉄道交通の結節点として発展してきた町です。当時は鉄道が一番よい交通手段でしたから、ウェストンさんはケンブリッジ大学の学生時代、休暇で帰省する度に鉄道を利用されたことでしょう。列車で三〇分ほどロンドン方向に戻り、レスターという駅で五〇分待って乗り換えたのも、ウェストンさんの頃と同じであろうかと思われました。

空は晴れて暖かく風もない日で、ケンブリッジへ向かう列車の窓には、なだらかに起伏する大地に点在する雑木林や、生垣に囲まれた畑や牧場の風景がありました。囲い込み運動の名残りかと思われる生垣は美しい景観となって、そこに飼われている牛や馬の数は一〇頭ほど、羊も三〜四〇頭くらいと規模は大きくありませんでした。鉄道以前の輸送路として張り巡らされた運河も、今ではすっかり自然に溶け込んで、手を加えすぎない美しさがありました。ウェストンさんが見た日本こそがそうであったはずなのに、大雨や降雪に伴う崖崩れや川の氾濫などの自然災害が、こういう景色を残すことを難しくし、すべてがコンクリートに囲われる結果になってしまったのだろうと思いながら眺めているうちに、やがて郊外の景色となりケンブリッジに着きました。

ウェストンさんはダービー校からケンブリッジ大学クレアカレッジを卒業し、やはりケンブリッジにあるリドリー・ホール神学校を卒業します。ウェストンさんは聖職者への道を歩み、司祭や副牧師を経験した後で宣教師を志したわけですが、七つの海を制覇し多くの植民地を持っていた当時の英国では、海外伝道は使命とされ、オックスフォードやケンブリッジ大学は多くの宣教師を世に出していました。宣教師は任地で深く一般の民衆とかかわったので、その文化や考え方や価値観などを、休暇などで本国に帰ると写真やスライドを持って各地を巡回し伝えて回りました。それが一般民衆の世論形成に大きな影響を与え、ひいては外交政策にも反映することがありました。帰国後のウェストンさんがしたことは正にそのことで、国際情勢が大きく変化していなければ、ウェストンさんの活動はもっと実りあるものになっていたことでしょう。

ケンブリッジは一三世紀初頭からの大学都市で、大学は各学寮（カレッジ）で構成され、設立当時の卒業生の多くは聖職者となっていました。一七世紀にはニュートン、一九世紀にはダーウィンを輩出し、数学、自然科学に顕著な成果を上げ、現在は世界中から学生が集まる開かれた大学になっています。人格形成の機能を果たす学寮制が特徴で、どのカレッジの建物も独立した機能を持つ堂々としたものでした。ウェストンさんが学ばれたクレア・カレッジは、ホームページによると一三二六（正中三・嘉暦一）年の創立と、大学で二番目に古いカレッジであるにもかかわらず、進歩的で格式ばらないカレッジということです。ウェストンさんが在籍していた頃は、一貫して一六人のフェローと七〇人の学生で構成され、聖歌隊があり、クリケットが強かったということです。

私たちは、日曜日で学生の姿もあまり見えない大学の中心部をひとまわりして、一五世紀に建てられた聖メアリー教会に入っただけで、市場の近くの学生相手のカフェでお茶を飲んでロンドンに戻りました。

にわとこの花のお茶かな学生街に

・幕末留学生の墓

ロンドンでお世話になった佐藤さんは、一九九三（平成五）年に渡英され、正行寺ロンドン道場三輪精舎の主管の外に、ロンドン大学SOAS教授資格研究員、ウェールズ大学世界宗教経験研究所の客員教授も務められている方です。

ロンドン西部にあるお宅を兼ねた三輪精舎に伺うと、精舎のあまり広くない道場に、造りの立派なすっきりした仏壇があり、ホワイト教授が持って来られたという古い美しい仏様の傍に、鈴木大拙先生のお遺骨が祀ってありました。英語で執筆された『大乗仏教概論』『禅と日本文化』などの著作がある国際的な禅学者、鈴木大拙先生の最後のお弟子さんであった佐藤さんは、数年前に『鈴木大拙のまこと』という本を出版されました。その本は、ある人の「仏教者の戦争責任を問う」という論文が、高名な鈴木大拙の名を持ち出し、大拙の文章の本意を覆しまでして自分の都合のよい部分だけを抜き出して論旨としている詭弁であることを、詳細に証明した労作で佐藤さんはどうしてもこのことを世に糺さずにはいられなかったのです。

道場から露地伝いに、築地で囲まれた石庭がありました。一方の縁席が茅葺きの東屋になっているこの庭は、日本文化にも造詣が深い前ロンドン大学副学長のホワイト教授の設計によるもので、佐藤さんは波紋の中に置く教授の意にかなう石を求めて、教授と共に何度もずいぶん遠くまで車を走らせられたということです。

しばらくしてホワイト教授が来られ、私たちを明治維新前にロンドンに留学し、客死した留学生たちの墓があるという、ブルックウッド墓地に連れて行って下さいました。この墓は、一九八三（昭和五八）年にセルビア人協会が、購入した墓地の中にあるのを見付け、日本大使館に通知してくれたことで日本人の知るところとなったということです。佐藤さんは、日本人向けの週刊新聞『ニュースダイジェスト』に寄稿された「日英関係の始まりに見る無償の愛」で、その歴史的な背景から、墓が建てられるに至るまでの事情を明らかにされています。

幕府がペリー来航による武力をバックにした圧力に屈し、安政の仮条約で開港せざるを得なかったことは、盤石と思われていた幕府の権威が実際はそれほどのものではなかったことを露呈しました。その上幕府は、直轄地だけの港を開き貿易の利を占めようとしたので、開港に伴う物価の高騰を受けた庶民や各藩の反発をまねきました。知識人の間では、中国でのアヘン戦争（一八四〇〈天保一一〉～四二〈天保一三〉年）の結果と同じことが日本でも起こり得るという危機感が強まり、尊王攘夷が叫ばれるようになりました。攘夷の本家のようになった長州藩は、一八四〇（天保一一）年の藩政改革で財政再建に成功した後、藩政は与党と野党が情勢に応じて交互に入れ替わるという、当時の日本では珍しい政治形体をとっていました。攘夷熱が沸騰していた一八六三(文久三)年、時の執政者であった周布政之助は「尊王攘夷は世論のおもむくところであるが、これはある期間にかぎり日本国の武の精神と実力を列強に示すだけのもので、後日かならず各国と交通せねばならない時がくる。その時に西洋の事を熟知していなければわが藩の一大不利益となる」と考え、優秀な三人の若者、井上聞多(馨)、野村弥吉(井上勝)、山尾庸三を選び、秘かに英国に留学させることにしました。世界で最も富強な英国が、日本と同じ位の領土しかない島国であり、その世界的商権の中核は世界最強の英国海軍であると見て、航海術を学ばせようとしたのです。そのことを聞き付けた遠藤謹助と伊藤俊輔(博文)の二人が強引に加わったので、留学生は五人になり、それぞれに五年間の留学費として三〇〇〇両が渡され、横浜のシャーデン・マヤソン商会の支配人ガワー氏の手引きで船に乗り、ロンドンに来たのです。

井上と伊藤は、日本から持って来た蕃所調書編纂の英語辞書をたよりに、井上の寄宿していたガワー街の画家のクーパー夫妻の家で『タイムズ』を読んで英語の勉強をしていました。半年後のある日、『タイムズ』で長州藩が関門海峡を通過する外国船をことごとく砲撃し始めたことを知り、攘夷をやめさせなければならないと、すぐに極東行の船に乗り帰国します。この二人が明治政府の元勲となった井上馨と伊藤博文で、二人より長く留学してロンドン大学で学んだ三人は、後に山尾庸三は工学の父、野村弥吉は鉄道の父、遠藤謹助は造幣の父といわれる、日本の近代化に多大な貢献をする人材となります。この最初の日本からの留学生五人は長州五傑と呼ばれ、ロンドン大学構内にそれぞれの名を刻んだ立派な黒御影石の顕彰碑が建てられています。

当時はロンドン大学だけが信仰、人種、国籍を越えて開かれていた大学でした。大学で言葉も分からない日本人を受け入れてくれた中心人物が、アレキサンダー・ウィリアム・ウィリアムソン教授でした。教授は自らの科学教室で彼らを教育してくれたばかりでなく、寄るべのない彼らを物心両面から支えてくれたのです。伊藤もウィリアムソン教授の家に下宿し、短期間ながら教授の化学教室で学んでいます。

一八六五（元治二・慶応一）年、長州からさらに南貞助、山崎小三郎、竹田庸次郎の三人の留学生が来ました。彼らが出発した時の長州藩は、攘夷熱の高まりから蛤御門の変を起こし、幕府と朝廷までを敵にまわした結果、野党であった恭順派が藩政をにぎっていたのを高杉晋作が騎兵隊によるクーデターで奪い返し、幕府による長州征伐に備えるというあわただしい状況にありました。留学生は渡航費は出してもらったようですが滞在費が渡されず、三人はロンドンに着いた時、全くの無一文でした。

三人は先の留学生のいるガワー街の画家のクーパー家に部屋を借りますが、食事にもこと欠き、衣服の替えもありません。この頃のヨーロッパはミニ氷河期にあって、テムズ川が凍りスケートができたという寒さの中で、居室に火の気もないという、隆盛をきわめるロンドンでのみじめな生活を強いられるうちに、山崎小三郎は結核に倒れてしまいます。ウィリアムソン教授宅に引き取られ、夫妻の手厚い看護を受けましたが、一八六六(慶応二)年三月三日死亡しました。極貧の中では日本の武士であるというプライドも守れず、次の時代を拓くために来たのだという意気込みもむなしく、それは非業の死というべき死でした。

現地の新聞は「ウィリアムソン教授と一二人の日本人留学生が見守る中、ブルックウッド墓地で葬儀がしめやかに執り行われた」と報じました。留学生が一二人参列したというのは、同じ頃薩摩藩が一九人の留学生をロンドンに送っていたからです。その中の五代友厚、村橋久成、森有礼、寺島宗則などが、近代日本の屋台骨を作り上げる人材となったことはよく知られていますが、その他に西日本の雄藩も留学生を出していたことが、ブルックウッド墓地の日本人留学生の墓の存在で明らかになりました。墓地には山崎小三郎の墓の他に、佐賀藩の袋久平、土佐藩の福岡守人、徳山藩の有福次郎の三基の墓があり、ウィリアムソン教授は、異郷で斃れた若者たちに立派な墓を設け、人間としての尊厳をもたせて葬って下さっていたのです。

当時は知る人もほとんどいなかった日本という極東の国から来た若者たちに、ただ人間として愛のみから、これほどまでのことをしてもらっていたことを知った佐藤さんたちは、この墓を守り続けたいという願いを込めて、二〇〇七(平成一九)年、在英日本人と英国仏教徒のために仏塔を建立されました。そしてその場所からほど近いところにあったウィリアムソン教授のお墓を偶然に探し当てられた時、佐藤さんは思わず墓前に身を投げ伏し、しばらく顔を上げることができなかったということです。その時佐藤さんは、渡英以来ホワイト教授から同様の恩顧を受け続けていることに思い至り、お二人の慈愛こそは仏陀の大慈悲心と同体に他ならないと、一五〇年の時を越えたこの出会いによって、より深い次元からそれを見直す眼を開くきっかけを得たことに、深く感謝されたといいます。そのウィリアムソン教授のお墓は、ごく普通に周囲にとけ込んで、むしろ日本の墓の面影のある留学生たちの墓の方が目立つのではないかと思われるほどでした。

草青むどの墓も慈雨降りそそぎ

山口日英協会、萩市、鹿児島の日英友好協会、いちき串木野市などの、ウィリアムソン教授の行為に感銘を受けた関係者たちが、ロンドン正行寺の本坊である福岡県二日市の正行寺で一堂に会し、日本人留学生たちを献身的に世話をし、無償の愛を注いで下さったウィリアムソン教授ご夫妻の顕彰碑を、ウィリアムソン教授のお墓の前に建てることになりました。そしてその正面には、これまでのように何くれとなく手を貸して下さったホワイト教授が、お手伝いになればと英語の詩を書いて下さったのを佐藤さんが和訳された句が彫られることになりました。

きゝいれば
かたりくるこゑ

しゞまより

あの広い墓苑のシーンとした奥まった一画では、今なおウィリアムソン教授ご夫妻への感謝の想い、志なかばで斃れた若者たちの無念の声が聞こえていることでしょう。

・エピローグ

嘉門次は故郷の山河を離れることなく生涯を終えましたが、人はみなその時代を生きる時の旅人です。明治維新という日本の大転換期にめぐり会ったことによって、ウェストンさんに出会い友情を結ぶことができ、スポーツ登山が持ち込まれたことによって若い人たちとの交流が生まれ、そのことが嘉門次の人生を特殊なものにしました。嘉門次は気難しい隠遁者ではなく、社会性も常識もある人間でしたが、この時代に生まれ合わせなければ、ただの村の変わり者としての一生であったことでしょう。

ウェストンさんは、決して望んで来たわけではない日本で、スイス・アルプスとは一味違う日本の山に魅了され、そこに住む人々の都会では決して見ることのできない素朴さや、やさしい心遣いなどに触れ、そこに本当の日本人の姿を見て、生涯の縁を結ぶことになりました。

福沢諭吉翁は、「古今東西の国家社会を成立させているのは、個々の私の世界における痩せ我慢ではないか」と述べておられます。ウェストンさんが日本を擁護するために英国内を駆け回られたことも、ウィリアムソン教授が気の毒な状態にあった日本人留学生たちの世話をし、立派なお墓まで建てて下さったことも、一種の痩せ我慢といえるでしょう。

人間が持っている親切という無償の行為は、外交よりも国と国との友好に大きな役割を果たすことがあると言われています。国際平和とは、特別な大がかりなものばかりではなく、又そうであったとしても、帰するところは個々の人間の親切心を核としているということを、ウェストンさんのお墓に参り、日本人留学生達とウィリアムソン教授のお墓に出会ったことによって強く感じさせられました。

ウォルター・ウェストンとアレキサンダー・ウィリアムソン

ジョン・ホワイト（前ロンドン大学副学長）

十九世紀末から二十世紀初頭にかけて、日本人の生活と文化の向上に尽くした英国人の貢献が、非常に大きな領域にわたり多様であった実例として二人の人物を取り上げつつ、歴史の予測不可能なことを示したいと思うのであれば、ウォルター・ウェストン師（一八六〇―一九四〇）とアレキサンダー・ウィリアムソン教授（一八二四―一九〇四）以上の好例は見当たらないでしょう。

ウォルター・ウェストン師は、第一級の万能スポーツマンで、英国国教会の宣教師として日本で約十五年間暮らした登山家でした。それとは対照的に、ウィリアムソン教授自身は日本を訪れたことはありません。彼は、原初のロンドン大学、ユニヴァーシティ・コレッジ（UCL）を本拠としていました。ロンドン大学は、当時の他の大学と違って、あらゆる宗教の学生と無宗教の学生を入学させるために特別に創設されており、「神なき大学」と呼ばれていました。彼は片目が見えず、もう一つの目も近視。さらに、子どもの時の不適切な治療のために左腕が曲がらなくなってしまっているという深刻なハンディキャップを抱えていたにもかかわらず、たちまちに当時第一流の科学者になりました。そして原子は単に静止状態の素粒子であるというそれまでの概念を否定し、原子力動説（atomic dynamism）を力説したのです。これによってアレキサンダー・ウィリアムソン教授は、化学と物理学を統合する道へ大きな第一歩を踏み出し、私たちがいま生きている原子力時代への門戸を開いたのでした。

西洋の技術と工業力の秘密を解明するために、一八六三年に命懸けで日本を脱出し、ロンドンに到着した若き日の長州五傑を自分自身の家とUCLの自らの学部に迎え入れたのも彼でした。英国に来た彼ら五人、最初の日本人留学生を自分の学部の学生として登録した時にも、彼らを産業革命の驚異的出来事の見学に連れ出した時にも、ウィリアムソン教授は、その五人の若者がこれから何を成し遂げるかについて、ほんのわずかな予感さえも持ち合わせていなかったはずです。その内の一人、伊藤博文は、一八六八年に創設された明治政府の最初の首相となり、彼の四人の同僚もそれぞれ昇進して、外務大臣、日本鉄道局創設者初代局長、工部省工部卿、大阪造幣局長となりました。

一八六五年に五代友厚によって立案統率された遠征隊に入っていた十四人の薩摩留学生、つまり日本人留学生の第二派がUCLに押し寄せた際も同じで、その帰国後の成果は、最初の五人にまったく勝るとも劣らないほど目覚ましいものでした。またウィリアムソン教授は、東京開成学校で教える大学教員第一世代の任命に自身で助言を与え続けたのです。その中には、東京開成学校の化学の主任教授が含まれていました。この人物は後に東京大学の初代化学教授となり、東京大学はまた、他の二人のＵＣＬ卒業生を初代物理学教授と建築学教授に任命しました。さらに十九世紀後半から二十世紀前半にかけて、日本人科学者の中で最も広く知られ尊敬されていた桜井錠二教授は、一八七六年から一八八一年までの五年間をＵＣＬに留学し、ウィリアムソン教授の下で研究しました。

ウォルター・ウェストン師については、このような業績の記録を辿ることは困難なようですが、彼は彼独自のやり方で日本人の生活と文化の向上に大きく貢献しました。

一八八八年に英国国教会宣教師として日本に最初に赴任した時、彼はすでに登山家でした。エドワード・ウィンパーがマッターホルンに初登頂を果たしたのは彼が五歳の時で、スイスアルプスを探検して英国を一流の登山国家にした人びとの足跡を、彼は日本において辿ることになりました。

彼の関心は日本の文化や伝統ばかりでなく風景にも及んでおり、一八九六年には『日本アルプスの登山と探検』という本を出版することになりました。この日本アルプスという言葉は十九世紀の造語ですが、ウェストン師はそれを作家として講師として世界に広め、十年後には日本アルプスクラブ（日本山岳会）の設立に大きなはたらきを果たし、そのクラブの最初の名誉会員になりました。

ウェストン師は日本で大変尊敬され、彼が足跡を残した各地で毎年ウェストン祭が行われ、最近加わったのは二〇〇一年に創設された恵那山ウェストン公園におけるものです。彼の行跡は登山の領域を遥かに超え幅広い成果をもたらしています。

最高級の登山家たちの人生面における優れた特徴は、登攀する山や岩壁に対する尊敬と愛ですが、これは一般的な登山者の場合も同様です。日本の登山者の場合は特に、そして日本人全体にとってもこのような山への尊敬と愛は、それまであった日本人の自然界との親密な関係にまったく新しい一面を付け加えてくれるものでした。この自然界との密接な関係は日本史の最初から記録されており、起源は先史時代にまで遡れるものです。

神道の宗教的要素の起源となった精霊信仰は中世の日本仏教にもあり、神々の特別な故郷である山々が殊に神聖視されていました。仏教僧は山腹に寺院を建て、神官とも協力しつつ多くの寺社の運営に大きな役割を果たしていました。それにもかかわらず開山者たち以外には、聳え立つ岩山や岩壁に登攀のための登攀をすることが、いのちを高める挑戦だと考える人は誰もいませんでした。ウェストン師によりもたらされたスポーツとしての登山の普及は、そのような日本の伝統的心情に初めて大きな変化をもたらすものでした。

二〇一五年にはアレキサンダー・ウィリアムソン教授の最初の伝記が日本語で出版されましたが、それに引き続き、日本人の生活文化のまったく違った側面の発展と向上を助け、素晴らしい貢献を果たしたウォルター・ウェストン師を祝福するこの本が出版されることは、まことに喜ばしい歴史の進展だといわねばなりません。

翻訳：佐藤顕明（正行寺ロンドン道場三輪精舎　主管）

参考文献

日本アルプスの登山と探検
ウォルター・ウェストン著
黒岩健訳
一九八二年　大江出版社

日本アルプス再訪
ウォルター・ウェストン著
水野勉訳
一九九六年　㈱平凡社

ウェストンの明治見聞録
—知られざる日本を旅して—
ウォルター・ウェストン著
長岡祥三訳
一九八七年　㈱新人物往来社

ウォルター・ウェストン未刊行著作集
上・下巻
三井嘉雄訳
一九九九年　㈱郷土出版社

JAPAN
WALTER・WESTON
一九二六年　A&C・BLACK・LTD
（A・and・C・BLACK・LTD）

ウェストンの見た明治・大正の日本
一九九六年　ウェストン写真展実行委員会

一外交官の見た明治維新　上・下
アーネスト・サトウ著
坂田精一訳
一九六〇年　㈱岩波書店

日本旅行日記　1・2
アーネスト・サトウ著
庄田元男訳
一九九二年　㈱平凡社

日本事物誌　1・2
B・H・チェンバレン著
高梨健吉訳
一九六九年　㈱平凡社

絵で見る幕末日本
エメェ・アンベール著
茂森唯士訳
二〇〇四年　㈱講談社　講談社学術文庫

続・絵で見る幕末日本
エメェ・アンベール著
高橋邦太郎訳
二〇〇六年　㈱講談社　講談社学術文庫

ビゴーが見た明治ニッポン
清水勲著
二〇〇六年　㈱講談社　講談社学術文庫

ゴンチャローフ日本渡航記
I・A・ゴンチャローフ著
高野明・島田陽訳
二〇〇八年　㈱講談社　講談社学術文庫

シュリーマン旅行記　清国・日本
H・シュリーマン著
石井和子訳
二〇〇九年　㈱講談社　講談社学術文庫

ミットフォード日本日記
A・B・ミットフォード著
長岡祥三訳
二〇〇一年　㈱講談社　講談社学術文庫

ヤング・ジャンパン　1〜3
J・R・ブラック著
ねず・まさし　小池晴子訳
一九九四年　㈱平凡社（東洋文庫）

日本その日その日
E・S・モース著
石川欣一訳
一九九二年　㈱平凡社（東洋文庫）

ヘボンさんと日本の開化
大西晴樹著
二〇一四年　㈱NHK出版

イザベラ・バードの日本紀行　上・下
イザベラ・バード著
時岡敬子訳
二〇〇八年　㈱講談社　講談社学術文庫

主の御名によりて
横浜聖アンデレ教会百年史
日本聖公会　横浜聖アンデレ教会　編集発行
一九八五（昭和六〇）年

開港場横浜ものがたり
横浜開港資料館・横浜市歴史博物館　編集・発行
二〇一〇年

横浜もののはじめ考　第3版
横浜開港資料館　編集・発行
二〇一〇年

図説横浜外国人居留地
横浜開港資料館　㈶横浜開港資料普及協会編
平成一九年　㈱有隣堂

信濃　長野県の歴史と風土
中村一雄編
昭和四七年　㈱ジャパンアート社

南安曇教育会百年誌
百年誌編集委員会編
一九八八年　南安曇教育会

安曇村誌　一～四巻
安曇村誌編纂委員会編
一九九八年　安曇村

開村一三〇年のあゆみ
安曇村編集
平成一七年　安曇村

南安曇郡誌
南安曇郡誌改訂編纂会編
昭和四九年　同編纂会

日本登山史年表
山と渓谷社編
二〇〇五年　㈱山と渓谷社

目で見る日本登山史
二〇〇五年　山と溪谷社編　㈱山と溪谷社

明解日本登山史
二〇一五年　布川欣一著　㈱山と溪谷社　ヤマケイ新書

百年前の山を旅する
二〇一四年　服部文祥著　㈱新潮社

北アルプスこの百年
二〇〇三年　菊地俊朗著　㈱文藝春秋

日本アルプスの発見　―西洋文化の交流―
二〇〇一年　庄田元男著　㈱茗渓堂

會報一号～一〇〇号
一九七五年　日本山岳會編　㈱大修館書店

日本山岳会百年史　本編・続編・資料編
日本山岳会百年史編纂委員会編　二〇〇七年　㈳日本山岳会

日本風景論
志賀重昂著　㈳日本山岳会企画・編集　昭和五〇年　㈱大修館書店

はじめの日本アルプス
嘉門次とウェストンと館潔彦と　山村基毅著　二〇〇八年　バジリコ㈱

アルプスの主　嘉門次
一九六三年　佐藤貢著　㈱朝日新聞社

芥川龍之介の槍ヶ岳登山と河童橋
二〇〇八年　牛丸工　企画・編集　上高地登山案内人組合

W・ウェストンの信濃路探訪
一九九二年　田畑真一著　㈱センチュリー

私のウェストン追跡記
田畑真一著
一九九六年　㈱山と溪谷社

ウェストンの恵那登山と天竜川下り
川村宏著　㈱新葉社

北アルプス大紀行
田中欣一　責任編集
二〇〇八年　一草舎出版

パトニーヴェイルからの風
日本山岳会信濃支部、
ウェストン祭記念講演集編纂委員会編
一九九六年　ほおずき書籍㈱

パトニーヴェイルからの風　続巻
日本山岳会信濃支部　ウェストン祭実行委員会編集
二〇一六年　ほおずき書籍㈱

ウェストンが残したクライマーズ・ブック
クライマーズ・ブック刊行会編
二〇一六年　信濃毎日新聞社㈱

槍が嶽乃美観
丸山文臺・高嶌胖園・野本紫竹 合著
明治三九年　慶林堂高美書店

郷土史研究誌　ひだびと
第六年・第八号（第五〇号記念）
昭和一三年　飛騨考古土俗学会

あとがき

この本のために、日本と英国の文化交流に力を尽くしておられるジョン・ホワイト先生から寄稿を頂戴し、佐藤顕明師の訳をいただいたことは、身に余る光栄です。これが両国の間の融和のあかしの一つとなることができるとしたら、それに勝る喜びはありません。

執筆にあたり、ウォルター・ウェストンさんの日本での山行のことは、著書の『日本アルプス―登山と探検』と『極東の遊歩場』をたどればよいと軽く考えていました。しかし実際に始めてみると、先ず「人夫」など現在では差別語にあたる言葉が頻出するという問題が出てきました。しかし「人夫」という言葉を現代風な言い方にするとウェストンさんの時代の雰囲気が出せないので、そのような言葉はそのまま使うことにしました。

次に直面したのは、ウェストンさんの目で書かれている文章を、客観的に表現することの難しさでした。いつの間にかウェストンさんの心象風景をなぞっていたり、過去形と現在形が入り交じり、何が何やら分からなくなることもありました。どうにか切り抜けられたのは、元求龍堂の太田一貴氏などの編集スタッフのご助力のおかげでした。装幀は求龍堂の近藤正之氏に今回もお世話になりました。

また、拙著に関わってくださったすべての方々に心からの謝意を表します。

平成三〇年三月

上條久枝

上條久枝（かみじょう・ひさえ）略歴

昭和一九年熊本県生まれ。嘉門次小屋四代目の上條輝夫と結婚。昭和六一年より原柯城主宰誌『風雪』に投句。著書としては句集に『柳絮』（平成元年）、エッセイに『柳絮漂泊行記　ラオス・ベトナム・河口の旅』（平成二〇年）、『柳絮漂泊行記　スペインからローマまで　支倉常長』（平成二六年）〈いずれも求龍堂刊〉がある。

ウォルター・ウェストンと上《かみ》條《じょう》嘉《か》門《もん》次《じ》

発行日　平成三〇年五月二二日　第一刷
　　　　平成三〇年八月二七日　第二刷

著書　上條久枝（かみじょう・ひさえ）

発行者　足立欣也
印刷製本　株式会社東京印書館
発行所　株式会社求龍堂
〒一〇二―〇〇九四
東京都千代田区紀尾井町三―二三　文藝春秋新館一階
電話〇三―三二三九―三三八一（営業）
　　〇三―三二三九―三三八二（編集）
h:tp：//www.kyuryudo.co.jp
装丁　近藤正之（求龍堂）

ISBN978-4-7630-1807-6 C0095

上條久枝 既刊本

柳絮漂泊行記
ラオス・ベトナム・河口の旅

柳絮が風に舞うようにアジアの風に吹かれながら
人と歴史の光と影を旅する紀行句集

B五判 上製本箱入 二四八頁
定価（本体二千円＋税）

柳絮漂泊行記 スペインからローマまで
支倉常長の旅をたどる

慶長遣欧使節・支倉常長の栄光と挫折の足跡を巡るエッセイと
吟行句で纏めた旅行記

四六判 上製本 三五二頁
定価（本体二千円＋税）

図書館協会選定図書